KB164092

씽킹 101

인지심리학이란 우리가 세상을 이해하기 위해 정보를 어떻게 처리하고 판단하며 선택하고 실행에 옮기는가를 탐구하는 학문이다. '세상' 안에는 나와 타인에 대한 정보까지도 포함되어 있으니, 결국 인지심리학은 우리가 살아가는 데 필요한 모든 정보처리 과정을 다룬다. 그런데 문제는 우리가 파악해야 할 세상에 대한 정보가 턱없이 부족하다는 사실이다. 제한된 정보만으로 짧은 시간 안에 생존에 필요한 판단과 의사결정을 내려야 한다. 그러다 보니 심사숙고하고 사려 깊은 사고를 기반으로 한 판단 방법들보다는, 실수투성이지만 빠르고 효율적인 휴리스틱한 방법들을 사용한다.

하지만 어쩌겠는가, 그것이 우리 인간인 것을. 사바나 초원과 살벌한 정글에서는 그런 방법이 좀 더 인간의 생존에 유리했던 것을. 지난 수만 년 동안 서서히 적응해 온 진화적 산물인 이 엉성한 뇌를 우리는 21세기 복잡한 현대사회에서 지금도 계속 사용하고 있는 것을.

예일대 심리학과 안우경 교수의 《씽킹 101》 수업은 인간이 생각하는 과정에서 빠질 수 있는 다양한 허점들을 짚어주면서, 제대로 생각하는 법에 이르는 데 도움을 준다. 행동경제학, 인지심리학, 의사결정 신경과학이 연구해 온 인간의 인지 과정을 다양한 실험결과와 현실적 예제들을 통해 설명한다.

이 책의 매력은 마치 내가 예일대 학생들과 함께 강의실에서 인지심리학 수업을 듣는 것 같은 생동감을 전해준다는 데 있다. 이 훌륭한 강의들을 엿듣다 보면, 그들과 수업을 함께 하고 있다는 생각을 거쳐, 이 강의를 듣는 세계 최고의 학생들조차도 수많은 인지편향에서 벗어날 수 없으며 결국 우리와 크게 다르지 않은 인간임을 깨닫게 해준다. 안교수의 강연은 우리가 제대로 생각하기 위해서 피해야 할 것들을 일러주지만, 냉정하게 말하자면 그건 결코 쉽지 않다. 이 책은 결국 우리가 왜 지금과 같은 실수투성이의 불합리한 모습으로 살아가고 있는지를 냉정하게 성찰하게 만든다.

하지만 이렇게 한없이 초라해 보이다가도, 이내 우리는 스스로가 다시금 존경스러워진다. 자신의 오류와 허점들을 이토록 과학적으로 분석하고 체계적으로 정리한 생명체가 지구상에 또 있을까? 자존감은 자신에 대한 정확한 이해에서 출발한다는 점에서, 이 책은 우리가 왜 '지구상의 특별한 존재'인지를 명확하게 짚어준다. 이렇게 다양한 색깔의 매력을 담은 인지심리학에 빠져보고 싶은 분들께 이 책을 권한다.

— 정재승, 의사결정 신경과학자, 《과학콘서트》, 《열두발자국》 저자

인지심리학의 거장인 안우경 교수님의 목소리가 들리는 듯한 책을 한글로 접할 수 있어 너무나 기쁘다. 예일대학교의 인기 강의를 바탕으로 쓴 이 책은 유머와 통찰이 가득하다. BTS의 춤을 나도 출 수 있다고 믿는 학생부터 알레르기를 거식증이라고 확신하는 의사의 진단에 이르기까지 우리의 삶은 많은 인지적 함정을 가지고 있다. 이런 경향은 작게는 웃고 지나갈 수 있는 실수를 만들지만 크게는 사회적 차별을 만들고 법제와 판단을 잘못된 방향으로 이끌어 갈 수 있다. 이 책은 사고의 오류를 비난하지도 않고 책임을 전가하지도 않는다.

뇌의 기제는 감각과 지각 단계에서부터 편향을 만들고 여기에는 기능적인 목적이 있다. 사회적인 관계에서 나는 그런 의미가 아니었는데 만드는 수많은 오해와 이로 인한 문제들을 안 겪어 본 사람이 있을까. 다른 사람의 관점도 내 관점에서 생각할 수밖에 없고 모르는 것을 알 수 없는 우리의 사고의 한계는 효율성이기도 한 것이다. 이 책은 사고의 한계와 오류를 어떻게 현명하게 극복할 수 있는지 흥미진진한 심리학 연구를 통해 명쾌하게 설명해주고 있다. 혼란스러운 세상을 살아가면서 우리가 생각하는 습관과 판단들은 더 나은 삶을 만들기도 하고 더 문제를 키우기도 한다. 과학적 근거를 가지고 더 나은 세상을 만드는 데 기여하면서도 쉽고 재미있게 읽히는 책을 만나게 되었다. 모든 분들에게 일독을 권한다.

— 한소원, 서울대학교 심리학과 교수

가르치는 사람은 상반된 고민을 한다. 하나는 본연의 학문 내용을 충실하게 전달하는 일이다. 또 하나는 순수한 학문이지만 이 학문 역시 세상에 보탬이 된다는 사실을 보이는 일이다. 쓸모를 강조하다 보면 핵심 내용을 축소, 왜곡하기 쉽고, 내용을 강조하다 보면 세상과는 멀어지는 경향이 있다. 이 두 마리 토끼를 함께 잡는 올가미는 적절한 예시이다. 일상에서 벌어지는 일이지만 핵심 내용을 드러내는 예화는 학문이 세상과 동떨어진 것이 아님을 보이며 순수한 고민이 왜 값어치가 있는지를 여실히 드러낸다. 그러나 짐작하듯이 좋은 예시는 잘 만들어지지 않는다. 안우경 교수의 《씽킹 101》은 이런 점에서 찾아보기 힘든 저술이다. 예시를 통해 학문 분야를 소개하고 그 분야의 실질적 효능을 드러내는 전형을 보고자 한다면 필독을 권한다. 물론 인지 심리학이 무엇이고 인지 심리학이 우리에게 어떤 도움을 줄 수 있는지 궁금하다면 더 말할 나위가 없다.

인지심리학이 어떻게 실생활에 도움이 될까? 저자는 우리가 흔히 갖는 편견 혹은 사고 오류를 소개하는 방법을 취한다. 총 8개 장에서 사고 오류들이 소개되고 있고, 읽는 이로 하여금 저절로 고개를 끄덕이게 만드는 사례들로 가득 차 있다. 아이돌이 자연스럽게 춤을 잘 추어 나도 쉽사리 잘 할 수 있으리라 생각하는 '유창성 착각'(1장)이나 수많은 긍정적인 후기보다 부정적인 후기 하나에 흔들리는 '부정성 편향'(5장)을 읽고 추천사를 쓰던 필자는 마음 속을 엿보인 것 같아 살짝 주위를 둘러보았다. 저자가 3시간 수업을 위해 20시간씩 준비를 했다는 말이 실감났고 그만큼 예시들이 풍부하고 재미있고 훌륭하다. 예시가 예시에 그치지 않는 것 또한 장점이다. 편향이나 오류들이 우리의 짐작에 불과한 것이 아니라 실험 연구에 의해 뒷받침된다는 사실을 보여주는 도구로도 예시는 사용된다.

편향과 오류에 대한 이해는 궁극적으로 나를 바라보는 거울, 남을 비추는 등불이 된다. 물론 《씽킹 101》에서 제시되고 있는 오류와 편향들을 모두 가지지 않은 사람들도 있을 것이고, 각각의 편향이 스스로의 삶에 미치는 영향도 다를 것이다. 8가지 중 내게 유독 심한 것은 어떤 것이며 내 주위 가까운 사람들에겐 어떤 경향이 강한지 생각해보는 것도 재미있을 것이다. 그런데 재미를 넘어 이러한 자기 이해, 타인의 이해는 어떻게 도움이 될까?

저자는 책을 쓰게 된 동기로 이 질문을 직접 서문에서 언급하고 있는데 그 표현 방식이 의미심장하다.

"인지심리학이 세상을 더 나은 곳으로 만들 수 있다고 생각하세요?"

저자는 개개인보다는 세상이 더 나은 곳이 되기를 바라고 있는 듯하다. 따뜻하고 선한 마음이 느껴지는 출발점이다. 심리학에서도 자신에 대한 앎이 중요하지만 철학에서도 마찬가지이다. 접근 방식은 다를 수 있어도 두 학문 분야 모두 스스로에 대한 이해가 좋은 삶을 살기 위한 기본적인 출발점이라 생각하기 때문이다. 나의 이해가 나의 성장을 가능하게 되고, 나의 성장이 보다 나은 구성원들이 모인 사회를 가능하게 한다면, 인지심리학이 제공하는 인간에 대한 이해는 궁극적으로 이 세상을 보다 나은 곳으로 만들 것이다. 저자는《씽킹 101》을 통해 스스로 던진 질문에 훌륭하게 답하고 있다.

— 이석재, 서울대학교 철학과 교수

올바른 추론에 막대한 피해를 주는 인지적 함정을 명료하게 간추린 책이자 우리의 사고 과정을 돌이켜보게 하는 전문가의 안내서.

— 애덤 그랜트(Adam Grant), 〈뉴욕타임스〉 No. 1 베스트셀러
《싱크 어게인》 저자

《씽킹 101》에는 과학적인 지식과 실용적인 조언이 훌륭하게 버무려 있다. 더 나은 결정을 하는 데 이 책이 큰 도움이 될 것이다. 안우경 교수의 글은 주제와 딱 들어맞으면서 유머러스하다. 나아가 사고의 과정에서 오는 편향을 극복하려면 우리 자신의 사고를 돌아봐야 한다는 걸 알려준다.

— 마지린 바나지(Mahzarin Banaji), 하버드대학교 심리학 교수이자
《블라인드스팟(Blindsopt)》 공동 저자

우리는 매일 판단을 내리지만 그렇다고 언제나 좋은 판단만 내리는 건 아니다. 누구든 더 나은 사고를 하고 싶은 사람이라면《씽킹 101》이 아주 큰 도움이 될 것이다. 놀라우리만큼 명확한 표현과 무척 재미있는 예시가 가득한 이 책에서 안우경 교수는 우리가 자주 저지르는 실수가 무엇인지 또 이를 피하려면 어떻게 해야 하는지에 관해 최신 연구 결과를 인용하며 자세히 설명한다.

— 그레첸 루빈(Gretchen Rubin), 〈뉴욕타임스〉 No. 1 베스트셀러
《지금부터 행복할 것》 저자

《씽킹 101》은 우리의 뇌를 재정비해 줄 월드 클래스 지침서다. 이 책은 우리의 뇌를 둘러싼 빗장을 풀고, 인지라는 엔진을 다시 돌려서 우리를 더 현명한 결정을 내리는 길로 인도할 것이다.

— 다니엘 H. 핑크(Daniel H. Pink), 〈뉴욕타임스〉 No. 1 베스트셀러
《후회의 재발견》《다니엘 핑크 새로운 미래가 온다》 저자

전형적인 사고 편향 및 오류를 다룬 책이 여럿 있지만, 안우경 교수의 책은 특히 주목할 만하다. 안우경 교수는 마치 대화를 나누는 듯 흥미진진한 산문체로 우리의 사고 과정에서 생기는 여덟 개의 주요 오류를 깊이 있게 다룬다. 그러나 여기서 끝이 아니다. 그러한 문제의 달갑잖은 영향을 제한할 수 있는 방법까지 연구 결과에 기반한 내용으로 설득력 있게 전달한다. 아주 훌륭한 원투펀치다.

— 로버트 치알디니(Robert Cialdini), 〈뉴욕타임스〉 베스트셀러
《설득의 심리학》 저자

《씽킹 101》은 사람들이 어떻게 사고하는지에 관한 최신 연구를 읽기 쉽게, 재미있게, 현명하게 담아낸 필독서다. 예일대 인기 강의를 바탕으로 이 책을 쓴 안우경 교수는 우리의 머리가 어떤 식으로 돌아가는지 잘 이해한다면 우리가 더 똑똑하고 더 지혜롭고 심지어 더 친절한 사람이 될 수 있다는 사실을 가르쳐준다.

— 폴 블룸(Paul Bloom), 예일대학교 심리학 명예 교수, 《최선의 고통》 저자

안우경 교수는 놀랍도록 훌륭한 예시를 들어가며 추론 과정을 이해하는 방법과 이를 향상하는 방법을 설명한다.

— 안나 로슬링 뢴룬드(Anna Rosling Rönnlund), 〈뉴욕타임스〉 베스트셀러
《팩트풀니스》 공동 저자

안우경 교수의 책은 우리의 사고 과정이 어떻게 잘못된 방향으로 나아갈 수 있는지, 생각을 더 잘하기 위해 우리가 할 수 있는 일이 무엇인지 알려준다. 매우 흥미롭고 시의적절하며 (내가 생각하기로는) 꼭 읽어야 할 필수 지침서다. 강력하지만 눈에는 보이지 않아서 우리의 앞길을 방해하는 사고의 함정을 이해하고 이를 극복하고자 하는 사람이라면, 유머러스한 이야기와 교훈이 가득한 이 훌륭한 책을 반드시 읽어야 한다.

— 로리 산토스(Laurie Santos), 예일대학교 심리학 교수이자
팟캐스트 '더해피니스랩(The Happiness Lab) 진행자

《씽킹 101》은 인간의 사고 과정이 무너질 때 무슨 일이 일어나는지 세부적으로 다룬다. 관련 주제를 다룬 여느 책들과 다르게 이 책은 읽기 쉽고 아주 재미있다. 생각의 오류가 일어나는 이유, 그게 중요한 까닭, 그에 대한 대응 방법을 설득력 있게 설명하기 위해 재미있는 이야기를 건네고 예시를 사용하는 안우경 교수의 유쾌한 유머 감각이 빛을 발한다. 이 책은 수많은 연구 결과에 기반하여 생각하는 과정을 통찰하고 있기 때문에 심리학에 첫걸음을 내딛는 사람들도 명확하게 이해할 수 있을 것이고, 그뿐만 아니라 이미 어느 정도 수준에 다다른 독자들도 즐겁게 읽을 수 있을 만한 보석 같은 내용이 듬뿍 담겨 있다.

— 대니 오펜하이머(Danny Oppenheimer), 카네기멜런대학교 교수이자
《Democracy Despite Itself》 저자

THINKING 101: How to Reason Better to Live Better
Text Copyright © 2022 by Woo-kyoung Ahn
Published by arrangement with Flatiron Books
All rights reserved.

Korean Translation Copyright © 2023 by Next Wave Media Co., Ltd.
Korean edition is published by arrangement with Flatiron Books through Imprima Korea Agency.

이 책의 한국어판 저작권은 Imprima Korea Agency를 통해
St. Martin's Publishing Group와의 독점계약으로 흐름출판에 있습니다.
저작권법에 의해 한국 내에서 보호를 받는 저작물이므로
무단전재와 무단복제를 금합니다.

씽킹 101

초판 1쇄 발행 2023년 1월 5일
초판 4쇄 발행 2023년 2월 13일

지은이 안우경
옮긴이 김보람
펴낸이 유정연

이사 김귀분
책임편집 조현주 **기획편집** 신성식 유리슬아 이가람 서옥수 **디자인** 안수진 기경란
마케팅 이승헌 반지영 박중혁 하유정 **제작** 임정호 **경영지원** 박소영

펴낸곳 흐름출판(주) **출판등록** 제313-2003-199호(2003년 5월 28일)
주소 서울시 마포구 월드컵북로5길 48-9(서교동)
전화 (02)325-4944 **팩스** (02)325-4945 **이메일** book@hbooks.co.kr
홈페이지 http://www.hbooks.co.kr **블로그** blog.naver.com/nextwave7
출력 · 인쇄 · 제본 성광인쇄 **용지** 월드페이퍼(주) **후가공** (주)이지앤비(특허 제10-1081185호)

ISBN 978-89-6596-546-6 03180

• 이 책은 저작권법에 따라 보호를 받는 저작물이므로 무단 전재와 복제를 금지하며,
  이 책 내용의 전부 또는 일부를 사용하려면 반드시 저작권자와 흐름출판의 서면 동의를 받아야 합니다.
• 흐름출판은 독자 여러분의 투고를 기다리고 있습니다. 원고가 있으신 분은 book@hbooks.co.kr로
  간단한 개요와 취지, 연락처 등을 보내주세요. 머뭇거리지 말고 문을 두드리세요.
• 파손된 책은 구입하신 서점에서 교환해드리며 책값은 뒤표지에 있습니다.

더 나은 삶을 위한 생각하기 연습

씽킹 101

안우경 *Woo-kyoung Ahn*
김보람 옮김

*Thinking
101*

*How
to Reason
Better to Live
Better*

흐름출판

마빈(Marvin), 앨리슨(Allison), 네이선(Nathan)에게

이번에 제가 영어로 쓴 《Thinking 101: How to reason better to live better》가 번역되어 한국에 출간하게 되었습니다. 벅차고 감동적인 마음이 참으로 큽니다. 수십 년간 대학에 몸담으면서 심리학을 통해 배운 삶의 지혜들을 한국 독자들과 나눌 수 있게 해주신 흐름출판과 여러모로 애써주신 조현주 편집부장님께 감사드립니다.

특히 제가 가장 중점을 두고 부탁드린 대로, 영어를 직역하는 것이 아니고 한국말로 처음부터 쓴 것 같은 느낌으로 번역을 해주신 김보람 작가님께 감사드립니다. 김 작가님이 번역해 주신 글들을 제가 몇 차례에 걸쳐 검증하면서 수정 보완하였고, 작가의 재량으로 제가 좀 더 의역하기도 해서, 어떤 부분들은 영어 원본보다도 번역한 글이 더 정확하고 쉽게 설명되기도 했습니다.

이 책은 제가 예일대학에서 강의하는 내용을 기반으로 쓴 글인데, 강의에서 하듯이 많은 농담과 우리가 실생활에서 경험할 수 있는 예제가 들어 있습니다. 한국판에서는 미국 독자들을 위해서 썼던 예제 몇 가지들은 한국의 문화에 맞는 예제로 변형을 했고, 미국식 농담하는 말투 역시 요즘 쓰는 한국 문체로 머릿속에 쏙쏙 들어오도록 김보람 작가님께서 많이 고쳐주셨습니다.

영미권에서 주로 사용하는 심리학 전문용어들은 한국 심리학계에서 상용되는 용어들을 썼습니다. 한 가지 예외는 'confirmation bias'가 '확증편향'이라고 쓰이고 있는데, 이는 확실한 증거에 의존하는 편향이라고 오해될 소지가 있기에 이 책에서는 그 현상을 더 잘 묘사하는 '확인 편향'이라고 번역했습니다. 확실한 증거에 의존하는 것은 편향이라고 하기도 어렵고, 이 현상은 가설이 맞다는 확인만 하고 결론을 내리는 편향입니다.

모쪼록 재미있고 많은 생각할 수 있는 기회가 되시기를 바라겠습니다.

안우경 씀

일리노이대학교 어배너-섐페인 캠퍼스(University of Illinois at Urbana-Champaign)에서 인지 심리학을 연구하던 대학원생 시절, 우리 연구실 동료들은 지도 교수와 다 함께 가끔 나초에 맥주를 한 잔씩 마시러 나갔다. 그런 날은 평소 개별 면담 시간에는 분위기 때문인지 잘 떠오르지 않았던 질문을 하기에 딱 좋았다. 이렇게 맥주를 마시러 나갔던 어느 날, 나는 마침내 용기를 내서 한동안 머릿속에 맴돌던 질문을 지도 교수에게 던졌다.

"교수님은 인지 심리학이 세상을 더 나은 곳으로 만들 수 있다고 생각하세요?"

뱉고 보니 조금 뜬금없나 싶었다. 이미 평생을 이 분야에 바치기로 다짐해 놓고 이제 와서 이런 질문을 한다는 게 말이다. 그때도 내 연구 결과는 세계 곳곳의 인지 과학 콘퍼런스에서 발표된 바 있었고 명망 높은 심리학 학술지에도 게재되고 있었지만, 내가 하는 일이 실생활에 어떤 영향을 미치는지를 고등학교 친구들에게 설명하려고 할 때마다 참 어려웠다. 하필 그날 나는 온종일 어떤 논문 한 편을 읽느라 진땀을 뺐다. 마치 자신의 똑똑함을 과시하려는 목적으로 작정하고 쓰기라도 한 것처럼 현실 세계에는 존재하지도 않는 난해한 문제들을 다룬 논문이었다. 종일 연구실에 틀어박혀 그 논문과 씨름한 탓에 (맥주 기운을 약간 빌려) 마침내 그런 질문을 할 용기를 냈던 것 같다.

우리 지도 교수님은 모호하기로 유명한 분이었다. "다음 실험 때 A를 해야 할까요, B를 해야 할까요?"라고 여쭈면 교수님은 수수께끼라도 하듯 "네"라고 대답하거나 도리어 내게 "어떤 것 같아요?"라고 되묻기 일쑤였다. 그날 내가 했던 질문은 '네', '아니요'로 간단히 대답할 수 있는 것이라 교수님의 대답도 간단했다.

"네."

연구실 동료들과 나는 한 5분쯤 잠자코 앉아 어떤 설명이 이어질까 기다렸지만, 교수님의 대답은 그게 다였다.

그 후 30여 년간 나는 실생활에 적용할 수 있기를 바라는 문제들을 연구하면서 그때 그 질문에 스스로 답하려고 노력하고 있다. 2003년부터 심리학 교수로 재직하고 있는 예일대학교에서 연구하면서 나는 어떤 편견들이 우리를 잘못된 길로 이끌 수 있는지 조사했고, 사람들이 일상생활에서 마주치는 상황에 직접적으로 적용할 수 있는 방식으로 그 편견들을 바로잡을 대책을 세웠다.

연구 주제로 선택한 몇 가지 편견 외에도 나 자신을 포함해 우리 학생들, 친구들, 가족들과 같은 주변 사람들에게 문제를 일으킬 만한 현실 세계의 다양한 '사고의 오류'를 살펴보았다. 학생들은 지금 하나 나중에 하나 똑같은 과제인데도 나중에 할 때의 고통을 낮잡은 탓에 차일피일 미룬다. 내 주변에는 의사가 자신이 생각한 첫 진단명을 확인해 줄 질문만 던진 탓에 오진을 받은 학생이 있다. 어떤 사람은 현실의 단면만 보고 모든 문제를 자기 탓으로 돌려서 불행해하고, 또 어떤 사람은 무엇도 자기 잘못이라고 인정하지 않는 사람들 때문에 불행해한다. 배우자와 서로 완벽하게 소통하고 있다고 생각했던 부부가 알고 보니 서로 완전히 오해하고 있었다는 사실을 깨닫고 나면, 얼마나 당황스러운지 모른다.

'사고의 오류'는 개인의 삶을 훌쩍 뛰어넘는 수준에서도 문제가 된다. 우리의 사고 과정에서 일어나는 근본적인 오류 및 편향은 정치의 양극화, 기후 변화, 인종 프로파일링(ethnic profiling: 인종이나 종교를 기반으로 용의자를 추적하는 수사 기법. - 옮긴이), 경찰 총격은 물론이고, 고정관념과 편견 때문에 생기는 거의 모든 사회 문제에 영향을 미친다.

학생들에게 심리학을 배우면 현실 세계의 문제들을 인식하고 다루는 데, 그리고 살아가면서 더 나은 결정을 내리는 데 어떤 식으로 도움이 되는지 알려주고 싶었다. 그래서 개설한 수업이 '생각하기(Thinking)'다. 2019년 한 해에만 450명 이상이 등록한 걸 보면 학생들도 이런 수업을 기다렸던 것 같다. 심리학이 줄 수 있는 나침반과 지팡이가 필요했던 게 아니었을까? 수업을 들은 학생들은 강의 때 다룬 내용을 강의실 밖에서도 서로 얘기했다. 그러다 흥미로운 사실을 하나 알게 됐다. 캠퍼스에 방문한 학생 가족들과 인사를 나누고 있으면, 내 수업을 듣는 학생들이 집에 전화를 걸어 삶의 문제들을 해결하는 방법을 배우고 있다고 자랑하고, 나아가 부모나 다른 식구들에게 조언까지 해 준다는 거였다. 학교 식당에 갔다가 내 수업 이야기를 나누는 학생들을 보았다고 얘기해주는 동료들도 있었다. 밥을 먹으면서도 학생들은 내 수업 시간에 다루었던 실험에 어떤 의미가 함축되어 있는지에 대해 열띠게 토론을 주고받고 있었다고 했다. 사적으로 만난 사람들과 대화할 때도 내가 강의할 때 다루었던 내용을 얘기할라치면 그들은 어딜 가야 이런 걸 배울 수 있느냐고 물었다. 이 모든 경험을 미루어 봤을 때 심리학을 통해 얻을 수 있는 가르침을 간절히 원하는 사람, 또 이를 필요로 하는 사람이 많다고 판단했다. 나는 몇 가지 내용을 추려 사람들이 더욱 손쉽게 접할 수 있도록 책을 쓰기로 마음먹었다.

그렇게 나는 (나 자신은 물론이고!) 학생들 및 다른 사람들이 일상에서 마주하는 현실 세계의 문제와 가장 밀접한 관련이 있다고 생각하는 주제 여덟 가지를 골랐다. 이 여덟 개의 주제를 각 장에서 하나씩 다룰 것이다. 필요에 따라 다른 장에서 다루었던 내용을 언급하기도 하겠지만, 각 장을 반드시 순서대로 읽을 필요는 없다.

사고 과정에서 생기는 오류와 편향을 주제로 삼고 있지만, 그렇다고 사람들의 잘못을 지적하는 책은 **아니다**. '사고의 오류'는 우리가 매우 특정한 방식으로 태어났기 때문에 생기는 것이며, 사고의 오류가 발생하는 데에는 대개 그럴만한 이유가 있다. 추론 오류는 고도로 진화한 인식의 부산물이다. 이를 통해 인간은 한 종으로서 지금 여기까지 도달하고, 생존하고, 번성할 수 있었다. 그렇기 때문에 이러한 문제들을 해결하는 일이 쉽지만은 않은 것이다. 오히려 어떤 편향이든 이를 없애는 건 지독히도 어렵다.

더군다나 오류와 편향에 대해 배우고 그것들을 범하지 말아야겠다고 다짐만 해서는 결코 사고의 오류와 편향을 피해갈 수 없다. 불면증처럼 말이다. 불면증의 문제가 잠을 못 자는 것이라는 사실을 모르는 사람은 없다. 그러나 불면증을 겪는 사람에게 잠을 더 자라고 말하는 건 결코 해결책이 되지 않는다. 마찬가지로 이 책을 읽다 보면 이미 알고 있는 편향, 익숙한 내용이 있을 수 있다. 그러나 우리에게는 단순히 "그렇게 생각하지 마세요"라는 말 이상의 처방이 필요하다. 그나마 다행인 건, 점점 더 많은 연구에서 입증되고 있듯이 추론을 더 잘하기 위해 우리가 실천할 수 있는 방법이 있다는 사실이다. 이러한 전략을 실천하다 보면 우리는 스스로 통제할 수 없는 요인을 찾아낼 수 있고, 또 처음에는 유망해 보였던 해결책이 궁극적으로는 역효과를 낼 수도 있다는 사실을 깨달을 수도 있다.

이 책은 학술적 연구를 기반으로 한다. 내용 대부분은 다른 인지 심리학자들의 연구를, 일부는 내가 직접 수행한 연구를 참고했다. 책에서 인용한 연구 대다수는 긴 시간이라는 시험을 견디고 고전으로 간주되는 것들이다. 물론 이 분야의 연구에서 밝혀낸 최신 결과를 인용하기도 했다. 강의에서 하는 것과 마찬가지로 나는 일상에서 마주할 법한 매우 다양한 예를 제시하여 요점을 설명했다. 이렇게 한 데에는 어떤 이유가 있는데, 독자 여러분도 곧 그 이유를 알게 될 것이다.

자, 내가 지도 교수님에게 물었던 질문으로 다시 돌아가 보자. "인지 심리학이 세상을 더 나은 곳으로 만들 수 있을까요?"

처음 이 질문을 던진 이후로 나는 "네"라고 했던 교수님의 대답이 정말로 적절했다는 것을, 교수님의 그 대답이 정답이었다는 것을 점점 더 확신하게 되었다. 틀림없이 그렇다.

차 례
contents

1장

유창함이 일으키는 착각

쉬워 보인다고 쉬운 게 아니네?

The Allure of
Fluency

예일대학교 안에서도 가장 큰 강의실로 손꼽히는 레빈슨 강당. 매주 월요일과 수요일, 11시 35분부터 12시 50분까지 이곳에 마련된 450석이 거의 꽉 채워진다. 내가 맡고 있는 학부 과정인 '생각하기(Thinking)' 수업이 있는 날이다. 강의할 주제는 과신(overconfidence)이다. 학생들에게 케이팝 뮤직비디오를 보여주고, 앞에 나와 춤을 따라 춰 보라고 할 예정이라 오늘 수업이 특히 더 재미있을 것 같다.

평균 이상 효과(above-average effect)에 대한 설명으로 수업을 시작한다. 고등학생 100만 명을 대상으로 자신의 리더십 능력을 평가해 달라는 설문을 실시한 결과, 70퍼센트가 평균 이상이라고 대답했고, 60퍼센트는 자신의 사교 능력이 상위 10퍼센트에 속한다고 평가했다. 대학 교수들에게 자신의 교수 능력을 평가해 달라고 하자 응답자의 3분의 2가 상위 25퍼센트에 든다고 대답했다. 자신을 지나치게 높이 평가하는 경우의 예시를 몇 가지 더 소개한 다음, 학생들에게 묻는다.

"미국인의 몇 퍼센트가 자신의 운전 실력을 평균 이상이라고 평가했을까요?"

"80퍼센트요!"

"85퍼센트!"

학생들은 앞선 예시에서 보았던 것보다 더 높은 숫자를 외치며 키득거린다. 대답을 하면서도 터무니없이 높은 수치라고 생각하는 것이다. 그러나 사실, 학생들이 추측한 수치는 여전히 너무나도 낮았다. 정답은 93퍼센트다.

연구 결과만 주야장천 들어서는 우리가 사고하는 과정에서 어떤 오류가 어떤 식으로 발생하는지 온전히 이해할 수 없다. 또 직접 경험하지 않으면 '나는 아니야'라는 자만에 빠지기 십상이라 나는 수업 시간에 학생들이 그러한 오류를 직접 경험하게끔 유도한다. 직접 겪어 보지 않으면, 가끔 열등감이 든다는 이유로 자기는 과신과 거리가 먼 사람이라고 생각하는 학생이 있을 수 있다. 또 시험을 볼 때마다 예상했던 점수와 실제 점수가 얼추 비슷하니까 리더십, 대인관계, 운전 실력 같은 것들도 꽤 현실적으로 판단할 수 있다고 생각하는 학생도 있을 것이다. 자, 이제 춤이 등장할 차례다.

유튜브(YouTube)에서 14억 회 이상의 조회 수를 기록한 BTS의 〈작은 것들을 위한 시〉 뮤직비디오에서 잘라 낸 6초짜리 영상을 학생들에게 보여준다. 일부러 안무가 너무 어렵지 않은 부분으로 골랐다(공식 뮤직비디오 1:18에서 1:24 사이의 구간이다).

영상을 한 번 틀어 준 뒤, 학생들에게 이 구간에 나오는 춤을 똑같이 따라 추면 상을 주겠다고 말한다. 그리고 이 구간만 열 번 더 반복 시청한다. 심지어 안무 학습용으로 제작된 슬로우다운 버전의 영상까지 함께 본다. 그런 다음, 나와서 춤을 춰 볼 학생이 있는지 묻는다. 인기 스타를 꿈꾸는 용감한 학생 열 명이 강단을 향해 걸어 나오자 자리에 앉아 있는 학생들이 우레와 같은 함성으로 응원을 보낸다. 응원하는 학생 중에 최소 수백 명은 자기도 충분히 출 수 있다고 생각하고 있을 것이다. 영상을 얼마나 많이 돌려 봤는지 심지어 나도 출 수 있을 것 같다는 생각이 들 정도니 말이다. 그래 봐야 6초인데. 어려워 봤자 얼마나 어렵겠는가?

관객이 된 학생들이 무대에 오른 학생들에게 화면을 보지 말고 객석을 향해 서서 춤을 춰 달라고 외친다. 이내 음악이 흘러나온다. 학생들이 마구잡이로 팔을 흔들고 폴짝대고 여기저기 발차기를 해대는데 타이밍이 전혀 맞지 않는다. 아예 새로운 춤을 만들어 내는 학생도 있고, 3초 만에 두 손 두 발 다 들고 포기하는 학생들도 나온다. 강당 안에 있는 모두가 너 나 할 것 없이 미친 듯이 웃는다.

유창성 효과

머릿속으로 떠올렸을 때 과정이 수월하게 그려지면 우리도 모르게 과신에 빠져든다. '이쯤이야 나도 할 수 있을 것 같은데?'라고 착각하게 만드는 유창성 효과는 다양한 방식으로 우리 안에 파고든다.

나도 할 수 있을 것 같은데?

BTS의 안무를 따라 하게 한 이 수업은 새로운 기술을 습득할 때 발생하는 유창성 착각(illusion of fluency)에 관한 연구를 모델로 삼았다.[1] 이 연구에서 참가자들은 마이클 잭슨이 발을 떼지 않은 채 미끄러지듯 뒤로 걸으며 '문워크' 하는 6초짜리 영상을 시청했다. 마이클 잭슨의 움직임이 어찌나 가뿐한지 춤이 복잡해 보이지 않는 수준이 아니라 그냥 자연스럽게 걷는 것처럼 보인다.

이 영상을 참가자 일부에게는 단 한 번, 일부에게는 스무 번 반복해 보여주었다. 그런 다음 문워크를 얼마나 잘 따라 할 수 있을 것 같냐고 물었더니, 영상을 스무 번 시청한 참가자들이 한 번만 본 이들에 비해 훨씬 더 자신만만하게 대답했다. 그도 그럴 것이 스무 번이나 봤으니 사소한 동작 하나까지 다 외웠다고 생각했고, 또 춤을 따라 추는 자신의 모습을 머릿속으로 그려 봤을 때 마이클 잭슨이 따로없었던 것이다. 그러나 막상 뚜껑을 열어 보니 두 집단의 실력은 별반 다르지 않았다. 마이클 잭슨의 문워크 영상을 아무리 스무 번씩 본다 한들 직접 연습하지 않는다면 한 번만 본 사람보다 나을 게 없었다.

어려운 일을 수월하게 해내는 사람을 보면 우리도 할 수 있다는 착각에 빠지기 십상이다. 아이유의 〈좋은날〉이 한창 유행하던 시절, '이 정도 고음쯤이야 나도 낼 수 있을 것 같은데'라고 생각하며 후렴구에 나오는 이른바 '3단 고음' 구간, '아임 인 마이 드리이-이-임(I'm in my dream)'을 머릿속으로 수도 없이 불러 보지 않았는가? 아니면, 식당에서나 먹던 '폭탄 달걀찜'을 집에서도 쉽게 만들 수 있다며 요리법을 가르쳐 주는 유튜브 영상을 보고 따라 해 본 적이 있는가? 비포어/애프터 사진들을 보고 혹해서 새로운 다이어트를 시작해 본 적은?

완벽한 결과물을 마주할 때나 봉긋하게 부풀어 오른 달걀찜 또는 건강한 몸매처럼 따로 지적할 게 없는 결과물을 마주할 때면 우리는 그 과정도 물 흐르듯 매끄럽고 수월했을 거라고 착각하는 실수를 저지른다. 머리에 쏙쏙 들어오는 책을 읽고 있으면 저자가 일필휘지로 글을 술술 써 내려갔을 것만 같다. 피겨 스케이팅을 해 보지 않았다면, 더블 악셀을 시도하다가 넘어지는 선수를 보면서 다른 선수들은 쉽게 잘만 하는데 왜 저 선수만 저렇게 못 하냐며 혀를 끌끌 찰지도 모른다. 그 책이 세상에 나오기까지 얼마나 많은 퇴고를 거쳤을지, 그 선수가 완벽한 더블 악셀을 보여주기까지 얼마나 오랫동안 피나는 연습을 거듭했을지 미처 헤아리지 못하기 때문이다. 언젠가 돌리 파튼(Dolly Parton: 미국 가수 겸 배우로 짙은 화장과 화려한 옷차림으로 대중의 인기를 끌었다. 옮긴이)이 이런 말을 했다.

"이만큼 촌티 나게 꾸미려면 돈이 보통 많이 드는 게 아니에요."

우리를 유창성에 현혹하게 만드는 또 다른 예시로 테드 강연(TED Talks)을 들 수 있다. 테드 강연은 보통 18분 내외로, 대본 분량으로 따지면 여섯 페이지에서 여덟 페이지 정도밖에 되지 않는다. 각 분야의 전문가들이 강연하다 보니, 그 정도로 짧은 강연을 준비하는 건 식은 죽 먹기일 거라고, 별다른 준비 없이 즉흥적으로 강연하는 사람도 있지 않겠냐고 생각하는 사람들이 있을 수 있다. 그러나 테드의 지침을 보면, 강연자들은 짧게는 수 주에서 길게는 수개월을 들여 강연을 준비해야 한다. 스피킹 코치들이 배포한 테드 스타일 강연 지침에 따르면, 강연을 일 분 하는 데 최소 한 시간의 리허설이 필요하다. 즉, 20분짜리 강연을 하려면 전체 내용을 최소 60번 반복 연습해야 한다는 의미다. 게다가 이 약 스무 시간은 순전히 리허설에 필요한 시간으로, 여기에는 여섯에서 여덟 페이지의 대본에 어떤 내용을 넣을지, 무엇보다 어떤 내용을 뺄 것인지 가려내는 데 드는 몇 날, 몇 주의 시간은 포함되어 있지도 않다.

　사실 긴 강연보다 짧은 강연을 준비하는 일이 더 어렵다. 강연 시간이 짧으면 뒤미처 할 말이나 화제를 매끄럽게 전환할 만한 이야기를 떠올릴 여유가 없으니 말이다. 유명 컨설팅 회사에 다니는 옛 제자에게 예일대에서 배운 게 직장 생활에 도움이 됐냐고 물어본 적이 있다. 제자는 3분 안에 고객을 설득하는 방법을 배웠더라면 좋았을 것 같다고 대답했다. 이런 유형의 스피치는 내뱉는 단어 하나하나가 모두 중요하기 때문에 가장 어려운 축에 속하지만, 잘하는 스피치를 듣고 있으면 정말이지 쉬워 보인다.

팥으로 메주를 쑨다고?

　유창성 착각은 춤, 노래, 강연과 같은 기술에만 적용되는 게 아니다. 유창성 착각의 두 번째 유형은 우리가 무엇을 믿느냐 안 믿느냐의 문제와 밀접한 관련이 있다. 누군가 믿기 어려운 주장을 할 때 처음에는 말도 안 되는 소리라고 생각했더라도 그 주장이 나오게 된 그럴싸한 설명을 듣고 나면 우리는 금세 신뢰하게 된다.

　덕트 테이프(duct tape)를 예로 들어 보자. 느닷없이 운동화에 구멍이 난다거나 바짓단이 터진다거나 뭐든 고쳐야 할 게 생기면 우리는 덕트 테이프를 찾는다. 덕트 테이프로 사마귀를 제거하는 게 가능하다는 연구 결과들도 있다. 일부 연구에서는 그 효능이 액화 질소를 사용하는 표준 치료보다도 훨씬 크다고 한다. 무슨 원리인지 설명을 듣지 않고는 납득이 잘 안 될 것이다. 사마귀의 원인이 되는 바이러스는 공기와 햇빛을 차단하면 살지 못한다. 사마귀가 난 자리에 덕트 테이프를 붙이면 공기와 햇빛이 차단된다. 자, 설명을 듣고 나니 덕트 테이프로 사마귀를 없앨 수 있다는 말이 훨씬 더 그럴싸하게 들리지 않는가?

오래전에 나는 바로 이런 현상을 연구한 적이 있다. 단순한 상관관계이지만 그 기저에 깔린 메커니즘이 머릿속에 그려지면 사람들은 그 상관관계를 인과관계로 해석하려 한다.[2] 그러니까 실제 데이터는 그대로인데도 특정 결과가 도출되는 과정이 매끄럽게 그려지면 훨씬 더 성급하게 인과적 결론을 내리려고 하는 것이다. 물론 그렇게 하더라도 기저 메커니즘에 결함만 없다면 문제 될 게 없다. 그러나 그 과정을 완전히 이해하고 있다는 생각이 착각인 경우라면 잘못된 인과적 결론을 도출할 가능성이 크다.

구체적인 예를 하나 들어 보자. 관련 연구를 수행하던 중에 나는 자칭 '신-점성술사'인 미셀 고클랭(Michel Gauquelin)이 1960년대에 저술한 《우주 시계: 점성술에서 현대 과학에 이르기까지(The Cosmic Clocks: From Astrology to a Modern Science)》라는 책을 접하게 되었다. 이 책은 통계 자료들과 함께 시작된다

(의문스러운 통계가 여럿이지만, 설명을 위해 책에 실린 모든 자료가 사실이라고 가정하자). 고클랭은 화성이 떠오른 직후 또는 정점에 도달한 직후에(솔직히 이때가 언제인지는 나도 모르겠지만, 그냥 그런 때가 있다고 치고) 태어난 사람일수록 뛰어난 물리학자, 과학자, 운동선수로 성장할 가능성이 크다고 주장한다. 이 결론은 그가 모은 수백 수천 개의 데이터 포인트와 정교한 통계 분석을 통해 내려진 것이다. 그런데도 그의 의견에 반대하는 사람들이 나타났다. 심지어 고클랭마저도 자신의 발견에 어리둥절해 하며 어떻게 이런 결론이 나왔는지 설명해 보려고 애썼다. 고클랭 자신도 (아기가 태어나는 순간 어떤 행성에서 특정한 재능을 부여받는다는 등의) 아주 비과학적인 가설들은 말도 안 된다고 생각했다. 대신 그럴듯해 보이는 설명을 찾아냈다. 고클랭이 찾은 설명은 일단 인간의 성격과 특징, 지능은 어느 정도 타고나는 것이라는 전제에서 시작한다. 그러니까 인간의 많은 특성이 어머니의 자궁에 있을 때이미 형성된다는, 모두가 수긍할 수 있는 전제다. 고클랭은 태아가 세상에 나올 준비가 되면 화학 신호를 보내 진통을 유발하는데, 이때 어떤 특정한 성격을 지닌 태아들은 행성 간의 관계로 발생하는 미묘한 중력에 반응하여 세상에 나갈 준비가 됐다고 신호를 보낸다고 부연한다. 이런 식의 자세한 설명을 듣고 나면, 아무리 "되지도 않는 소리를…"이라고 하던 회의론자라도 "그런가?" 하고 태세를 전환하는 실수를 범할 수 있다.

말도 안 되는 것 같은 음모론을 사람들이 그토록 끈질기게 믿는 것도 같은 현상이다. 리 하비 오스왈드(Lee Harvey Oswald)가 CIA 요원이었기 때문에 존 F. 케네디(John F. Kennedy)를 암살했다는 설은 터무니없는 억지로 들릴 수 있지만, (케네디 대통령이 공산주의를 대하는 방식을 CIA가 우려했다는 내용의) 추가 설명이 더해지면 한층 그럴듯한 소리로 들린다. 또 큐어넌(QAnon: 2017년 미국에서 조직된 극우 음모론 단체. – 옮긴이)의 음모론은 어떠한가. '딥스테이트(Deep State: 정부 안에 실체를 드러내지 않은 채 실질적 권력을 행사하는 인물이나 기관이 존재한다는 음모론. – 옮긴이)'에 숨어 극악무도한 짓을 일삼는 소아성애자와 식인종을 트럼프 대통령이 비밀리에 대항하고 있다는 주장은 'Q'라는 소식통에서 나왔고, Q는 최고 등급의 국가 기밀 접근 권한을 지닌 인물이라고 한다. 물론 어느 것 하나 사실이 아니다. 그러나 Q는 전문 용어를 섞어 가며 여러 게시물을 작성하는 식으로 잘 안다는 착각을 유발했고, 결과적으로 많은 사람이 그의 주장을 진실이라고 믿게 되었다.

탠리 vs. 율림니어스, 어디에 투자할까?

유창성 효과의 세 번째 유형은 정말 말도 안 된다. 그나마 지금까지 살펴본 유형은 우리가 판단을 내려야 하는 현상 자체의 유창성에서 발생하는 문제들이었다. 첫 번째 유형은 남들이 쉽게 하는 것처럼 보이면 우리도 쉽게 할 수 있으리라고 생각하는 착각이었고, 두 번째 유형은 받아들이기 힘든 팩트(fact)로 이루어진 주장을 접했을 때 기저에 깔린 메커니즘이 머릿속에 술술 그려지면 '팩트'가 전혀 달라지지 않더라도 그 주장이 한층 그럴싸해 보인다고 생각하는 착각이었다. 이제 살펴볼 세 번째 유형은 우리가 판단해야 할 사항과 눈곱만큼도 관련 없는 요인이 유창해 보이는 경우에도 그 요인에 영향을 받아 왜곡된 판단을 내리는 현상이다.

주식의 이름이 가치 평가에 영향을 미치는지를 조사한 연구가 있다. 그렇다. 이름의 유창성도 우리의 판단에 영향을 미친다.[3] 이 연구에서 연구자들은 (플린크스Flinks, 탠리Tanley처럼) 발음하기 쉬운 회사 이름과 (율림니어스Ulymnius, 퀘온Queown처럼) 비교적 발음하기 어려운 회사 이름을 지어냈다. 실험에 참여한 사람들에게 회사 이름을 제외한 어떤 정보도 제공하지 않았지만, 참가자들은 발음하기 어려운(즉, 유창하지 않은) 이름의 주식을 낮게 평가했고 발음하기 쉬운(즉, 유창한) 이름의 주식을 높이 평가했다.

이후 연구자들은 (서던 퍼시픽 레일Southern Pacific Rail Corp. vs. 광쉔 레일웨이Guangshen Railway Co.와 같은) 실제 주식의 경우는 어떨지 알아보기 위해 뉴욕 증권 거래소의 주가 변동을 추적했다. 그 결과, 발음하기 쉬운 이름의 주식이 발음하기 어려운 이름의 주식보다 성과가 더 좋았다. 가장 발음하기 쉬운 이름을 가진 회사 열 곳과 그렇지 않은 회사 열 곳에 투자했을 경우, 유창한 이름의 회사 주식이 그렇지 않은 회사의 주식보다 하루, 일주일, 반 년, 일 년 동안 각각 113달러, 119달러, 277달러, 333달러 더 많은 수익을 냈다.

발음하기 어려운 회사의 이름이 미국 주식 시장에서 거래하는 사람들에게 더 낯설게 들려서 그런 결과가 나왔을 거라고 생각하는 사람이 있을 수도 있다. 그래서 연구자들은 마지막 실험에서 주식 시세표 상에 세 개의 알파벳으로 표기되는 기업 약칭인 티커 코드(Ticker code)의 발음 용이도를 조사했다. KAR Global의 KAR처럼 하나의 말토막으로 발음할 수 있는 기업의 코드가 있는가 하면, 휴렛앤패커드(Hewlett-Packard)의 HPQ처럼 그렇지 않은 코드도 있다. 놀랍게도, 발음하기 어려운 코드를 지닌 기업에 비해 발음하기 쉬운 코드를 지닌 기업이 뉴욕 증권거래소와 미국 증권거래소 모두에서 훨씬 더 나은 성과를 보였다. (티커 코드는 임의적으로 정해지기 때문에) 어느 기업의 티커 코드가 상대적으로 발음하기 수월한지는 기업의 자질과 아무런 관련이 없어야 하지만, 그럼에도 투자자들은 한 단어로 발음할 수 있는 코드의 기업을 그렇지 않은 기업보다 더 높게 평가했다.

주식 시장에 대해 관심 없는 독자들을 위해서 이번에는 인터넷 검색 행위 자체가 만들어 내는 유창성 효과에 관해 얘기해 보자. 우리는 무엇이든 구글(Google)에 검색할 수 있는 세상에 살고 있다. 그러나 전문적인 정보에 너무 쉽게 접근할 수 있기 때문에 그만큼 과신에 빠질 위험이 있다. 우리가 검색해 보지 않은 주제에 대해서까지도 실제로 알고 있는 것보다 더 많은 걸 안다고 생각하는 것이다.[4]

한 연구에서 참가자들에게 다양한 문제를 냈다. "윤년은 왜 있는가?" "달의 위상 변화가 생기는 이유는 무엇인가?"와 같은 문제들이었다. 그런 다음, 참가자를 두 집단으로 나누어 절반에게는 인터넷 검색을 통해 정답을 찾아보게 했고, 나머지 절반에게는 인터넷 검색을 허용하지 않았다. 그리고 두 번째 단계에서 다시 모든 참가자에게 "미국 남북전쟁이 발발한 원인이 무엇인가?" "스위스 치즈에 구멍이 나 있는 이유는 무엇인가?"와 같은 새로운 문제를 냈다. 앞서 나온 문제와 아무런 관련이 없는 새로운 문제였으므로 첫 번째 단계에서 인터넷을 사용했던 참가자들이 그렇지 않았던 참가자들에 비해 유리할 게 전혀 없었다. '잘 안다' '잘 모르겠다' 어떤 대답을 했든 간에 두 집단이 서로 비슷하게 반응했을 거라고 생각할 것이다. 그러나 첫 번째 단계에서 인터넷을 사용했던 참가자들은 그렇지 않은 참가자들보다 더 많은 것을 안다고 대답했다. 심지어 검색해 보지 않은 문제에 대해서까지 말이다. 관련 없는 정보에 쉽게 접근할 수 있게 되는 것만으로도 우리의 지적 자신감은 넘칠 듯 샘솟는다.

유창성 효과의 적응적 특성

유창성 효과에 대해 잘 알고 있는 나조차도 그 덫에 걸릴 때가 있다. 언젠가 유튜브에서 장모견의 털을 단장하는 방법을 가르쳐 주는 40분짜리 영상을 본 적이 있다. 영상을 다 본 나는 하바니즈(Havanese) 종 반려견인 우리 집 귀염둥이 파블로의 털도 예쁘게 다듬어 보겠다며 40분을 더 허비했고, 결국 '하바니즈는 털을 어떻게 손질하든 귀엽다'라는 미국컨넬클럽(American Kennel Club)의 주장이 틀렸다는 걸 입증해 냈다.

또 나는 원예 카탈로그를 그렇게 좋아한다. 나무랄 데 없이 잘 가꾸어진 정원, 특히 텃밭 사진을 보면 그냥 지나치지 못하고 (내게 있지도 않은) 1,000여 평의 땅을 덮을 만큼의 씨앗을 주문한 뒤 특수 실내등을 밝혀 가며 싹을 틔운다. 그러나 투자하는 시간과 돈에 비해 거두어들이는 게 얼마나 적은지 남들에게 채소를 키운다고 말하기가 무안할 정도다. 작년에 나는 총 네 개의 피망을 수확했고, 케일 샐러드를 세 번 해 먹었다. 그렇지만 카탈로그에서는 모든 게 정말 쉬워 보였다!

30년 넘게 인지 편향을 가르치고 연구해 왔는데도 영상에 등장하는 애견 미용사의 능숙하고 유창한 시연을 보거나 카탈로그 속 무성한 정원이 담긴 반질반질한 사진을 볼 때면 여전히 깜빡 속고 만다. 인지 편향을 공부하는 건 이를 인식하고 피하기 위해서 아니겠는가? 내가 정말로 전문가라면, 어째서 인지 편향에 면역이 되지 않는 걸까?

인지 편향에 대해 알고 난 이후에도 우리가 여전히 피해 가지 못하는 이유는 대부분의 (어쩌면 모든) 인지 편향이 인간이라는 한 종의 생존을 돕기 위해 수천 년에 걸쳐 고도로 진화한, 적응 메커니즘의 부산물이기 때문이다. 이걸 스위치를 누르듯 그냥 꺼버릴 수는 없다.

유창성 효과는 심리학자들이 메타 인지(metacognition)라고 부르는 인지 과정에서 우리가 자주 쓰는 아주 간단하고 단순한 규칙에서 비롯된다. 메타 인지란 내가 무엇을 아는지에 대해 아는 것으로, 이를테면 내가 수영을 할 줄 아는지, 고정 금리 모기지에 대해 아는지를 아는 것이다. 인지에서 매우 중요한 요소라고 할 수 있다. 수영을 못하는 사람이라면, 무더운 날 재빨리 몸을 식히고 싶다고 하더라도 깊은 물 속으로 뛰어들어서는 안 된다는 걸 안다. '고정 금리 모기지'라는 말이 익숙하지 않은 사람이라면, 해당 서류에 서명하기 전에 '고정 금리 모기지'가 뭔지 우선 알아봐야 한다는 걸 안다. 메타 인지는 우리의 행동을 주도한다. 우리가 무엇을 아는지를 알아야 무엇을 피해야 할지, 무엇을 추구해야 할지, 어디에 뛰어들거나 뛰어들지 말아야 할지를 알 수 있기 때문이다. 우리는 메타 인지 없이는 살아갈 수 없다.

메타 인지에서 유용하게 활용할 수 있는 단서는 익숙함, 편안함, 유창함과 같은 느낌이다. 우리는 알고 있는 것과 할 수 있는 것에 익숙함을 느낀다. 내가 류왕보 씨를 아느냐고 묻는다면, 여러분은 이 이름이 얼마나 익숙하게 느껴지느냐에 따라 '안다' '모른다' '아는 사람인 것 같다'라고 대답할 것이다. 다른 예로, 외국에 나가 렌터카를 빌리려는데 수동 변속기 차량밖에 없다면 왼발을 클러치 위에 놓고 오른손으로 기어를 조작하는 운전 방법이 얼마나 익숙하게 느껴지느냐에 따라 수동 변속기 차량을 운전할 수 있는지 없는지를 판단할 수 있을 것이다.

그러나 익숙함을 기반으로 하는 건 큰 노력 없이 적당히 맞는 답을 찾으려는 휴리스틱(heuristic), 어림짐작할 때 쓰는 임시방편에 불과하다. 예를 들어, 옷장 정리를 할 때 미국 사람들이 많이들 기준으로 삼는 휴리스틱은, 지난 3년 동안 그 옷을 한 번이라도 입어봤느냐 하는 것이다. 그러나 이 휴리스틱이 항상 정확한 것은 아니다. '3년 동안 안 입은 옷 버리기' 규칙은 그저 대략적인 지침으로, 1년 내내 입은 옷이라도 고칠 수 없는 구멍이 절대 가려야 할 부분에 난 옷은 버려야 하고, 또 4년 전에 입었던 턱시도를 휴리스틱에 따른다며 갖다 버릴 수 있는 것도 아니다. 마찬가지로 익숙함이나 유창함의 정도를 가늠하여 메타 인지적 판단을 내리는 것은 우리가 무엇을 아는지 체계적으로 검증할 수 없는 상황에 놓였을 때 손쉽게 활용할 만한 방법이다. 수영을 할 줄 아는지 판단해야 할 때마다 수영 테스트를 받을 수는 없는 노릇이니까 익숙함이라는 느낌에 의존하는 것이다.

문제는 휴리스틱이 대부분은 우리에게 도움이 되지만, 앞서 살펴본 예시에서처럼 우리를 혼란에 빠뜨릴 때도 있다는 것이다. 마이클 잭슨이 문워크 하는 영상을 스무 번쯤 보고 나면 그 춤이 굉장히 익숙해지게 마련인데, 그 익숙한 느낌 때문에 스스로 문워크를 할 줄 안다는 착각에 빠질 수 있다. 마찬가지로 씨앗을 심고, 비료와 물을 준 다음 탐스럽게 잘 익은 채소를 수확하는 과정을 머릿속에 그려 보면 얼마나 쉬운가? 인지 편향을 가르치는 교수조차 농사짓는 재주를 타고났다는 착각에 빠뜨릴 정도니 말이다.

이처럼 유창함 또는 익숙함 휴리스틱에 지나치게 의존하면 잘못된 판단을 내릴 수 있다. 그러나 이를 우리가 정말로 알고 있는 것을 떠올릴 때 활용한다면 굉장히 유용하다. 인간이 이 휴리스틱에 의존하게 된 것도 착각이라는 대가에 비해 얻을 수 있는 이점이 훨씬 더 크기 때문이었으리라. 자, 난해하고 추상적인 설명은 이만하기로 하고, 노벨 경제학상 수상자인 대니얼 카너먼(Daniel Kahneman)이 그의 유명한 저서 《생각에 관한 생각》에서 소개했듯이, 유명한 착시 현상을 비유로 들어 다시 한 번 이 문제를 더욱 구체적으로 훑어보도록 하자.

우리가 보는 세상의 이미지는 안구 뒤쪽에 있는, 빛에 민감한 세포로 구성된 층, 이른바 망막이라는 편평한 스크린에 투영된다. 망막은 편평하기 때문에 이를 통해 뇌에 전달되는 이미지는 이차원적이다. 여기서 딜레마가 발생하는데, 바로 우리가 사는 세상은 삼차원이라는 것이다. 우리 뇌의 시각 시스템은 세상을 삼차원으로 인식하기 위해 다양한 신호를 사용한다. 그중 하나가 선형 원근법으로, 그림과 같이 평행선이 멀리 있는 한 점을 향해 수렴하는 것처럼 보이는 현상을 말한다. 시각 시스템은 우리가 소실점을 향해 수렴하는 두 개의 선을 볼 때마다 무의식적으로 소실점에 더 가까운 대상(그림 속 직선 A)이 전경의 대상(그림 속 직선 B)보다 우리에게서 더 멀리 떨어져 있다고 받아들인다. 우리는 우리에게서 멀리 떨어져 있는 대상이 더 작게 보인다는 사실을 알고 있기 때문에 선형 원근법에 배치된 두 개의 동일한 수평선이 보이면 소실점에 가까운 선이 더 길다고 추정한다. 사실 직선 A와 B의 길이는 정확히 동일하지만, 시각 시스템은 A가 실제보다 더 길어야 한다고 '생각'하는 것이다. 이를 처음으로 증명한 이탈리아 심리학자 마리오 폰조(Mario Ponzo)의 이름을 따서 우리는 이 현상을 '폰조 착시'라고 부른다. 손가락이나 자를 사용해 A와 B의 길이가 정확히 똑같다는 사실을 확인해 봐도 좋다. 그러나 그렇게 하더라도 여전히 A가 더 길게 보일 것이다. 이와 마찬가지로 유창성 효과를 포함한 인지적 착각(cognitive illusions)은, 착각이라는 걸 알고 난 이후에도 지속될

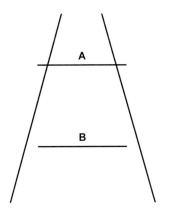

수 있다.

　그렇다고 과신에 빠지지 않게 유창함이라는 느낌을 항상 무시해야 한다고 말한다면, 그건 폰조 착시에 빠지지 않게 직선 원근법을 절대 사용하지 말고 세상을 편평한 곳으로 인식해야 한다고 말하는 것만큼이나 얼토당토않을 것이다. 우리가 무한한 가능성을 지닌 불확실한 세계를 탐색할 수 있게끔 인지 시스템이 다양한 신호와 방법을 적용하는 과정에서 착시가 발생한다. 폰조 착시를 일으키는 시스템 덕분에 세상을 삼차원으로 인식할 수 있는 거라면 폰조 착시와 함께 살아갈 만한 가치는 분명히 존재한다. 마찬가지로, 유창함이라는 느낌에 의존했다가 때때로 길을 잃고 헤매더라도 우리가 무엇을 알고 무엇을 모르는지 판단할 수 있는 기준을 가지고 살아가는 편이 훨씬 더 낫다.

그러나 착시를 비유로 들 수 있는 건 딱 이 정도다. 착시 때문에 누군가에게 해를 입힐 일은 거의 없다. 하지만 충분한 근거 없는 과신은 반려견의 외모를 한동안 망가뜨리거나 마트 가격의 쉰 배가 넘는 돈을 들여 피망 네 개를 수확하는 것보다 훨씬 더 심각한 결과를 일으킬 수 있다. 적절하게 준비하지 않은 탓에 앞으로의 커리어를 좌우할 프레젠테이션을 망쳐버릴 수도 있고, 발음하기 좋은 회사의 주식을 지나치게 과대평가했다가 평생 저축한 돈을 날릴 수도 있다. 큐어넌의 음모론을 철석같이 믿었다가 미국 국회의사당 습격에 합류하러 나설지도 모를 일이다.

이에 대비하기 위해서는 유창성 효과라는 현상이 발생하며 때때로 해로운 결과를 초래한다는 사실을 아는 것만으로는 충분하지 않다. 마치 원치 않는 살이 붙었을 때처럼 말이다. 우리 몸은 (좋은 이유에서) 음식을 갈망하도록 시스템화 되어 있기 때문에 체중을 늘리지 않으려면 단순히 덜 먹어야 한다는 생각만으로는 부족하다. 생각을 넘어서서 음식을 향한 갈망을 상쇄할 수 있는 구체적인 전략을 활용해야 한다. 메타 인지가 우리 안에 그토록 깊이 뿌리박혀 있다면, 유창성 효과를 피해가는 게 정말 가능할까? 정답은 '그렇다'이다.

직접 해 보기

인지 시스템이 다양한 신호를 적용하는 과정에서 유창성 효과가 발생하는 건 사실이지만, 그렇다고 해서 우리가 이를 극복할 수 없는 건 아니다. 간단한 해결책이 있다. 유창성의 착각에서 깨어나려면 실제로 시도해 보면 된다. 사람들 앞에 나서기 전에 혼자서 프레젠테이션 대본을 소리 내어 읽어 본다. 여자친구의 아버지를 저녁 식사에 초대하기에 앞서 달걀찜을 만들어 본다. 직장 내 연말 파티에서 상사를 앞에 두고 무대에 오르기 전에 욕실 거울 앞에서 〈좋은날〉을 불러 본다. 실제로 해 보면 스스로 피드백을 주게 될 터이므로 타인의 피드백 없이도 착각에서 벗어날 수 있다. 레빈슨 강당에서 춤췄던 학생 열 명 중에 지금도 연습 없이 케이팝 안무를 따라할 수 있다고 생각하는 학생은 단 한 명도 없을 것이다.

이 정도면 너무나 빤한 해결책이 아니냐고 생각할 수 있을 텐데, 놀랍게도 이 방법을 실천에 옮기는 사람은 그리 많지 않다. 몸을 움직이지 않고 머릿속으로만 과정을 그려 보면서 실천하고 있다고 생각하는 사람들도 있다. 실행에 옮기지 않은 채 춤을 따라 추거나 고객 앞에서 프레젠테이션 하는 자신의 모습을 상상하는 행동은 착각을 더욱 강화할 뿐이다. 머릿속으로 시뮬레이션을 돌릴 때는 모든 게 원활하게 진행되기 때문에 과신할 위험이 더 커진다. 실제로 프레젠테이션에 사용할 단어를 하나하나 적어보고 혀와 성대를 움직여 말을 뱉어 봐야 한다. 팔, 다리, 엉덩이를 움직여 춤 동작을 하나하나 구현해 봐야 한다.

어떤 기술을 익힐 때만 리허설이 중요한 건 아니다. 자신이 무엇을 얼마나 알고 있는지 판단할 때도 우리는 실제보다 더 많이 안다고 과신할 수 있다. 이럴 때 머릿속에 있는 내용을 글로 적어 보면 별다른 피드백 없이도 과신의 위험을 줄일 수 있으며, 이를 입증한 연구도 있다.[5] 이 연구에서 연구자들은 참가자들에게 변기, 재봉틀, 헬리콥터와 같은 다양한 물체가 어떤 방식으로 작동하는지에 대해 얼마나 잘 알고 있는지 점수를 매겨 달라고 요청했다. '전혀 모른다'가 1점, '정확하게 안다'가 7점이라면, 여러분은 변기, 재봉틀, 헬리콥터의 작동 방식에 대한 자신의 지식 수준에 각각 몇 점을 주겠는가? 전부 우리에게 익숙한 사물이고, 이들 사물의 부품이 원활하게 작동하는 모습을 우리는 항상 봐 왔다. 하나부터 열까지 우리 손으로 직접 만들 수야 없더라도 어떤 방식으로 작동하는지, 그 용도가 무엇인지 정도는 안다고 생각할 것이다. 특히 변기의 물을 내리는 방법쯤은 누구라도 잘 알고 있지 않겠는가? 이 연구에서 참가자들이 스스로 매긴 평균 점수는 중간치인 4점 언저리다. 4점이면 지나친 과신은 아닌 것 같다고 생각할 수 있다. 그러나 이 수치는 틀림없는 과신이며, 역시 유창성 착각에서 비롯된 과신이다.

여러분이 직접 확인할 수 있도록 이번에는 사물을 하나 선택하고(헬리콥터를 골랐다고 하자) 실제로 어떻게 작동하는지 종이에다가 단계별로 적어 보거나 소리 내어 말해 보자. 이제 헬리콥터의 작동 방식에 대해 얼마나 잘 알고 있는지 스스로 점수를 매겨 본다. 여러분과 동일한 과정을 거친 참가자들은 과신하는 정도가 훨씬 더 적었다. 안다고 생각했던 걸 막상 설명하려 보니, 생각보다 아는 게 없다는 사실을 깨달은 것이다. 여기서 끝이 아니다. 연구자들은 "헬리콥터는 어떻게 호버링(hovering: 일정한 고도를 유지한 채 제자리에서 정지 비행을 하는 것. ─옮긴이)에서 전진 상태로 전환하는가?"와 같은 심도 있는 질문을 잇달아 던졌고, 질문이 거듭될수록 참가자들은 점점 더 겸손해졌다.

안타까운 건, 이러한 현타가 취업 면접을 준비할 때가 아니라 면접 도중에 일어날 수 있다는 사실이다. 잘 알다시피 면접관이 지원자에게 묻는 질문은 대개 이런 것들이다. "이 일에 지원한 이유는 무엇입니까?" "지원자의 강점과 약점은 무엇입니까?" 이 정도 질문에 대한 대답쯤이야 이미 준비 완료라고 생각할 수 있다. 그렇다면 이번에는 면접관이 이렇게 물었다고 가정해 보자. "당신의 강점은 무엇인가요?" 휴, 다행이다. 이 질문이 나오면 계획적이고 체계적인 성격이 강점이라고 대답하려고 미리 준비했기 때문이다. 이런, 이게 끝이 아니다. 면접관이 캐묻듯 또 묻는다. "강점을 발휘했던 경험을 이야기해 줄 수 있습니까?" 순간 눈앞이 캄캄해진다. 머릿속에는 홈쇼핑에서 주문한 반찬통들을 채우고, 하나하나 이름표를 붙이고, 냉장고 안에 보기 좋게 차곡차곡 정리했던 날만 떠오를 뿐이다. "계획적이고 체계적인 성격이 이 직무에 어떻게 도움이 될 거라고 생각하시죠?" 그건 영영 알 길이 없을 것이다. 이 면접에 합격할 리 없다는 걸 방금 막 깨달았기 때문이다.

예상 질문을 만들어 대답을 작성해 보면 자신의 답변을 객관적으로 판단할 수 있으므로 반드시 이 연습을 해야 한다. 글로 적어 놓고 그 글을 다른 지원자의 답변이라고 생각해 보면, 면접관의 입장에서 그 사람을 면접에 합격시키겠는지 불합격시키겠는지 판단해 볼 수 있다. 영상을 찍는 것도 좋은 방법이다. 아아, 물론 영상 속에 등장하는 자기 모습을 보는 건 정말이지 괴롭다. 그러나 면접 질문에 대답하는 내 모습을 결정권자에게 보여주기 전에 내 눈으로 먼저 확인하는 편이 무조건 더 낫다.

과신을 줄이면 프레젠테이션이나 면접 기술을 향상시키고 연말 파티에서 부끄러운 상황을 피하는 등 개인적으로 이로운 건 물론이고, 더 나아가 사회적으로도 도움을 줄 수 있다. 한 연구에서는 개인의 과신이 줄면 정치적 극단주의가 완화한다는 사실을 입증하기도 했다.[6] 우리 대다수는 낙태, 복지, 기후 변화와 같은 사회 문제에 대해 강경한 의견을 고집한다. 그러나 안타깝게도 그 이유를 묻는 사람이 나타날 때까지는 우리의 지식이 얼마나 얕은지 깨닫지 못한다.

해당 연구에서 연구자들은 이란 핵 개발에 대한 일방적 제재, 연금 수령 정년 상향, 탄소 배출권 거래제 확립, 단일세율 적용 등 다양한 정치 정책을 제시한 다음, 참가자들에게 어떤 입장인지, 그러니까 각각의 사안을 얼마나 강력하게 지지하는지 또는 반대하는지 물었다. 그러고는 각 정책이 사회에 미칠 영향에 대해 본인이 얼마나 잘 안다고 생각하는지 평가해 달라고 요청했다.

평가를 마친 참가자들에게 이번에는 헬리콥터에 관한 연구에서 그랬던 것처럼 각 정책이 사회에 미치는 영향을 글로 적어 달라고 했다. 답변을 작성한 이후 다시 한 번 자신의 정책 이해도를 평가하도록 해 보니, 이전 연구에서와 마찬가지로 참가자들의 자신감이 한풀 꺾여 있었다. 안다고 생각했지만, 막상 글로 써서 설명하려고 하니 자신의 지식이 얼마나 얕은지 깨닫게 된 것이다. 여기까지는 헬리콥터 연구 결과와 거의 동일하다.

그러나 그 다음부터 아주 놀라운 결과가 나타났다. 마지막 단계에서 참가자들에게 각 정책에 대해 어떻게 생각하는지 자신의 입장을 다시 생각해서 알려 달라고 요청하자 처음 평가 때보다 훨씬 더 온건해진 모습을 보였다. 여기서 우리는 참가자들이 반대 의견의 영향 때문에 고집을 꺾은 게 아니라는 사실을 주목해야 한다. 이들의 완고한 입장을 완화하는 데 필요했던 건 그 정책이 미치는 영향을 직접 설명해 달라는 요청이 전부였다.

나와 다른 견해를 가진 사람들과 대화하는 것이 사회적으로도 중요한 이유가 바로 여기에 있다. 우리는 같은 의견을 가진 사람들에게 끌린다. 자기만의 세계에 갇혀 있는 사람들은 동지들도 나와 같이 생각할 거라고, 내가 아는 것을 이미 다 알고 있을 거라고 생각하기 때문에 지지하는 정책이 미칠 영향에 대해 굳이 서로 대화를 나누지 않는다. 나와 다른 의견을 가진 사람에게 자신의 입장을 설명해야 하는 상황에 놓여야 비로소 내 지식의 구멍과 추리의 결함을 인식하고 이를 고치려는 노력을 할 수 있다.

시도할 수 없을 때: 계획 오류

안타깝게도, 실제로 시도해 보거나 머릿속에 있는 지식을 꺼내어 표현하는 것만으로는 과신을 줄일 수 없는 경우가 많다. 어떤 경우인지 이해하려면 먼저 계획 오류에 대해 알아야 한다.

어떤 일을 끝마치는 데 필요한 시간과 노력을 과소평가하여 마감 기한을 놓치거나 예산을 초과하거나 일을 끝내기도 전에 기진맥진하는 경우는 비일비재하다. 계획 오류의 사례 가운데 가장 악명 높기로 손꼽히는 것이 시드니 오페라 하우스(Sydney

Opera House) 공사다. 이 공사는 애초에 700만 달러의 예산으로 책정되었으나, 공사 규모를 축소하고도 총 1억 200만 달러의 비용이 들었고 공사를 완료하는 데에도 당초 계획보다 10년이나 더 걸렸다. 덴버 국제 공항(Denver International Airport)의 경우에는 예산 20억 달러, 공기 16개월을 초과했다. 밑도 끝도 없이 초과된 예산과 공기 때문에 덴버 공항을 둘러싼 음모론이 그토록 많은 거라고 주장하는 사람들도 있을 정도다. 수많은 음모론 중에 하나를 소개하자면, 종말론적 사건이 발생했을 때 억만장자와 정치인들이 피난할 수 있는 비밀 지하 벙커 네트워크를 구축하느라 공사 기간이 그렇게 길어졌다는 것이다. 물론 외계인이 등장하는 음모론도 빼놓을 수 없다. 음모론이 얼마나 팽배했으면 공항에서 자체적으로 음모론 관련 전시를 열기까지 했을 정도다. 그러나 아무리 그래도 보스턴의 '빅 디그(Big Dig: 보스턴 다운타운의 고가 고속도로를 지하화하고 지상을 공원화한 대규모 프로젝트로, 예산과 공기를 엄청나게 초과한 공사로 유명하다. ─옮긴이)' 프로젝트를 언급하지 않으면 뉴잉글랜드(New England: 메인, 뉴햄프셔, 버몬트, 매사추세츠, 로드아일랜드, 코네티컷을 포함한 미국 북동부 지역. ─옮긴이) 지역 사람들이 섭섭할 것이다. '빅 디그'의 경우, 예산은 190억 달러를, 공사 기간은 10년을 초과했으니 말이다.

계획 오류가 건설 프로젝트에만 적용되는 건 아니다. 세계적인 IT 리서치 자문 회사인 스탠디시 그룹(Standish Group)은 다양한 프로젝트에 관한 연례 보고서를 발행한다. IT 업계 사람들이라고 하니 과거의 데이터를 사용해 미래를 정확하게 예측할 수 있을 거라고 생각할지 모르겠다. 그러나 스탠디시 그룹에 따르면, 2011년부터 2015년까지 미국에서 성공한(필수 항목 모두가 기한 및 예산 내에서 완료된) IT 프로젝트의 비율은 29퍼센트에서 31퍼센트 사이였다. 전체의 절반에 달하는 프로젝트가 기한에 늦거나 예산을 초과하거나 필수 항목이 누락된 상태로 제출됐고, 17퍼센트에서 22퍼센트의 프로젝트는 단순히 실패했다. 나아가 이러한 추세가 개선될 조짐도 나타나지 않았다.

계획 오류의 원인은 다양하다. 그중 하나를 꼽자면, 희망적인 생각이다. 우리는 너무 많은 돈을 들이지 않고 더 빠른 속도로 프로젝트를 완료하고 싶어 하는데, 계획을 세우고 예산을 짤 때 이러한 바람이 반영되는 것이다.

계획 오류 대부분이 사실은 유창성 착각에서 비롯되는, 일종의 과신이라는 사실을 인식하는 것도 중요하다. 계획을 세울 때 우리는 프로젝트가 어떻게 진행되어야 하는지, 프로젝트를 성공적으로 끝내려면 무엇이 필요한지에만 집중하는 경향이 있다. 이러한 과정을 머릿속으로 그려 볼라치면 모든 게 매끄럽게 진행되기 때문에 과신에 빠질 수밖에 없다.

계획 오류를 피하기 위해 결코 **해서는 안 될** 일이 무엇인지 알려주는 연구가 있다.[7] 이 연구에서 연구자들은 참가자들에게 언제쯤이면 크리스마스 선물 쇼핑을 마칠 수 있을 것 같냐고 물었고, 참가자들이 평균적으로 예상한 날짜는 12월 20일이었다. 그러나 이는 계획 오류로 밝혀졌다. 참가자들이 12월 22일 또는 12월 23일이 되도록 쇼핑을 끝내지 못했기 때문이다.

구체적이고 세부적인 계획을 세우면 계획 오류에 빠지는 상황을 피할 수 있지 않을까 생각할 수 있다. 그래서 연구자들은 다른 참가자 집단에게 크리스마스 쇼핑 계획을 단계별로 세운 뒤 글로 작성해 달라고 했다. 그러니까 이 집단의 참가자들은 가족 구성원의 목록을 작성하고 이들에게 줄 만한 선물이 뭐가 있을지 적어 보는 식으로 계획을 짜거나, 며칟날 어느 쇼핑몰에 갈 것인지 먼저 정한 뒤 그곳에서 누구에게 줄 어떤 선물을 찾아볼지 적어 보는 식으로 계획을 세웠다. 계획을 세우는 동안에는 충분히 지킬 수 있을 것 같았다. 그렇다면 상세하고 구체적으로 미리 계획을 짠 참가자들이 예상했던 쇼핑 기한을 더 잘 지켰을까? 실험 결과, 이들은 그런 자세한 계획을 세우지 않았던 참가자 집단보다 오히려 더 심한 계획 오류를 겪었다. 구체적인 작전 계획을 세운 참가자들 대부분은 크리스마스 7.5일 전에는 쇼핑을 마칠 거라고 예상했고, 이는 단계별 계획을 세우지 않은 참가자들이 예상한 것보다 3일 더 이른 날짜였다. 그러나 촘촘하게 계획을 짠 참가자들이 쇼핑을 마친 날짜도 평균 12월 22일, 23일 무렵이었다.

단계별로 계획을 세웠는데도 계획 오류가 오히려 더 심해진 건, 계획을 짜는 동안 쇼핑이 별 탈 없이 매끄럽게 진행될 거라고 착각했기 때문이다. 영화 〈귀여운 여인〉에서 줄리아 로버츠(Julia Roberts)가 반나절만에 자기 몸에 꼭 맞는 예쁜 원피스들만 쏙쏙 골라 사 들이는 장면처럼, 영화 〈클루리스〉에서 쇼핑을 마치고 거리로 나온 알리시아 실버스톤(Alicia Silverstone)이 자기 몸집 만한 쇼핑백 두 개를 들고 있는데도 깃털처럼 가볍다는 듯 조금도 지친 기색 없이 상큼상큼 가볍게 걸어가는 장면처럼 말이다.

그렇다고 해서 단계별 계획을 세우지 말라고 권하는 건 결코 아니다. 해야 할 일을 작은 단계로 쪼개고, 쪼개어 놓은 각각의 단계에 하나하나 기한을 설정하는 일은 중요하다. 특히 당장 해야 할 일이 크리스마스 쇼핑보다 더 복잡한 경우라면 더더욱 그렇다. 더 작은 단계로 쪼개어 일을 진행하면 계획 오류를 어느 정도 줄일 수 있다고 주장하는 연구도 있다. 해야 할 일을 꺼내어 놓고 보면, 그제야 생각했던 것처럼 간단하지 않다는 것을 깨닫게 되니 말이다. 그러나 계획하는 과정에서 유창성 착각이 일어날 수 있고, 모든 상황을 스스로 통제할 수 있을 거라는 착각이 깊어지면서 오히려 계획 오류가 악화할 수도 있다는 사실을 반드시 염두에 두어야 한다.

그러면 어떻게 해야 착각에 빠지지 않을 수 있을까? 앞에서 나는 그 일을 실제로 **해 보면** 유창성 착각 때문에 생기는 과신을 줄일 수 있다고 말했다. 그러나 계획 오류를 극복하려고 할 때 생기는 아이러니가 있다. 바로 해 보지 **않은** 일을 계획해야 한다는 것이다. 크리스마스 쇼핑이나 오페라 하우스 건설을 미리 연습할 수는 없는 노릇 아닌가? 그렇더라도 머릿속 시뮬레이션이 매끄럽게 진행되지 않게끔 최소한의 잠재적 걸림돌을 고려 사항에 넣는 것 정도는 **할 수 있다.** 이때 고려해야 할 사항에는 두 가지 유형이 있는데, 그중 한 가지는 썩 어렵지 않다.

해야 할 일과 직접적으로 관련된 걸림돌을 생각해 내는 일은 상대적으로 수월하다. 크리스마스 쇼핑을 간다고 치면, 크리스마스 직전 주말에는 교통 체증이 심할 것이다. 할머니 선물로 점찍어 둔 표범 무늬 캐시미어 카디건이 다 팔리고 재고가 없을 수도 있다. 이처럼 해야 할 일과 직접적으로 관련된 걸림돌을 계획에 고려 요인으로 포함하는 일은 어렵지 않게 할 수 있다.

그러나 감기에 걸린다거나 느닷없이 고양이가 안 보인다거나 온수기가 샌다거나 아들의 발목이 부러진다거나 등등 해야 할 일과 직접적인 관련이 없는 걸림돌은 간과되기 십상이다. 이처럼 예기치 못한 사태는 그 경우의 수가 무궁무진하기 때문에 미리 계획한다는 것 자체가 불가능하다. 게다가 크리스마스 쇼핑을 나서려던 찰나에 아들의 발목이 부러져 온종일 응급실에 가 있어야 했던 작년 일을 기억하고 있다손 치더라도 올해도 그런 일이 생길 것을 기대하고 계획하는 부모는 세상에 없을 것이다.

예기치 못할 만한 사건이란 말 그대로 예측할 수 없는 것들이다. 그나마 우리가 확실하게 예측할 수 있는 인생의 진리 한 가지는 언제나 사건이 터진다는 것이다. 그게 무슨 사건일지만 모를 뿐이다. 과학적 근거가 있는 건 아니지만, 무수한 계획 오류를 경험하며 살아온 내가 이럴 때 쓰는 간단한 수법이 있다. 바로 처음 예상한 시간에 50퍼센트를 추가해 계획하는 것이다. 생각 같아서는 이틀이면 논문을 검토할 수 있을 것 같지만, 공동 연구자에게 사흘쯤 걸리겠다고 말하는 식이다. 이 수법이 내게는 꽤 잘 통한다.

낙관주의와 유창성 효과

어떻게 하면 유창성 효과를 피할 수 있는지 그 방법을 알아보는 것도 중요하지만, 유창성 효과를 증폭시키는 요인을 살펴보는 것 또한 중요하다. 유창성 효과를 증폭시키는 요인 중 하나가 낙관주의다. 낙관주의는 유창성 효과에서 엔진 오일과 같은 역할을 하여 모든 게 원활하게 돌아가는 것처럼 보이도록 만든다. 상황이 낙관적이라고 생각하는 순간 우리는 앞으로 생길지 모를 차질이나 걸림돌에는 눈감아 버린다.

그러나 일반적으로 봤을 때 낙관주의는 우리에게 이롭다. 세상을 희망적으로 보면 스트레스가 줄어들고 더 행복해진다. 행복하다고 느끼고 스트레스를 덜 받으면, 정신 건강과 육체 건강 모두가 더 좋아진다. 낙관론자의 수명이 더 긴 것도 아마 이 때문일 것이다. 낙관주의는 건강에 이로울 뿐만 아니라 생존에도 필수적이다. 우리 모두는 언젠가 결국 죽는다는 사실을 알고서 살아가기 때문에 어느 정도의 낙관 없이는 그 무엇도 추구할 동기를 얻지 못할 것이다.

특히 경쟁 상황에서는 낙관주의가 더욱 빛을 발한다. 늘 동일한 건설 프로젝트에 입찰하는 비즈니스 라이벌 톰과 제리가 있다고 치자. 제리의 회사는 톰의 회사에 비해 규모가 턱없이 작다. 톰이 제리보다 더 높은 금액을 부르리라는 건 불 보듯 뻔하다. 이때 만약 제리가 낙관적인 성격이 아니라서 객관적 사실만 보고 판단을 내린다면 분명 입찰을 포기하고 말 것이다. 그러나 제리가 낙관적이라면 어쩌다 톰이 관심 없는 프로젝트가 굴러떨어질 때를 기다리며 계속 입찰을 넣을 것이고, 그러다 보면 자기 분야를 개척해 나갈 수 있을 것이다.

사실 인간은 어느 정도의 낙관주의를 타고나는 듯하다. 이런 결론이 내려진 배경에는 새나 쥐를 대상으로 한 연구들이 있다.[8] 새를 대상으로 진행한 한 연구에서 유럽찌르레기에게 2초 길이의 소리가 들릴 때는 빨간색 레버를, 10초 길이의 소리가 들릴 때는 초록색 레버를 눌러야 모이가 나온다는 조건을 학습시켰다. 소리의 길이와 일치하지 않는 색깔의 레버를 누르면 어떤 보상도 주어지지 않았다. 그런 다음에는 빨간색 레버를 초록색 레버보다 더 나은 조건으로 바꾸었다. 초록색 레버를 누르면 조금 기다렸다가, 빨간색 레버를 누르면 그 즉시 모이가 나오게끔 만든 것이다. 배가 고픈데 즐거운 마음으로 밥때를 기다릴 동물은 없다. 이 모든 조건을 학습시킨 뒤(약간 사족이지만, 자그마한 새들이 이걸 배울 수 있다는 것 자체도 참 놀랍다!), 이번에는 새들에게 혼선을 줄 상황을 연출했다. 2초와 10초의 딱 중간인 6초 길이의 소리를 들려준 것이다. 새들은 빨간색과 초록색 중에 어떤 레버를 눌렀을까? 새들은 낙관적이었다. 모호한 길이의 소리를 들은 새들은 (더 나은 옵션을 제공하는) 빨간색 레버를 선택했다.

앞서 말했듯 인간은 기본적으로 낙관적인 존재라서 우리의 유창성 효과는 악화하기 쉽고, 나아가 맹목적 낙관주의에 빠질 수도 있다. 현실적 낙관주의자가 물컵이 반이나 가득 차 있다 또는 고생 끝에 낙이 온다고 말하는 사람이라면, 맹목적 낙관주의자는 물컵이 절반 비어 있다는 사실 또는 지금 고생하고 있다는 사실조차 부정하는 사람이다. 맹목적 낙관주의의 역사적 사례 가운데 지금까지도 모두의 머릿속에 생생히 남아 있을 만한 게 하나 있다. 팬데믹 초기, 코로나19 바이러스 확산 방지를 위한 연방 정부 차원의 조치가 취해지지 않았던 그때 미국이 어땠는지 떠올려 보자. 당시에는 햇볕이 강해지고 기온이 오르는 봄이 되면 바이러스가 마법처럼 사라질 거라고 믿는 사람들이 많았다. 곳곳이 봉쇄되고 격리되는 세상, 1년이 넘도록 외식도 휴가도 콘서트도 없는 세상을 상상할 수 없었고, 독감철이 끝나면 찾아올 듯한 따스한 4월을 상상하는 게 더 쉬웠기 때문에 많은 사람이 맹목적 낙관주의에 빠져들었던 것이다. 그렇다면 이러한 맹목적 낙관주의를 피할 방법이 있었을까?

맹목적 낙관주의를 억제하는 효과가 입증된 방법 한 가지는 과거의 유사한 사례를 떠올린 뒤, 그때의 교훈을 현재 상황에 적용하는 것이다. 과거의 비슷한 경험을 생각하는 것만으로도 굉장히 유용하지만, 그걸로는 충분하지 않다. 우리는 비슷한 일이 생각나더라도 "아, 이번에는 달라" "그때 배운 게 있으니 이번에는 그렇게 되지 않을 거야"라고 말하며 지난 경험을 외면하려고 하기 때문이다. 코로나19 초기에 이 감염병을 1918 팬데믹(1918 flu pandemic: 1918~1920년에 유행한 독감으로 전 세계 5,000만 명의 인구가 감염되었다. 1차 세계대전 당시 중립국이었던 스페인은 관련국들과 달리 검열 없이 감염병의 심각성을 자유롭게 보도했고, 많은 사람이 스페인 언론을 통해 정보를 접하면서 '스페인 독감'이라는 이름이 붙었다. 스페인에서 유래한 질병이라고 오해할 수 있기에 스페인 독감 대신 '1918년 독감 팬데믹'이라고 부른다. - 옮긴이)과 비교하는 사람들이 많았지만, "현재 의학 기술이 훨씬 더 발전했고 이번엔 전혀 다른 바이러스"라는 말과 함께 과거의 팬데믹으로부터 얻은 교훈이 무시되기 일쑤였다. 사람들은 중국에서 무슨 일이 일어나고 있는지 두 눈으로 보면서도 마치 이를 '중국 바이러스'라고 부르면 피해갈 수 있다는 듯 행동했고, 미국은 중국과 다를 거라고 생각하고 싶어 했다.

코로나19 초기의 미국 상황을 되짚어 보면, 어째서 과거의 경험을 떠올리더라도 이번에는 다를 거라고 생각하면 안 된다고 하는지 그 이유를 명확하게 알 수 있을 것이다. 핑계를 대지 않으려면, 맹목적 낙관주의에 빠지지 않으려면, 현재 상황이 과거와 동일하다고 가정한 뒤 거기에 맞춰 예측하고 계획해야 한다. 코로나19의 경우, 미국은 이 감염병이 뉴욕, LA를 비롯해 세계 어디에서든 우한에서처럼 퍼질 거라고 가정했어야 했다. 데이터를 기반으로 한 예측은 직관이나 희망적 사고를 기반으로 한 예측보다 훨씬 더 정확하다.

요약: 우리 집 리모델링

1장을 마무리하면서 우리 집 리모델링 계획에 대해 이야기해 보려 한다. 지금까지 다룬 내용을 집 리모델링 계획에 어떻게 적용할 수 있을지 함께 살펴보자. 우리 집은 100년이나 되었지만 고택의 매력이라고는 찾아볼 수 없는 주택으로, 이 집을 산 건 순전히 위치 때문이었다. 집에 있는 창문의 절반 가량은 열린 채로 고정이 안 되거나 아예 열리지 않는다. 보조 욕실은 1960년대 풍이다. 화려한 샤워 커튼이나 목욕 수건으로도 가릴 수 없는 플라스틱 타일 벽과 리놀륨 바닥으로 되어 있다는 말이다. 원래 붙어 있던 외부 판벽은 태풍에 일부가 떨어져 나가면서 일순간 정원의 잡초 방지 부직포로 변신하고 말았다. 팬데믹 때문에 1년 반 내내 이 집에 갇혀 있게 되면서 눈에 가장 거슬리는 건 정말 쓸데없이 거실 한가운데 떡하니 자리잡고 있는 벽이다. 우리 부부는 그 벽을 허물기로 마음먹었다.

나나 남편이나 집을 보수하는 일에는 영 소질이 없다. 25년 전, 첫 번째 집을 샀을 때 우리 부부는 집 주인에게 비가 오는 날엔 여닫이 창을 어떻게 해야 하느냐고 물었다. 멋들어진 나무 창틀이 망가질까 봐 걱정되어 던진 질문이었다. "닫아야죠"라고 대답하던 주인은 그 집을 직접 지은 사람이었는데, 우리에게 집을 팔면서도 걱정하는 눈치였다. 그러나, 1장에서 다룬 내용을 돌이켜보면 내가 리모델링에 전혀 자신이 없다는 것은 사실 엄청난 이점이 될 수 있다.

거실의 벽을 허무는 일쯤이야 쇠메질 몇 번이면 되지 않느냐 싶을 수 있지만, 잘 알다시피 이것은 이층에 있는 안방의 종말을 불러올 수 있는 일이자 유창성 효과의 예시를 하나 더 탄생

시킬 수도 있는, 큰일이다. 나는 보조 욕실에도 재현하기에 별로 어려워 보이지 않는 (단순하다는 의미에서의) 미니멀한 디자인을 골랐다. 그럼에도 공사 업체의 견적에서 최대 50퍼센트의 시간과 비용을 추가로 들일 것을 예상해야 한다는 리모델링 전문가들의 조언에 따라 우리도 정확히 그렇게 하기로 했다. 또 창문을 교체하다가 습기에 의한 뒤틀림이나 곰팡이, 말벌 집 등 우리 집에 존재한다고 믿고 싶지 않은 온갖 문제를 발견할 수도 있으므로 심리적으로나 재정적으로나 대비해야 한다. 지난번 리모델링 공사를 진행할 때는 공사 현장에 업자만 혼자 두고 오랜 시간 자리를 비우면 안 된다는 교훈을 얻었다. 업자가 상의도 없이 몇 군데를 창의적으로 바꾸어 놓았기 때문이다. 이번에는 너무 오랫동안 자리를 비우지 않을 것이다. 리모델링이《아키텍처 다이제스트(Architectural Digest: 인테리어 잡지. - 옮긴이)》의 페이지를 넘기는 것처럼 수월하게 진행될 리는 없겠지만, 분명 고생 끝에 낙이 올 것이다.

2장

확인 편향

내가 옳다, 옳다, 옳다, 어? 틀렸다고?

Confirmation
Bias

어느 늦은 오후였다. 사무실에서 하루 일과를 갈무리하고 있는데 비스마(진짜 이름은 아니다)에게 전화가 걸려 왔다. 비스마는 전에 내가 지도교수를 맡았던 학생인데, '생각하기' 과정을 수강한 학생들 중에서도 손꼽히게 영리한 아이다. 화가 난 듯 목소리가 심상치 않았다. 비스마가 평소에 워낙 화를 내는 성격이 아니었던 터라 나는 하던 일을 손에서 놓고 몸을 바짝 당겨 앉았다.

비스마는 병원에서 막 나오는 길이라고 했다. 고등학생 때 갑자기 음식을 제대로 소화시키지 못하는 증상이 생겨서 고생하는 아이였다. 아침이면 증상이 특히 심했고, 구역질 때문에 기절할 때도 있을 정도였다. 몸이 비쩍 마를 수밖에 없었다. 검사 결과 셀리악병, 위궤양, 위암처럼 그 증상으로 의심할 만한 질병일 가능성은 없다고 했지만, 의사들도 무엇이 문제인지 알아내지는 못했다. 다음 학기에 네팔과 요르단으로 교환학생을 떠날 예정이었던 비스마는 미리 구역질약 처방전을 받으러 새로운 병원에 갔던 거였다. 처음 본 의사는 비스마의 증상을 귀 기울여

들더니 이렇게 물었다.

"구토를 하면 기분이 좋아지나요?"

거식증을 의심하고 있던 게 분명하다. 비스마는 너무나도 당황한 나머지 그 이후로 어떤 말이 오갔는지 정확하게 기억하지는 못했지만, 대충 이런 식으로 대화가 흘러갔다며 당시를 되짚었다.

비스마   아뇨. 전혀요.

의사   **(당연히 자기 문제를 부정하고 있겠지**라고 생각하며) 음식을 먹는 게 조금이라도 즐거운가요?

비스마   (자기처럼 만성적인 소화 문제를 겪는 사람이 도대체 어떻게 먹는 걸 즐거워할 수 있다는 말인지 황당해하며) 아뇨.

의사   **(내 이럴 줄 알았지. 이제 슬슬 감이 잡히는군**이라고 생각하며) 자살 충동이 듭니까?

비스마   아뇨!

화가 머리끝까지 치민 비스마는 더 이상 참지 못하고 진료실을 나왔다. 의사는 비스마가 자신의 문제를 히스테리적으로 부정하고 있었다고 해석했을 게 뻔하다. 그렇게 자신의 진단을 더욱 확신하며 비스마라는 환자가 단순히 진료실을 뛰쳐나간 게 아니라 사실은 자신이 겪고 있는 문제로부터 도망간 거라고 생각했을 것이다. 비스마를 따라 나온 의사는 다른 환자들도 앉아 있는 대기실에서 이렇게 소리쳤다.

"비스마 씨! 진료실로 돌아오세요! 문제가 심각합니다!"

비스마는 서둘러 병원 문을 나섰고, 차 안으로 들어가자마자 내게 전화를 걸었던 것이다.

비스마는 곧 출국했지만, 코로나19 때문에 학기 중간에 교환 학생 프로그램이 취소되었다. 그런데 놀랍게도, 해외에 나가 있던 두 달 사이에 비스마의 증상이 깨끗이 사라졌다. 구역질과 체중 감소의 원인을 알아내지는 못했지만, 비스마가 짐작하기로는 미국 내에 있는 무언가에 자신이 알레르기가 있었고, 그 알레르기 항원에서 떨어져 지내는 동안 면역 체계가 안정된 게 아닐까 싶다고 했다. 어쨌든 확실한 건, 비스마가 거식증 치료를 받은 적이 없는데도 나았다는 사실과 세계적인 팬데믹이 시작되고 대학교 3학년 중간에 학업 계획이 틀어진 상황에서 스트레스 수준이 감소했을 리도 없다는 사실이다.

이제와 돌아보면 거식증이라고 생각했던 의사의 진단이 틀렸다는 게 명백하지만, 그가 왜 그토록 확신했는지도 이해할 만하다. 비스마는 아주아주 말랐다. 비스마의 증상을 듣고 의심해 볼 만한 질병 대다수는 이미 그 가능성이 배제되어 있었다. 비스마는 음식 먹는 걸 좋아하지 않는다고 대답했고, 혹시 모를 정신적 문제를 거론하자 대단히 큰 거부 반응을 보였다. 그러나 의사가 헛다리를 짚은 건 자신이 의심하는 바를 확인할 질문만 했기 때문이고, 비스마가 뭐라고 답하건 자신의 이론이 맞을 수밖에 없게끔 질문했기 때문이다.

웨이슨의 2-4-6 문제

게임을 하나 해 보자. 내가 숫자 세 개를 제시할 텐데, 그 안에는 단순한 규칙이 숨어 있다. 어떤 규칙인지 여러분이 찾아내면 된다. 그러니까 세 숫자가 어떤 관계에 있는지, 수열의 규칙을 알아내는 것이다. 내가 제시한 것과 다른 숫자 세 개를 제시하면, 그 수열이 규칙에 부합하는지 어긋나는지를 내가 말해주겠다. 몇 번이 됐든 거듭 시도해도 좋다. 규칙을 찾았다는 확신이 들면 정답을 외친다. 그러면 여러분이 생각하는 그 규칙이 정답인지 알려주겠다.

준비 됐는가? 자, 세 개의 숫자는 2, 4, 6이다.

가장 먼저 어떤 수열을 시험하겠는가? 이 문제로 실험을 할 때 일반적으로 어떤 상황이 벌어지는지 예시를 만들어 설명해보겠다. 마이클이 문제를 푸는 학생, 내가 실험자라고 치자. 마이클이 4, 6, 8이라는 숫자를 나열한다. 나는 그가 만든 수열이 규칙에 부합한다고 대답한다. 마이클은 규칙을 알아냈다며 정답을 외친다.

"너무 쉽네요. 규칙은 2씩 증가하는 짝수입니다."

나는 마이클에게 틀렸다고 말한다.

마이클이 자신의 가설을 수정한다. '좋아, 좋아. 그러면 짝수가 아니라 2씩 증가하는 모든 정수인가 보다.' 자신감이 충만해진 마이클은 틀림없이 규칙에 부합한다는 대답이 돌아오리라 확신하며 3, 5, 7이라는 수열을 제시한다. 실제로 나는 "부합합니다"라고 대답한다. 돌다리도 두들겨 보고 건너자는 마음으로 마이클은 한 번 더 13, 15, 17을 말하고, 아니나 다를까 이번에도 역시 규칙에 부합하다는 대답을 듣는다. 한껏 의기양양해진 마이클이 정답을 외친다.

"규칙은 2씩 증가하는 정수입니다!!!"

나는 틀렸다고 대답한다. SAT 수학 만점자인 마이클의 자존심이 무너져 내린다. 마이클은 또 다른 숫자를 제시한다.

마이클   -9, -7, -5
나   맞습니다.
마이클   음… 그렇다면, 1004, 1006, 1008은요?
나   맞습니다.
마이클   아, 도대체 왜 2씩 증가하는 정수가 아니라는 거죠?

이 2-4-6 게임은 피터 웨이슨(Peter Wason)이 고안했는데, 이 문제를 활용한 실험에서 보면, 참가자 대부분이 마이클과 같은 방식으로 대답한다. 자신의 가설을 확인시켜 줄 증거를 모아 검증하는 방식이다. 물론 데이터 확인은 반드시 필요한 과정이지만, 그것만으로는 충분하지 않다. 내가 세운 가설이 틀리지 않았는지 반증을 시도하는 과정도 반드시 필요하다. 그러려면 어떤 과정을 거쳐야 할까? 이해하기 쉽도록 내가 규칙에 부합한다고 대답했던 숫자들을 다시 한 번 훑어보자. 규칙에 부합했던 수열은 다음과 같다.

2, 4, 6

4, 6, 8

13, 15, 17

-9, -7, -5

1004, 1006, 1008

사실 이 데이터와 일치하는 규칙은 무한하다. 자릿수가 같으면서 2씩 증가하는 숫자. -10보다 크면서 2씩 증가하는 숫자. -11보다 크면서 2씩 증가하는 숫자. 등등.

물론 이 모든 가설을 검증할 수는 없다. 그러나 요점은 간단하다. 주어진 데이터에 적용할 수 있는 규칙이 무수히 많을 경우, 가장 먼저 떠오르는 첫 번째 가설 하나만을 고집한다면 결코 정답을 찾아낼 수 없다는 것이다.

이러한 맥락에서 마이클은 '같은 양만큼 증가하는 숫자'라는 다른 규칙을 생각해 낸다. 자신이 처음 생각했던 가설을 반증하기 위해, 그리고 새로운 규칙이 맞는지 검증하기 위해 새로운 수열인 3, 6, 9를 시험한다. 나는 규칙에 부합한다고 대답한다.

마이클   이제 알았어요. 4, 8, 12는요?

나   네. 규칙에 부합합니다.

마이클   (자신이 멍청하지 않다는 걸 증명하기 위해 화려한 방정식을 사용하며) 좋아요, 규칙은 X + k예요, X는 임의의 숫자, k는 상수입니다.

나   틀렸습니다.

이제 마이클은 또 다시 가설을 반증해야 한다. 짜증이 날 대로 난 마이클이 무작위로 수열을 만들어 낸다.

마이클   4, 12, 13은요?

내가 활짝 웃으며 규칙에 부합한다고 대답한다.

마이클   무어라고요????

'4, 12, 13'은 마이클이 생각하던 가설에 반하는 수열이었고, 결과적으로 마이클은 아주 중요한 검증을 한 셈이 되었다. 한동안 곰곰이 생각한 끝에 마이클이 묻는다.

"5, 4, 3?"

나는 고개를 가로젓는다. 이 수열은 규칙에 부합하지 않는다.

처음보다 굉장히 겸손해진 마이클이 작은 목소리로 묻는다.

"혹시 규칙이 그냥 증가하는 숫자인가요?"

내가 대답한다.

"맞아요! 바로 그거예요."

확인 편향

피터 C. 웨이슨은 유니버시티칼리지 런던(University College London)의 인지 심리학자였다. 그리고 1960년에 2-4-6 문제를 고안해 냄으로써 우리가 이미 믿고 있는 내용을 확인만 하려는 경향이 있다는 사실을 처음으로 실험을 통해 증명해 냈으며, 그 현상에 확인 편향이라는 이름을 붙였다. 그 당시만 해도 인간의 사고에 대해 연구하는 심리학자 거의 대부분이 인간을 논리적이고 이성적인 존재라고 가정하던 때였다. 그러나 '확인 편향'이라는 용어를 만들어 낸 학자답게 웨이슨은 남들이 다 믿는 이 이론을 부정했다.

웨이슨이 처음 이 문제를 도입해 실험했을 때 단방에 올바른 규칙을 찾아낸 참가자는 전체의 5분의 1밖에 되지 않았다.[1] 웨이슨은 이토록 단순한 문제를 틀리는 사람이 너무도 많다는 사실에 큰 충격을 받았다. 실험 구성 자체에 결함이 있을지도 모른다고 생각하며 이를 바로잡을 방법을 찾아보기도 했다. 하버드대학교에서 진행한 실험에서는 참가자들에게 정답을 맞힐 기회를 딱 한 번만 주었다. 참가자들이 서두르지 않고 심사숙고해서 정답을 맞히길 바라는 마음에서였다. 그런데도 여전히 참가자의 73퍼센트가 정답을 맞히지 못했다.

심지어는 본인이 틀렸다는 사실을 아예 받아들이지 않는 참가자들도 있었다. 그런 고집을 부리는 사람들이 하는 말을 종합해 보자면, "내 규칙을 이 수열에 적용해도 일치하니까 내가 틀렸다고 할 수 없습니다" 또는 "모든 규칙은 상대적입니다. 만약 당신이 피실험자이고 내가 실험자였더라면 내가 옳았을 겁니다." 이런 내용이었다. 한 참가자는 아무런 규칙을 제안하지 않았는데 하필 그때 정신병적 발작이 일어나는 바람에(발작의 진짜 원인은 아무도 모르지만 어쨌든) 황급히 구급차에 실려 병원으로 이송되었다. 또 어느 참가자의 답변은 감동 그 자체였다.

"첫 번째 숫자가 두 번째 숫자에서 2를 뺀 값과 같고, 세 번째 숫자는 무작위이지만 두 번째보다 큽니다. 또는 세 번째 숫자가 두 번째 숫자에서 2를 더한 값과 같고, 첫 번째 숫자는 무작위지만 두 번째 숫자보다 작습니다."

이런 식으로 계속 나가다가 이 참가자는 50분만에 마침내 포기했다.

2-4-6 문제를 염두에 두면서, 비스마가 의사와 나누었던 대화로 다시 돌아가 보자. 의사는 비스마에게 거식증이 있다고 일찌감치 판단한 채 자신이 내린 진단을 확인해 줄 질문만 퍼부었다. 그 결과, 그가 수집한 모든 정보는 당연히 그가 맞다는 검증을 해주는 것들뿐이었다. 구토가 잦고, 매우 말랐으며, 음식을 좋아하지 않는 데다, 잠재적 정신 문제에 과민한 반응을 보이는 젊은 여성.

그러나 2-4-6 문제에서처럼 이 대화에서도 의사가 수집한 증거에 부합하는 해석은 무수히 많았다. 비스마가 구토를 유발하는 희귀병을 앓고 있을지도 모르며 자신의 질병을 진단하지 못하는 의사들에게 신물이 났을 거라는, 충분히 그럴듯한 가설조차 고려하지 않았다. 이러한 다른 가능성을 고려하려면 의사는 다음과 같은 질문을 했어야 했다. "남들은 당신을 보고 말랐다고 하지만 본인이 보기에는 뚱뚱한 것 같나요?" "배가 부르면 일부러 구토를 하려고 합니까?" 그랬더라면 비스마는 두 질문

모두에 "아뇨"라고 기꺼이 대답했을 것이며, 그럼으로써 의사에게 자신의 첫 판단이 틀렸을 수도 있었겠다는 생각이 들게끔 해주었을 것이다.

에비앙 생수

특정 주장을 지지하는 증거만 제시함으로써 의도적으로 상대를 오도하는 경우도 있다. 2004년 영국에 유포되었던 에비앙 (Evian) 생수 광고가 그랬다. 그 광고를 보면, 실오라기 하나 걸치지 않은 아리따운 여성이 자전거로 절묘하게 몸의 주요 부위만 가린 채 윤기 나는 피부를 자랑스럽게 드러내고 있다. 그리고 페이지 하단에는 이런 문구가 적혀 있다. **자랑하고 싶은 매끈한 피부. 에비앙 천연 광천수를 하루에 1리터씩 추가로 마신 사람 가운데 79퍼센트는 피부가 눈부시게 부드럽고 촉촉해져 결과적으로 더 젊어 보이는 효과를 경험했다고 보고합니다.**

아주 설득력 있는 주장 같다. 그러나 잠깐, 올여름 바캉스에 대비해 에비앙 생수를 한 상자 주문하기 전에 2-4-6 문제를 다시 한 번 곱씹어 보자. 2-4-6 문제의 정답을 알고 보니 마이클이 생각했던 규칙들보다 훨씬 더 포괄적이었다. 무슨 복잡한 방정식도 아니고 단지 '모든 증가하는 숫자'였으니 말이다. 마찬가지로 에비앙 광고에 인용된 연구 결과의 진짜 의미는, 에비앙 생수라서 특별한 게 아니라 폴란드 스프링(Poland Spring), 피지

(Fiji), 다사니(Dasani) 어느 브랜드의 물이든, 아니면 그보다 훨씬 저렴한 수돗물이라도 그저 1리터씩 추가로 마시기만 한다면 피부가 더욱 윤기나고, 눈에 띄게 젊어 보이는 등의 효과를 얻을 수도 있다는 것이다. 에비앙 광고를 접한 뒤 다른 가능성을 고려하지 않은 소비자들은 확인 편향의 희생자가 되어 꼭 에비앙을 마셔야만 동안 피부를 갖게 될 수 있다는 착각에 빠질 수 있다.

만보 걷기

실생활에서 경험했을 법한 2-4-6 문제의 사례로 만보 걷기를 들 수 있다. 30대에 접어든 이민지라는 여성이 있다 하자. 민지 씨는 20대 때보다 몸무게가 불어나서 만보 걷기를 시작했다. 걸음 수 측정기도 사서 팔에 달았고, 6개월 동안 거의 하루도 빼먹지 않고 만보씩 걸었다. 그리고 마침내 6개월을 채운 날 체중계에 올라섰는데, 이런, 몸무게가 5킬로그램이나 더 늘어난 게 아닌가? 멘붕에 빠진 민지 씨는 최소한 자신에게는 운동으로 살빼는 건 효과가 없을 뿐 아니라 오히려 몸무게를 더 늘리기만 한다는 결론을 내렸다.

그러나 민지 씨는 잘못 생각하고 있다. 그리고 그 오류는 2-4-6 게임에서와 마찬가지로 어떤 가설을 지지하는 데이터만 보고 결론을 내렸기 때문에 발생했다. 올바른 결론을 내리려면 지난 6개월 동안과 비슷한 생활 패턴을 유지하면서 만보 걷기를 **안 했어야** 한다. 사실 만보 걷기를 실천했던 지난 6개월 동안 민지 씨는 재택근무를 하는 바람에 매일같이 출근해 일하던 때보다 활동량이 현저히 줄어들었다. 설상가상으로 엎어지면 코 닿을 곳에 냉장고가 있고, 점심을 먹고 나서 낮잠 한숨 자더라도 잔소리하는 사람 하나 없고, 하루 종일 낙낙한 고무줄 바지만 입고 있으니 음식은 한도 끝도 없이 들어갔다. 이런 상태에서 만보 걷기라도 안 했으면 5킬로그램이 아니라 10킬로그램쯤은 거뜬히 늘었을 것이다. 실제로 만보 걷기는 체중 조절에 도움이 되는 운동이지만, 민지 씨의 경우에는 재택 근무를 하면서 만보 걷기를 **안 했더라면** 어떻게 되었을지에 대한 가설을 테스트를 하지 않는 바람에 자신의 결론을 반증할 기회도 없이 정반대의 결론을 내린 것이다.

괴물 스프레이

대부분의 사람들이 자신의 가설을 지지하는 증거만 가지고 결론을 내리는 이 편향을 나는 도리어 역이용해서 수년 전, 아들의 두려움을 달래준 적이 있다. 예일대학교는 레지덴셜 칼리지(residential college) 시스템으로 운영한다. 간단히 설명하자면 《해리포터》에 나오는 그리핀도르, 슬리데린 같이 전체 학교 안에 학생들이 살면서 생활하는 작은 칼리지들로 나누어져 있다.

아들이 다섯 살 되던 해에 남편이 그중 한 곳의 사감이 되었고, 우리 가족은 버클리칼리지(Berkeley College) 사택으로 이사했다. 그 사택은 사감 가족이 사는 집이기도 했지만 칼리지 학생들이 행사 때 사용하는 장소이기도 했다. 사택 내부는 전형적인 예일 풍으로 꾸며져 있었다. 낡고, 어둡고, 고딕풍에, 심각하기 그지 없는 사람들의 초상화로 가득 찬…, 그러니까 정말로 호그와트를 상상하면 딱이다.

핼러윈 데이가 다가오자 학생들은 '올해의 연례 행사'를 위해 집을 꾸미기 시작했고, 이내 사택은 눈길이 닿는 곳곳마다 거미줄, 관, 해골, 마녀 인형 같은 것들이 놓인, 유령의 집이 되었다. 장식이 어찌나 그럴 듯 했는지 잔뜩 겁을 먹은 아들이 예전 집으로 돌아가고 싶다고 징징거리기 시작했다. 나는 분무기 통에 물을 담아 아들에게 건네주며 이게 사실은 괴물 스프레이라고 나직이 속닥였다. 그러고는 둘이 함께 온 방을 드나들며 스프레이를 뿌렸다. 그 이후, 그 집에서는 괴물이 단 한 마리도 발견되지 않았다.

'나쁜' 피

가설을 확인만 하려는 편향은 개인에게서만이 아니라 공동체에서 집단적으로 발생해 수 년, 수십 년, 수백 년 동안 유지되기도 한다. 이러한 사례로 자주 인용되는 것이 방혈(bloodletting)

이라는 관행이다. 고대부터 19세기 후반에 이르도록 서양의 치유자들은 환자의 '나쁜' 피를 뽑아내면 병이 낫는다고 믿었다. 조지 워싱턴이 사망한 것도 담당 의사가 후두염 치료를 한다며 그의 몸에서 1.7리터의 피를 뽑아냈기 때문이었을 거라고 추정된다. 와인병 두 개를 채울 만큼의 피를 뽑아냈다니! 지혜로운 조상들이 2000년 넘는 세월 동안 생명 유지에 필수인 피를 몸에서 뽑아내면서 이게 몸에 좋을 거라고 믿었다는 게 도무지 상상이 안 된다. 조지 워싱턴이 태어났을 무렵이면 우리 조상들은 지구가 둥글다는 사실을 이미 알고 있었고 아이작 뉴턴 경이 운동의 3법칙을 밝혀낸 이후였다. 그런데도 여전히 피를 뽑아내는 게 묘약이라고 믿었던 것이다.

그런데 우리였더라도 크게 다르지 않았을 것 같다. 예를 들어 우리가 1850년에 살고 있다고, 그리고 극심한 허리 통증으로 고생하는 중이라고 가정하자. 그런데 1820년에 조지 4세가 4킬로그램 남짓의 피를 뽑아내고 10년을 더 살았다더라, 하는 풍문을 들었다. 또 불면증을 겪던 이웃도 방혈 요법으로 나았다는 소문이 들린다. 더 중요한 건, 전반적으로 병에 걸려 방혈 요법을 받은 환자의 4분의 3에게서 증상이 호전됐다고 한다(예시를 위해 지어낸 수치다). 이 정도 데이터라면 꽤 신빙성이 있어 보인다. 결국 우리도 피를 뽑는다. 그리고 뽑고 나니 실제로 한결 나아진 것 같다.

그러나 이건 오산이다. 병에 걸렸지만 피를 뽑지 **않은** 사람이 100명이고, 그중 75명의 상태가 호전되었다면 어떨까? 그러니까 방혈 여부와 관계 없이 환자 4분의 3에게서 상태가 호전된 것이다. 이런 경우가 충분히 가능한 것이 대다수의 경우 치료를 받지 않더라도 우리 몸은 자연 치유가 되기 때문이다. 그럼에도 방혈 요법을 받지 **않을 때** 어떤 일이 생기는지 사람들은 확인하려고 하지 않았다. 그저 방혈이 효과적이라는 가설을 지지하는 증거만 보고 싶어 했던 것이다.

퀴즈

확인 편향을 주제로 강의할 때면 나는 2장에서 지금까지 다루었던 모든 예시와 2-4-6 문제를 활용해 수업 분위기를 달군 뒤 막바지에 퀴즈를 낸다. 이때 사용하는 문제 중에 키스 스타노비치(Keith Stanovich), 리처드 웨스트(Richard West), 매기 토플라크(Maggie Toplak)의 《합리성 지수: 합리적 사고인지 확인하기(The Rationality Quotient: Toward a Test of Rational Thinking)》에서 발췌한 문제가 하나 있는데, 이 문제를 보면 확인 편향을 인식하는 일이 얼마나 어려운지 알 수 있을 것이다.[2]

자존감과 리더십 자질의 관계에 관심 있는 연구자가 리더십 자질이 높다고 판명된 1,000명을 조사했다. 조사 결과, 이 중에

990명은 자존감이 높았지만, 나머지 10명은 자존감이 낮았다. 이 데이터를 통해 가장 확실하게 도출할 수 있는 결론은 무엇인가?

(a) 자존감이 높을수록 리더십 자질이 높다.

(b) 자존감이 낮을수록 리더십 자질이 높다.

(c) 자존감과 리더십 자질 사이에는 연관성이 없다.

(d) 이 데이터만 가지고는 어떠한 결론도 도출할 수 없다.

(a)를 정답으로 골랐다면, 여러분은 내 수업을 듣는 학생 3분의 1과 같은 선택을 했다. 그리고 그건 오답이다.

이토록 자세한 설명을 듣고도 틀렸다고 해서 우리 학생들이 머리가 나쁘다는 게 절대 아니다. 오히려 이 문제의 정답을 맞히지 못한 학생 중에는 고등학교 수석 졸업생, 수학 경시 대회 및 토론 대회 챔피언과 같은 이른바 영재들도 있다는 걸 누구보다 잘 알고 있다. 게다가 대부분은 학점 4.0을 목표로 삼는 학생들이기 때문에 퀴즈를 다 맞히려는 동기 또한 아주 높다. 그러나 확인 편향이 이렇다. 너무나 강해서 확인 편향에 대해 배우더라도 뒤돌아서는 순간 헤매기 일쑤다.

2-4-6 문제와 마찬가지로, 이 문제를 접했을 때 자존감이 높으면 리더십도 좋다는 가설을 가장 먼저 떠올릴 수 있다. 또 99

퍼센트의 데이터가 이 가설을 뒷받침하는 것처럼 보인다. 그렇다면 어떻게 이 가설이 틀릴 수 있단 말인가? 다시 말하지만, 이 가설이 틀릴 수도 있는 이유는 리더십 자질이 부족한 사람들에 대한 데이터가 없기 때문이다. 만약 리더십 자질이 부족한 사람들 99퍼센트도 자존감이 높다고 한다면, 리더십과 자존감 사이에는 당연히 아무 관계가 없는 셈이다. 연구자가 해당 데이터를 가지고 있지 않으므로 정답은 (d)다. 이 데이터만으로는 어떠한 결론도 도출할 수 없다.

확인 편향이 해로운 이유

지금까지 다룬 내용만 봐서는 확인 편향에 빠진다고 하더라도 썩 해로울 게 없다고 생각할 수 있다. 2-4-6 문제가 애초에 사람들을 함정에 빠뜨리려고 고안된 거라고 치면, 그까짓 문제 틀렸다고 평생 기죽어 살 일도 없다. 또 2장의 맨 처음에 나온 예제에서 거식증이라는 오진으로 상처를 받은 사람은 확인 편향에 빠져 잘못된 진단을 내린 의사가 아니라 비스마였다. 사실 우리가 확인 편향에 빠진다고 하더라도 평생 이를 모르고 살 수도 있다. 실생활에서 우리가 어떤 결론을 내릴 때마다 과학자가 따라다니며 가타부타 피드백을 줄 수 있는 게 아니기 때문이다.

비스마가 만났던 의사는 (이 책을 읽지 않는 한) 그때 자기가 내린 진단이 얼마나 잘못되었는지 모를 것이고 또 앞으로도 모르고 살 것이다. 확인 편향에 빠지고도 자신이 내린 결론이 틀렸다는 사실조차 깨닫지 못할 수 있다면, 확인 편향의 오류를 범한다고 해서 직접적인 피해를 입는 게 가능할까? 물론이다. 확인 편향은 개인적으로도 사회적으로도 피해를 준다.

개인적 차원의 피해

먼저 개인이 받는 피해를 살펴보자. 확인 편향에 빠지면 무엇보다 자기 자신을 부정확한 눈으로 바라보게 된다.

사람들 대부분은 자신이 어떤 사람인지, 인생이라는 여정에서 어디만큼 와 있는지 알고 싶어 하며 다양한 의문을 품는다. '내 결혼생활은 지금 괜찮은 걸까?' '나는 유능한 사람일까?' '나는 호감형일까?' 우리는 자신의 성격, IQ, 정서 지능, '진짜' 나이(real age: 달력 상의 나이가 아니라 전반적인 건강 상태와 노화 정도를 평가한 나이로 미국 뉴욕주립대 마이클 로이진 교수가《생체 나이 고치기》에서 제시한 개념이다. 생체 나이, 건강 나이 등으로 번역된다. ‒ 옮긴이)에 대해 명확하고 객관적인 답을 알고 싶어 한다. 온라인이나 잡지에 흔히 나오는 테스트 중 하나가 "＿＿(으)로 알아보는 내 성격은?"이다(빈 칸은 손글씨, 웃음소리, 좋아하는 음악, 좋아하는 음식, 좋아하는 영화, 좋아하는 소설 등 무엇으로든 채울 수 있다). 이런 테스트가 인기 있다는 건 우리가 자신을 향한 관심이 지극히 많다는 증거이기도 하다.

예를 들어 김복철 씨가 "사회 불안증 자가 진단"이라는 인터넷 광고를 보았다고 치자. 호기심이 생긴 복철 씨는 싼 맛에 2,000원을 결제하고 테스트를 시작한다. 테스트 결과 100점 만점에 74점이 나왔고, 사회 불안증이 있을 가능성이 높다는 해석을 받았다. 처음에는 그럴 리 없다고 생각했으나, 지난날을 가만히 돌이켜 보니 불안 증세를 느낀 게 한두 번이 아니었다. 며칠 전 직원 회의를 하는데 발표가 뜻대로 되지 않았고, 칵테일 파티에 참석하려니 생각만 해도 진저리가 난다. 이런 게 다 사회 불안증이 있다는 증거 아니겠는가? 그러나 2-4-6 문제에서 그랬던 것처럼, 복철 씨는 반증할 수 있는 사례도 찾아봐야 했다. 3주 전에 했던 회의에서는 현 정책의 문제점을 땀 한 방울 흘리지 않고 정확하게 짚어내 전달했다는 사실, 칵테일 파티만 아니라면 사람들과 어울리는 걸 좋아한다는 사실을 복철 씨는 놓치고 있었다. 자신에게 사회 불안증이 있다고 확신하게 된 복철 씨는 안타깝게도 앞으로 이전보다 훨씬 더 사람들을 피하게 될 것이다. 이게 바로 자기 충족 예언(self-fulfilling prophecy: 미래에 대한 믿음이나 예측이 행동에 영향을 미쳐 실제 예상한 대로 이루어지는 현상. - 옮긴이)이라는 현상이다.

확인 편향에 빠졌을 때 받을 수 있는 피해는 이게 전부가 아니다. 이번에는 첨단 기술인 DNA 테스트를 예로 들어 보겠다. 요즘 미국에서는 23andMe처럼 DTC(Direct to Consumer: 소비자 직접 의뢰) 서비스를 제공하는 회사를 통해 손쉽게 유전체 분석을 받아볼 수 있다. 100달러만 내면 혈통 분석을 받을 수 있고, 여기에 100달러를 추가로 결제하면 제 2형 당뇨, 유방암, 난소암과 같은 질병에 대한 유전적 소인까지 알 수 있다. 한 조사 기관에 따르면, 2019년 초까지 미국에서만 2,600만 명 이상이 DTC 유전체 분석 서비스를 구매했다.[3]

그러나 자칫 테스트 결과를 잘못 이해하기 십상이다. 유전자에 따라 인생이 달라진다고 믿는 사람들도 있지만, 사실 유전자는 언제나 환경과 상호작용하기 때문에 절대 단독으로 우리 인생을 결정할 수 없다.

유전자가 운명을 좌우한다고 믿지는 않더라도 유전자 검사 결과지를 뚫어져라 쳐다보며 자신을 이해하려고 하다가는 확인 편향에 빠져 자기 팔자를 자기가 꼬는 수가 생긴다.[4] 나는 내 밑에서 박사 과정을 수료한 학생이자 현재 컬럼비아대학교(Columbia University)의 조교수인 매트 르보위츠(Matt Lebowitz)와 공동 연구를 진행해 그 가능성을 조사해 보았다.

먼저 우리는 우편물 수령이 가능한 주소를 제공할 의향이 있는 지원자 수백 명을 모집했다. 지원자들에게는 실험에 필요한 준비물을 택배로 보내줄 것이며, 연구에 참여하면 대가로 보상을 제공할 거라고 얘기했다. 참가자들이 받은 택배 상자에는 온라인 실험에 접속하는 방법에 대한 지침서와 자그마한 플라스틱 용기가 들어 있었다. 용기에는 유통기한과 함께 '5-히드록시인돌아세트산 타액 자가 검사 키트(Saliva Self-Testing Kit for 5-Hydroxyindoleacetic Acid)' 'Made in the U.S.A.'라고 적힌 라벨이 붙어 있었다. 온라인으로 실험 참가 동의에 서명한 뒤, 참가자들은 이 실험의 일환으로 우울증에 대한 유전적 소인을 평가하는 타액 테스트를 받게 되리라는 걸 알게 되었다(참고로, 이러한 실험이 강압적이지 않은 것이, 이미 참가 동의를 했더라도 언제든지 실험을 그만둘 수 있고 그런 경우에도 약속된 보상은 받을 수 있다는 것을 미리 설명해 두었다).

참가자들이 받은 첫 번째 지침은 플라스틱 용기를 열고 그 안에서 구강 세정제와 테스트 스트립을 꺼내라는 것이었다. 그런 다음, 구강 세정제로 입을 헹군 뒤 뱉어낸다. 참가자들은 몰랐지만 그 구강 세정제에다가 우리 연구 조교들이 미리 설탕을 섞어두었다. 입을 헹군 다음에는 용기에 있던 테스트 스트립을 혀 밑에 넣는다. 지침 사항에는 테스트 스트립이 주요 우울증에 대한 유전적 민감성을 감지하는 5-히드록시인돌아세트산에 반응한다고 쓰여 있었다. 그러나 실제로는 포도당 테스트 스트립이었고, 방금 사용한 구강 세정제에 포함된 설탕 때문에 입에 넣자마자 스트립의 색깔이 변하게 되어 있었다. 참가자들이 테스트 스트립에 나타난 색깔을 클릭하자 이제 그 색깔이 무엇을 의미하는지 알려주겠다는 메시지를 띄웠다.

이 시점에서 우리 실험 프로그램은 무작위로 참가자를 두 집단으로 나누어서 서로 다른 테스트 결과를 알려주었다. 스트립에 나온 색깔을 클릭했을 때 한 집단에는 유전적으로 주요 우울증에 취약하지 않다는 결과를, 다른 집단에는 취약하다는 결과를 보여준 것이다. 두 집단을 각각 유전자 부재 집단, 유전자 존재 집단이라고 부르자.

피드백을 받은 뒤, 참가자들은 보통 BDI-II라고 불리는 '벡 우울 척도(Beck Depression Inventory II)' 검사를 받았다. BDI-II는 응답자에게 지난 2주 동안 경험한 다양한 우울 증상의 수준을 묻는 문항으로 구성된 검사로, 이미 타당성을 검증 받은 우울증 판단 척도이다. 예를 들어 '슬픔'이라는 항목이 나오면, 응답자는 다음 보기 중 하나를 선택하면 된다. '슬프지 않다' '슬프다' '항상 슬프고, 이 감정을 떨쳐낼 수 없다' '너무 슬프거나 불행해서 견딜 수가 없다'

참가자들의 답변이 지난 2주 간의 경험을 정확하게 반영하고 있는지 우리가 확인할 길은 없다. 다만 **분명한** 사실 한 가지는, 참가자들을 유전자 부재 집단과 유전자 존재 집단에 무작위로 분류했으므로 어느 한 집단이 다른 집단에 비해 특별히 더 우울한 2주를 보냈을 이유가 전혀 없다는 것이다. 물론 다른 이들보다 유독 힘든 2주를 보낸 참가자들이 있을 수야 있지만, 대규모 참가자를 무작위로 분류했기 때문에 이 정도 편차는 상쇄됐어야 한다.

그럼에도 BDI-II 검사 결과, 유전자 존재 집단이 유전자 부재 집단에 비해 훨씬 더 높은 점수를 받았다. 즉, 참가자들을 두 집단에 무작위로 배정했는데도 유전적 소인이 있다는 피드백을 받은 참가자들은 그렇지 않은 사람들보다 지난 2주 동안 우울한 증상을 더 많이 겪었다고 보고한 것이다. 나아가 BDI-II 검사에서 유전자 부재 집단이 받은 평균 점수는 우울증 위험이 없다고 분류되는 범위인 11.1이었다. 반면에 유전자 존재 집단의 평균 점수는 16.0으로, 이는 우울증을 겪고 있다고 분류되는 수치다.

확인 편향을 알면 이러한 가짜 우울증(pseudodepression) 현상을 쉽게 설명할 수 있다. 자신이 유전적으로 우울증에 취약하다는 사실을 알게 된 참가자들은 '유전자 검사 결과'를 이해하기 위해 자신이 우울했던 때를 열심히 되짚어봤을 게 분명하다. 새벽 두 시까지 잠들지 못했던 그날 밤, 출근할 의욕이 나지 않던 그날 아침 또는 지하철 안에서 삶의 의미에 대한 고민을 떨칠 수 없었던 날의 기억이 떠올랐을 것이다. 이렇게 우울했던 때만 떠올렸으니 지난 2주가 실제보다 더 우울해 보이는 건 어쩌면 당연지사다.

실험자를 기만한 연구가 아니냐는 질문을 종종 받기에 한 가지 짚고 넘어가자면, 해당 연구의 실험 절차는 인간 피험자 보호를 감독하는 예일대학교 연구윤리위원회(Institutional Review Board)와 광범위한 논의를 통해 개발되었다. 실험을 마치면 참가자들에게는 실험에 대한 설명을 자세하게 해주는데, 이때 실험이 지닌 과학적 가치, 그리고 그를 위해 왜 실험에서 참가자들을 기만할 수밖에 없었는지에 대한 이유를 상세히 설명했다. 나아가 필요하다면 연구자에게 직접 연락할 수 있도록 연락처를 적어두었지만 지금까지 그 어떤 부작용을 보고하는 연락을 받은 적이 없다. 딱 한 번, 실험 참가자에게서 이메일이 온 적이 있었는데 그 내용인즉슨 우리가 실험에 사용했던 구강청결제가 시중에 판매하는 것들과 달리 맛이 아주 괜찮았다며 어떤 브랜드의 상품인지 알려달라는 것이었다. 우리는 그 참가자에게 구강청결제의 맛이 좋았던 건 설탕을 탔기 때문이라는 사실을 다시금 일러주었다.

확인 편향의 위력을 더욱 확실히 보여준 해프닝이 또 하나 있었다. 실험이 배포되기 시작한 직후에 조지아 주 애틀랜타의 경찰관으로부터 전화를 한 통 받았다. 그 경찰관이 말하길, 누가 우편으로 받았다며 수상한 소포를 하나 가져왔는데 상자를 열어 보니 우리 연락처가 들어 있더라는 것이다. 경찰의 말에 의하면, 경찰서로 그 소포를 가져온 여자가 식구들에게 그걸 주문한 사람이 있느냐고 물었지만 다들 자기 물건이 아니라고 대답했다. 신기한 건, 그 소포가 집에 도착한 뒤로 식구들이 하나같이 가려움증을 호소했다는 것이다! 그 가족은 소포 안에 탄저균과 같이 유해한 물질이 포함되어 있을지도 모른다고 믿었고, 이러한 믿음 때문에 소포의 내용물이 가려움증을 유발했으리라고 추측하는 상황에 다다랐던 것이다. 실생활에서 발생할 수 있는 확인 편향의 사례다!

물론 이 경우에는 경찰관에게 소포를 가져온 여자는 그날 24시간 가운데 두어 시간 정도를 잃었을 뿐이고, 우리 연구에 참가하겠다고 등록했다가 나중에 아니라고 발뺌한 그 여자의 가족 누군가는 참가비로 받았을 10달러를 잃은 게 전부다. 그러나 자신의 가설을 지지하는 증거만 찾다 보면 이러한 경우보다 훨씬 더 많은 걸 잃게 된다. 앞서 살펴본 성격 테스트 예시에서처럼 악순환에 빠지게 되기 때문이다. 처음에는 불확실한 가설을 믿는 것으로 시작했더라도 그 가설을 지지하는 증거만 모으다 보면 더 확실하고 극단적인 신념으로 바뀌고, 그런 신념에 기반해서 더욱 더 자신의 가설을 지지하는 증거만 찾게 되는 그런 악순환에 빠지는 것이다.

그 아무리 대단한 유전자 테스트 혹은 성격 테스트라도 우리가 어떤 사람인지 100퍼센트 정확한 답을 주진 못한다. 그저 확률적인 결과를 내어 놓을 뿐이다. 이는 테스트가 불완전한 탓도 있지만, 그보다는 세상사가 원래 그렇기 때문이다. 안젤리나 졸리가 유전자 변이를 확인하고 양측 유방절제술을 받기로 하면서 많은 사람에게 알려진 BRCA1을 예로 들어 보자. BRCA1은 아주 유용한 정보를 제공하는 유전자로, 이 유전자에 변이가 생기면 60퍼센트에서 90퍼센트의 확률로 유방암에 걸린다. 그러나 이만큼 높은 확률로 질병을 유발하는 유전자는 극히 드물다. 실제로 질병으로 이어지는 데에는 유전자의 상호 작용뿐만 아니라 비유전적 요인이 아주 많이 개입하기 때문이다. 마찬가지로, 개인적 용도 또는 취업이나 상담을 목적으로 개발된 성격 테스트가 제공하는 정보 역시 심각하게 맥락이 결여되어 있다. 어떤 사람이 성격 테스트에서 호의적인 성격이라는 결과를 받았더라도 처한 환경이나 하는 일에 따라 호의적이지 않은 사람이 될 수도 있다.

경우에 따라 이러한 테스트가 유용하게 쓰일 수 있다는 사실을 부정하려는 게 아니다. 나도 내 건강 위험 요인을 알아볼 수 있도록, 내가 통제할 수 있는 삶의 영역에서는 위험 요인에 적극적으로 대처할 수 있도록 조만간 유전자 검사를 받을 계획이다. 또 다른 사람들과 비교했을 때 내 내향성-외향성, 개방성이 어느 정도인지 이해하면 사회생활을 하는 데 큰 도움이 될 거라고 생각한다.

그렇기는 하지만, 확인 편향에 빠지면 지나치게 자만하거나 반대로 자신을 지나치게 나약한 존재로 바라보기 십상이다. 스스로 우울하다고 믿기 시작하면 미래를 굉장히 비관적으로 예측하게 되는 나머지 재미 있을 만한 활동을 모두 피하며 우울한 사람처럼 행동한다. 이렇게 살면 누구라도 우울해질 것이다. 자신의 역량을 평가할 때도 마찬가지다. 자신의 역량을 의심하기 시작하면, 더 좋은 위치로 갈 수 있는 기회가 오더라도 위험 감수를 하지 않으려 들 것이다. 그러면 당연히 역량이 부족한 사람으로 보일 수밖에 없다. 반대 상황도 다르지 않다. 자기 능력을 과대평가하면, 실패 경험을 죄다 무시한 채 성공했던 경험만 선택적으로 기억하게 되고 그러면 결국 자신을 돌아보고 더 멀리 나아갈 기회가 없어지고 만다. 이러한 악순환 때문에 나는 확인 편향이 최악의 인지 편향이라고 생각한다.

이러한 악순환은 개인을 넘어 사회적 차원에서도 일어난다.

사회적 차원의 피해

한번은 우리 가족에게 이런 일이 있었다. 딸이 초등학교 1학년이었을 때 남편이 미국국립과학아카데미(National Academy of Sciences)의 트롤랜드 어워드(Troland Research Award: 미국에서 매년 실험 심리학 분야에서 이례적인 성과를 낸 젊은 과학자에게 수여하는 상. -옮긴이)라는 권위 있는 상을 받았다. 시상식에 참석하기 위해 온 가족이 다함께 워싱턴D.C.로 갔다. 프로그램이 시작되길 기다리는 동안 남편은 수십 명의 다른 수상자들과 함께 단상 위 좌석에 앉아 있었고, 두 아이와 나는 미국 최고의 과학자들과 나란히 객석에 앉아 있었다. 그런데 갑자기 딸이 아주 큰 목소리로 물었다.

"엄마, 저 위에는 왜 여자보다 남자가 더 많아요?"

어안이 벙벙하긴 했지만 딸의 예리한 관찰력이 굉장히 자랑스러웠다. 동시에 부끄럽기도 했다. 딸아이의 큰 목소리 때문이 아니라 단상 위의 성비 불균형이 이토록 명확한데도 나는 알아차리지 못했다는 사실 때문이었다. 우리 사회에 아무런 선입견이 없는 아이에게는 확연하게 보였겠지만, 과학자로 살면서 여성보다 남성이 더 많은 환경에 어느덧 익숙해져 버린 내게는 더 이상 성비 불균형이 눈에 띄지 않았던 것이다.

일곱 살짜리 딸아이의 질문에 뭐라고 대답해야 할지 몰라 머뭇거리고 있는데 다행히 금세 시상식이 시작되었다. 늦었지만 이제라도 대답을 한다면, 상을 받는 사람이 여자보다 남자가 더 많은 건 '남자**만** 과학을 잘 할 수 있기 때문'이 아니다. 2-4-6 문제의 정답이 '모든 증가하는 수'였던 것과 유사하다. 남성과 여성 모두 과학을 잘할 수 있다. 그러나 우리 사회가 남자와 과학에 관한 확인 편향에 빠져 있는 게 문제다.

전통적으로 과학자는 거의 대부분이 남성이었다. 자신의 분야에서 지속적으로 일할 수 있도록 뽑히는 사람들은 그 일을 잘하게 마련이다. 그런데 남자만 뽑히니 결국은 남자가 과학을 잘한다는 통념이 생길 수밖에 없던 것이다. 여자들에게는 여성들도 훌륭한 과학자가 될 수 있다는 사실을 증명할 기회조차 주어지지 않았다. 결국 남자만 과학을 잘한다는 믿음을 반박할 증거를 수집할 기회가 거의 없었다.

사회는 여자보다 남자가 과학 분야에 더 뛰어나다고 믿고, 꾸준히 이런 믿음을 기반으로 돌아간다. 학회나 수업 시간에 남녀가 똑같이 통찰력 있는 발언을 하더라도 남성이 더 많은 칭찬을 받는다. 동일한 자격을 갖추었을 때 여성보다 남성이 직장에 고용될 확률이 더 높고 더 많은 급여를 받을 확률이 높다. 결과적으로 우리는 저명한 여성 과학자보다 저명한 남성 과학자를 더 많이 보게 되고, 이는 결국 남성이 여성보다 과학을 더 잘한다는 가설을 강력히 뒷받침하는 증거가 된다. 이 관념을 합리적으로 검증하려면 여성에게 공정한 기회를 제공함으로써 가설을 반증해 봐야 한다. 남성에게만 기회를 제공하고 남성이 더 낫다고 단정하는 추론 오류를 범하는 것은, 다섯 살짜리 어린 아이가 방마다 괴물 스프레이를 뿌린 뒤로 방에서 괴물을 본 적이 없으므로 스프레이에 효과가 있다고 믿는 것과 다를 바 없다. 우리 사회가 이보다는 더 성숙해져야 한다.

그렇다면 이런 식의 확인 편향이 사회에 어떤 피해를 주는 걸까? 모든 인간이 동등하게 대우 받아야 한다는 근본적인 도덕 원칙에 위배된다는 건 말할 것도 없다. 확인 편향은 비합리적이기도 하다. 그러나 사회 전체에 이보다 더 실질적인 피해를 주기도 할까? 물론이다.

구체적인 예를 하나 들어 보자. 방금 나는 검색창에 '코로나19 백신을 개발한 과학자'라고 입력한 뒤 검색 결과 상단에 여성 과학자가 몇 명이나 노출되는지 확인해 보았다. 혹시라도 확인 편향에 빠질까 봐 검색창에 '…**여성** 과학자'라고 입력하지 않았다. 최상단에 노출된 사람은 외즐렘 튀레지(Özlem Türeci) 박사다. 이 박사는 화이자-바이온텍(Pfizer-BioNTech) 코로나19 백신을 개발한 부부 중 한 사람이다(다른 한 사람은 그녀의 남편인 우우르 샤힌Uğur Şahin 박사로, 두 사람은 바이온텍의 공동 창립자다). 또 화이자-바이온텍 백신 개발에 앞장선 과학자로 카탈린 카리코(Katalin Karikó) 박사가 검색되었고, 노벨 화학상 부문에서 유망한 수상 후보로 거론되었다는 내용이 뒤따라 나온다. 네 번째로 이름을 올린 사람 또한 여성으로, 기업 화이자(Pfizer Inc)의 부사장이자 백신 연구 개발 책임자인 카트린 얀센(Kathrin Jansen) 박사다. 모더나(Moderna) 백신은 어떨까? 앤서니 파우치(Anthony Fauci) 박사에 따르면, "'미국국립보건원(National Institutes of Health)' 백신 연구 센터의 바니 그레이엄(Barney Graham) 박사와 그의 동료 키즈메키아 코베트(Kizzmekia Corbett) 박사가 모더나 백신을 개발했다." 흑인 여성 과학자인 키즈 메키아 코베트 박사는 백신 접종을 주저하는 유색 인종 공동체들이 백신에 대한 두려움을 극복하도록 돕는 자원봉사도 하고 있다. 이들 이름은 모두 내가 검색한 결과의 첫 페이지에 등장했다. 첫 페이지에 검색된 이들 중 남성 과학자는 두 명뿐이었다. 만약 이 여성 과학자들 중 누구라도 부모나 선생님들 때문에 학업을 잇지 못했더라면, 과학 분야에서 남성 수상자가 압도적으로 많은 모습을 보고 여자라서 과학 공부를 할 수 없겠다고 생각했더라면 지금 우리가 사는 세상은 어떤 모습이었을까?

인종, 나이, 성적 취향, 사회경제적 배경에 근거한 고정관념이 이런 식으로 사회에 영향을 미치는 모습은 주변에서도 어렵지 않게 찾아 볼 수 있다. 소수 집단에 속한 사람들에게 어떤 분야에 참가할 기회조차 주지 않는다면, 당연히 그 부문에서 성공하는 소수 집단의 사람은 없을 수밖에 없다. 이로써 발생하는 문제는 사회의 명성에 타격을 입히는 것으로 끝나지 않는다. 폭넓은 인재 풀을 통해 우리가 얻을 수 있었을 가능성도 놓치게 하는 일이다. 시티은행(Citibank) 그룹이 2020년도에 발표한 보고서를 보면, 인종 차별과 불평등이 미국에 금전적으로 주는 피해가 얼마나 큰지 알 수 있다. 미국 사회가 지난 20년간 백인과 흑인의 교육, 주택, 임금, 사업에 균등하게 투자했더라면 현재 미국은 16조 달러를 더 보유하고 있었을 것이다. 수치가 너무 커서 한눈에 파악하기 어려울 수 있으니 조금 더 부연하자면, 미국내에서 생산된 모든 완제품 및 서비스의 시장 가치를 뜻하는 미국 국내총생산(gross domestic product, GDP)이 2019년에 21.43조 달러였다. 이번에는 16조 달러가 어떻게 나온 수치인지 자세히 들여다보자. 여기에는 흑인 노동자들이 대학 학위를 받았더라면 벌 수 있었을 잠재적 임금, 흑인 지원자들이 주택 융자를 받았더라면 발생했을 주택 시장의 매출, 흑인 기업가들이 은행 대출을 받았더라면 경제에 포함되었을 사업 수익 등이 포함되어 있다. 미국 사회가 확인 편향에 빠지지만 않았더라면 현재 미국은 그 16조 달러로 기후 변화에 대처할 수도 있었을 것이고, 의료 보험 제도도 개선하고, 심지어 세계 평화에도 기여할 수 있었을 것이다.

확인 편향에 빠지는 이유

확인 편향이 그렇게 나쁜 거라면, 도대체 어째서 우리는 계속해서 확인 편향에 빠지는 걸까? 확인 편향이 개인과 사회적 차원에서 그토록 큰 피해를 준다면, 인류 진화 과정에서 도태되지 않고 어떻게 살아남을 수 있었던 걸까? 확인 편향이 우리에게 어떤 이득을 주는 걸까?

아이러니하게 들릴 수 있지만, 한 가지 가설을 지지하는 증거만 찾으려는 특성은 사실 우리 인간의 생존에 도움이 돼 왔다. 이러한 편향이 우리를 '인지적 구두쇠(cognitive misers: 인지적으로 많은 에너지를 소모하며 복잡하게 생각하는 것을 꺼리고 직관적으로 빠르게 판단하려는 특성.-옮긴이)'로 만들어 주기 때문이다. 생존을 위해서라면 항상 정답을 추구하는 데 최선을 다하는 것보다 긴급한 상황을 대비해 에너지를 보존하는 편이 훨씬 유리하다. 옛날 어느 원시인이 북녘 산에서 맛있는 열매를 발견했다면, 북녘 산에 이미 맛있는 열매가 있는데 군이 뭐 하러 남녘 산에도 좋은 열매가 있는지 확인하려 들겠는가? 북녘 산에서 열매를 충분히 구할 수만 있다면, 북녘 산에만 좋은 열매가 있는 것인지, 모든 숲에 좋은 열매가 있을 것인지는 먹고사는 데 별로 중요하지 않다.

1978년에 인지 과학자로서 최초로 노벨상을 수상한(경제학 부문) 허버트 사이먼(Herbert Simon) 또한 일반적인 원칙으로써 이와 비슷한 주장을 했다. 그가 주장한 개념을 이해하려면 우선 세상에는 무한한 가능성이 존재한다는 사실에 주목해야 한다. 심지어 말의 개수가 한정적이고 규칙이 정해져 있는 체스 게임을 할 때에도 체스 기물을 둘 수 있는 경우의 수가 무려 10^{123}가지라고 한다. 이는 관측 가능한 우주의 원자 수보다도 많은 수다. 하물며 인간의 미래에 대한 경우의 수를 따져 본다면 당연히 이보다 훨씬 더 많을 것이다. 그러므로 우리는 투사되는 미

래가 적당히 만족스럽다면 더 이상의 검색을 멈춰야 한다. 이
러한 개념을 가리켜 사이먼은 '새티스파잉(satisfying: 만족.-옮긴
이)'과 '새크리파이싱(sacrificing: 희생.-옮긴이)'을 결합하여 '새티
스파이싱(satisficing: 만족화.-옮긴이)'이라고 불렀다.

그 뒤에 나온 연구에 따르면, 일생 동안 추구하는 일에 대
해 최대화 또는 만족화하는 정도에는 개인 차가 있다(독자 중
에 성격 테스트를 좋아하는 분들이 있다면, 자신의 최대화/만족화 수준을
알 수 있는 테스트를 온라인에서 무료로 받아 볼 수 있다). 맥시마이저
(Maximizer: 최대치를 추구하는 사람.-옮긴이)들은 지금 하는 일에
만족하더라도 항상 더 좋은 직업을 찾고, 다른 삶에 환상을 품
고, 아주 간단한 편지나 이메일을 작성할 때에도 여러 번에 걸
쳐 글을 다듬는다. 새티스파이서(Satisficer: 최소의 필요 조건을 추구
하는 사람.-옮긴이)들은 큰 고민 없이 친구에게 줄 선물을 고르고,
차선책에 곧잘 만족하며, 가벼운 연애에서 진지한 관계로 넘어
가기를 결정할 때 까다롭게 이것저것 따지지 않는다.

흥미로운 건 새티스파이서가 맥시마이저보다 더 행복하게
산다는 사실인데, 또 가만히 생각해 보면 그도 그럴 만하다. 새
티스파이서는 완벽한 소울메이트를 찾는 것에 집착하는 대신,
이 정도면 됐다 싶은 사람이 있으면 그냥 사귀기로 하고, 그 관
계에서 오는 즐거움을 누린다. 마찬가지로 어느 산속에서 맛있
는 열매를 발견했다면, 다른 산에도 그만큼 맛있는 열매 또는

더 맛있는 열매가 있는지 알아보려고 애쓰는 것보다 지금 있는 열매를 즐기는 편이 더 행복할 것이다. 확인 편향은 무한한 선택의 여지가 있는 세상에서 충분히 좋은 것을 찾으면 더 이상 알아보지 않고 거기서 적당히 타협하려고 할 때 발생하는 부작용일지도 모른다. 사실 그러는 편이 행복과 생존에 더 보탬이 될 수 있다. 그러나 2장에서 제시한 여러 사례에서 보았듯이 이런 편향 때문에 잘못된 결론을 내리게 될 때나 이런 편향이 우리의 안녕에 위협이 될 때에도 우리가 그 편향에서 벗어나지 못한다는 게 문제다.

확인 편향에 대응하기

확인 편향이 왜 생기는지 이해하고 나면 이를 없애는 게 얼마나 어려운지 더욱 명확히 알게 된다. 확인 편향을 없애는 법을 찾기 위해 다른 연구자들이 2-4-6 문제를 변형해 실험을 진행했다. 이 실험에서는 참가자들에게 본인이 생각하는 가설이 정답이 아닐 가능성이 크므로 규칙에 **어긋난다고** 생각하는 숫자의 조합을 제시해 보라고 말했다. 상당히 명확하게 지침을 전달했지만, 참가자들이 규칙을 알아내는 데에는 별 도움이 되지 않았다. 올바른 규칙을 알아낼 때 자기가 생각하는 규칙이 틀렸다는 사실을 입증하는 방식을 활용한다는 건 납득하기 어려운 일인 듯하다.

그러나 확인 편향이 이렇게나 견고하다는 점을 잘 활용하기만 한다면 오히려 확인 편향에서 벗어날 수가 있다. 역설적으로 들릴 수 있으나 내용을 알고 보면 전혀 그렇지 않다. 이 전략의 핵심은 하나의 가설이 아니라 상호 배타적인 두 개의 가설을 염두에 두고 두 가지를 다 입증하도록 유도해 보는 것이다. 변형한 2-4-6 문제를 통해 그 방법을 살펴보도록 하자.

이번에는 내가 두 개의 규칙을 염두에 두고 있다. 헷갈리지 않도록 여기에 DAX와 MED라는 임의의 이름을 붙이자. 각 규칙은 수열과 관련되어 있다. 여러분은 DAX와 MED의 규칙이 무엇인지 알아맞히면 된다.

자, 2-4-6은 DAX의 규칙에 해당한다. 이제 숫자 세 개를 제시하여 DAX와 MED의 규칙을 찾아내면 된다. 숫자를 제시할 때마다 그 수열이 DAX에 해당하는지 MED에 해당하는지 알려주겠다.

미셸이 도전장을 내민다. 대다수가 그렇듯 미셸도 처음에 DAX의 규칙이 2씩 증가하는 짝수라고 생각했기 때문에 그 규칙이 맞는지를 가장 먼저 확인한다.

미셸　　10, 12, 14.

나	DAX입니다.
미셸	(좋아, DAX가 뭔지는 알아낸 것 같군. 그러면 MED는 2씩 증가하는 홀수일 수도 있겠다. 맞는지 확인해 봐야지, 라고 생각하며) 1, 3, 5.
나	DAX입니다.
미셸	네???

미셸은 DAX의 규칙을 알아냈다고 생각했지만 MED의 규칙도 찾아야 했기 때문에 MED의 규칙이라고 생각한 숫자들을 제시했다. 즉, MED에 대한 자신의 가설을 입증할 증거를 찾고 있었던 것이다. 그러나 MED라고 생각하고 제시한 수열이 DAX에 해당한다는 사실이 밝혀지면서 미셸은 DAX의 규칙이라고 생각했던 자신의 가설이 틀렸다는 걸 깨달았다. 계속해서 상황을 지켜보자.

미셸	(아. 그러니까 DAX는 그냥 2씩 증가하는 숫자구나. 그렇다면 MED는 뭘까? 좋아, 2가 아닌 수만큼 증가하는 숫자일 수도 있겠다. 한번 시험해 봐야지, 라고 생각하며) 11, 12, 13은요?
나	DAX입니다.

다시 한 번 미셸은 MED에 대한 자신의 가설을 확인하려고

했으나, 이는 DAX에 대한 자신의 가설을 오히려 반박하는 증거로 밝혀졌다. 이후로도 동일한 패턴이 반복된다.

미셸   (그래, 그러면 DAX는 특정 상수만큼 증가하는 숫자일 수 있겠다. 그렇다면 MED는 그 수만큼 증가하지 않는 숫자겠지. 한번 확인해 보자, 라고 생각하며) 음, 그러면 1, 2, 5는 어때요? (MED여야지, 라고 생각하며)

나   DAX입니다.

미셸   (아, 그렇다면 DAX는 그냥 증가하는 숫자인가 보구나! 그렇다면 MED는 증가하지 않는 숫자겠네. 확인해봐야지) 3, 2, 1.

나   MED입니다.

미셸   빙고! DAX는 증가하는 숫자, MED는 증가하지 않는 숫자입니다.

나   정답입니다.

2-4-6 문제에 두 가지의 규칙이 있다고 얘기했을 때는 참가자의 85퍼센트가 미셸처럼 정답을 맞혔다.[5] 자신의 가설이 맞다는 것을 보이고 싶어 하는 심리를 이용해 확인 편향을 극복할 수 있다는 말이 바로 이런 의미다. 이 문제를 푸는 사람들은 MED에 대한 가설을 입증하려고 애쓰다가 의도치 않게 DAX에 대한 가설을 기각하게 되었다. MED라고 생각했던 수열 또는

DAX가 아니라고 생각했던 수열이 DAX에 해당하는 것으로 밝혀지자 DAX에 대한 자신의 가설이 틀렸다는 사실이 드러나면서 결국 그 가설을 수정할 수밖에 없었다.

자, 이제 우리 남편을 포함하여 수상자 대부분이 남성 과학자였던 미국국립과학아카데미의 연단으로 돌아가 보자. 과학 분야에 성비 불균형을 야기한 확인 편향을 극복하는 데에도 동일한 전략을 적용해 볼 수 있다. 예를 들어, 연단에 오른 위대한 과학자 쉰 명이 모두 남성이라고 치자. 이를 지켜본 여러분은 유능한 과학자가 되기 위한 조건을 알아냈다고 생각한다. 그건 바로 Y 염색체다. DAX와 MED 모두의 규칙을 파악해야 했던 것처럼, 이제 무능력한 과학자가 되기 위한 조건을 알아내야 한다. 앞서 유능한 과학자가 되려면 남성이어야 한다는 가설을 세웠으니, 여성은 무능한 과학자가 될 거라는 가설을 세운다. 그리고 이 가설을 입증하기 위해 똑똑한 여성 쉰 명에게 과학자가 될 기회를 제공한다. 그러나 쉰 명의 여성 모두가 유능한 과학자가 되어 이 가설이 틀렸다는 걸 입증한다.

이 전략을 다른 식으로 변형하는 것도 가능하다. 똑같은 질문을 상반된 방향으로 두 번 묻는 것이다. 예를 들어 "나는 행복한가?"라고 물을 수도 있지만 거꾸로 "나는 불행한가?"라고 물을 수도 있다. 결국 같은 질문이기 때문에 표현을 어떻게 하든 동일한 대답이 나와야 한다(이를테면 '행복한 편이다'와 같이). 그러나 불행하냐고 물으면 우리는 불행한 생각, 불행한 일, 불행한 기억을 떠올리게 된다. 반대로 행복하냐고 물으면 행복한 일을 떠올릴 가능성이 더 크다. 실제로 한 연구에서 불행하냐는 질문을 받은 참가자들은 행복하냐는 질문을 받은 참가자들보다 스스로 훨씬 더 불행하다고 평가했다.[6]

모순되는 대답을 피하려면 상충하는 두 가능성에 대한 증거를 찾아보도록 질문을 구성해야 한다. 실생활에서 이걸 써먹는 방법은 무궁무진하다. '내가 내향적인가?' '내가 외향적인가?' '내가 과학을 못하는가?' '내가 과학을 잘하는가?' '나는 고양이보다 개를 더 좋아하는가?' '나는 개보다 고양이를 더 좋아하는가?' 질문의 순서가 중요할까? 그렇다. 먼저 나온 질문에 대한 대답이 편벽될 가능성이 크다. 이 문제는 다음 장에서 자세히 다룰 것이다. 여기서의 요점은 양측 모두에 공평하게 기회를 주어야 한다는 것이다.

남은 과제

지금까지 본 바로는 MED와 DAX의 규칙을 모두 파악하고 표현만 반대로 바꾸어 질문하면 간단하게 확인 편향을 줄일 수 있을 것 같다. 이러한 방법을 고등학교 비판적 사고 교과 과정에 추가한다면, 짜잔! 세상은 더 합리적인 곳이 되지 않겠는가? 그러나 안타깝게도 몇 가지 이유 때문에 (MED의 규칙을 알아내

는 것처럼) 다른 가능성을 시험하는 일이 항상 실행 가능하지는
않다.

우선, 위험 부담이 있다. 예를 들어 시험 치는 날마다 입는 행
운의 속옷 혹은 중요한 회의나 경기를 앞두고 하는 자기만의 습
관이 있는지 생각해 보자. 디트로이트 레드 윙스(The Detroit Red
Wings: 미국 미시간 주 디트로이트를 연고지로 하는 북미아이스하키리그
〈NHL〉 소속 하키팀. - 옮긴이)는 경기가 시작하기 전에 빙판에 문어
를 던진다. 연봉 223억을 받는 야구선수 류현진은 개막 선발승
에 성공하면 그 경기 전날 먹었던 메뉴를 질 때까지 계속 먹는
징크스가 있어서 2019년 시즌에는 내내 감자탕만 먹었다는 일
화가 있다. 모든 걸 각 맞추어 정리정돈하기로 유명한 서장훈의
깔끔함 역시 선수 시절 몸에 밴 습관이라고 한다. 이런 게 무용
하다는 사실을 입증하려면 이 모든 의식, 즉 방금 언급한 루틴
을 수행하지 않는 위험을 감수해야 한다. 그러니까 시험 날에도
평소에 입는 속옷을 입고 가야 하고 문어 없이 하키 경기를 치
러야 한다는 말이다.

방혈이 그토록 오래 지속된 이유도 마찬가지다. 방혈이 실제
로 효험이 있다고 믿고 있을 때 그 '최고의 치료법'을 따르지 않
는다면 비양심적인 일이었을 것이다. 나 역시 감기 기운만 있으
면 에키네시아(echinacea: 국화과에 속하는 식물로, 미국 등지에서 에키
네시아 추출물을 초기 감기에 흔히 사용한다. - 옮긴이)를 복용한다. 그

효능에 대한 과학적 증거가 엇갈린다는 것도, 이게 편향된 생각이라는 것도 잘 알고 있다. 그렇지만 에키네시아를 복용하지 않아도 감기에서 회복할 수 있다는 가능성을 확인해 보겠다며 안먹고 버텼다가는 인생의 소중한 닷새를 침대에서 까먹게 될 수도 있기에 굳이 그 위험을 감수하고 버틸 필요가 없다. 마찬가지로 오랫동안 행복한 결혼 생활을 유지하고 있는데, 배우자가 정말로 내 인생의 반쪽이 맞는지 시험해 보겠다며 다른 사람과 바람을 피우겠다고 한다면 누가 듣더라도 정신 나간 짓이라고 할 것이다.

방혈이야 옛날 얘기라고 치더라도, 이보다 더 현대적이고 과학적인 사례에서도 사람들이 반증을 꺼리는 현상을 찾아볼 수 있다. 1993년, 권위 있는 과학 학술지인 《네이처(Nature)》에 게재된 논문에 처음으로 '모차르트 효과'라는 게 등장했다.

이 논문에 보고된 바에 의하면, 모차르트 K. 448(쾨헬 번호 448) 〈두 대의 피아노를 위한 소나타(Sonata for Two Pianos)〉를 감상한 대학생들이 그렇지 않은 학생들보다 공간 추론 테스트에서 더 높은 점수를 받았다.[7] 대중 매체는 한 단계 더 나아가 이 연구 결과를 모차르트의 음악을 듣고 자란 아기의 IQ가 더 높아진다는 주장의 과학적 근거로 해석했다. 그러자 학업 성취도 최하위권을 기록한 일부 주(州)의 주지사들이 지역 산부인과 병동에 모차르트 CD를 무료로 나누어주기 시작했다. 얼마 뒤,

한 회사에서 형형색색의 장난감들이 모차르트 음악에 맞추어 춤추는 모습이 담긴 〈베이비 모차르트(Baby Mozart)〉 비디오를 제작하더니 곧 베이비 바흐, 베이비 셰익스피어, 베이비 반 고흐를 비롯한 다른 천재들을 아우르는 〈베이비 아인슈타인〉 비디오 시리즈를 만들었다. 어느 조사에 따르면, 2003년 무렵 아기가 있는 미국 가정의 3분의 1이 적어도 한 개 이상의 〈베이비 아인슈타인〉 비디오를 소유하고 있었다. 그런데 나중에 알고 보니, 원래의 '모차르트 효과'는 오래 지속되지 않았을 뿐더러 그 효과 또한 IQ의 모든 영역이 아니라 공간 추론 능력에만 국한되었다. 일부 연구자들은 최초의 연구 결과를 재현할 수조차 없었다.

한 연구에서는 12~18개월 유아를 대상으로 새로운 단어를 배우는 데 이 베스트셀러 비디오가 도움이 되는지를 조사했다.[8] 그 결과, 한 달 동안 비디오를 시청한 아이들은 비디오에 노출되지 않고 특별한 훈련을 받지 않은 아이들과 비교했을 때 전혀 차이가 없었다. 오히려 새로운 단어를 가장 잘 배운 집단은 영상에 나온 단어들을 비디오를 통해서가 아니라 부모로부터 직접 배운 아이들이었다. 그러나 기존의 주장을 반박하는 증거가 나오기 이전에 아이를 키웠던 부모들은 〈베이비 아인슈타인〉 비디오를 사는 걸 당연한 일로 여겼을 것이다. 꼭 '타이거 맘(Tiger Parents)'이 아니더라도 금쪽 같은 아이의 어휘력을 늘릴 수 있는 절호의 기회를 마다하는 건 말도 안 되는 일로 보였을 테니 말이다.

　다른 가능성을 시험하기 어려운 게 항상 위험 감수 때문만 은 아니다. 확인 편향은 일종의 버릇이라 이겨내기가 더 어렵다. 별 생각 없이 늘 같은 쪽부터 양치질을 시작하거나 긴장하면 손 톱을 물어뜯거나 다리를 떨거나 머리카락을 배배 꼬거나 손가 락 마디를 꺾는 것처럼 우리가 가설을 확인하려고만 하는 것도 일종의 습관 같은 것이다. 습관을 고치는 건 어렵다. 그나마 손 톱을 물어뜯는 습관이라면, 골무처럼 생긴 손가락 보호대를 착 용하거나 손톱을 짧게 잘라서라도 고쳐보려 할 수 있다. 그러나 확인 편향이라는 습관을 고치려면 도대체 어디서부터 시작해야 할까? 무엇보다 이 편향이 심각한 문제로 이어질 수 있다는 사 실부터 이해해야 할 것이다. 아울러 이 습관을 고치기 위해 실 천할 수 있는 방법을 하나 소개하자면, 삶에 무작위성을 도입하 여 위험 부담이 적은 일에서부터 자신의 가설을 반증하는 연습 을 하면 꽤 도움이 될 것이다. 2-4-6 문제를 풀 때 '1, 12, 13'처 럼 무작위로 만들어 낸 수열이 자신의 가설이 틀렸음을 보여줄 수 있는 것처럼, 지금까지 좋아하던 것 또는 믿고 있던 사실이 다 틀렸다는 걸 아주 우연히 깨달을 수도 있다. 마침 이를 실천 하는 데 도움이 될 어플리케이션이 있다.

　구글에서 일했던 컴퓨터 과학자 맥스 호킨스(Max Hawkins)는 예측불가하다는 게 과연 어떤 것일지 궁금했다. 맥스는 구글에 등록된 장소 중 한 곳을 시스템이 무작위로 선택한 뒤 애플 사용자에게 목적지를 알리지 않은 채 우버(Uber)를 불러 사용자를 해당 목적지까지 데려다주는 신박한 애플을 생각해냈다. 맨 처음 그 애플을 사용해 가게 된 곳은 갈 일이 있으리라고 상상도 하지 못했던 정신과 응급 센터였다. 곧 맥스는 이 애플에 푹 빠졌다. 애플을 통해 동네 꽃집, 슈퍼마켓, 술집 등 동네 곳곳 새로운 곳을 발견하기 시작했다. 동네 파악을 마쳤다고 생각한 이후로 새로운 곳을 찾아다닌 적이 없었기 때문에 있는지도 몰랐던 곳들이었다. 그런 다음 맥스는 사용자가 지정한 지리적, 시간적 범위 내에서 페이스북 공개 이벤트를 무작위로 선택하도록 애플을 확장했고, 직접 그 기능을 활용해 다양한 이벤트에 참석했다. 어느새 그는 러시아 사람들과 화이트러시안(White Russian)을 마시고 있었고, 아크로요가(AcroYoga) 수업에 참여하고 있었으며, 한 번도 만난 적 없는 은퇴한 심리학자가 연 파티에서 다섯 시간째 머물고 있었다.

남 일일 때는 재밌겠다고 말할 수 있을지 몰라도 막상 내 일이라고 생각하면 이 애플을 선뜻 구입하기 어려울 것이다. 세렌디피티(serendipity: 우연히 찾아낸 기쁨, 뜻밖의 재미. – 옮긴이)에 이 정도로 몰두한다는 건 보통 일이 아니기 때문이다. 그래서 난이도를 낮추어 반증하기를 실천할 수 있는 연습 몇 가지를 소개해 보겠다. 좋아하는 식당에 가거나 포장 주문을 할 때 메뉴판에 있는 음식을 무작위로 선택한다. 그러면 가장 좋아하는 요리를 (아니면 가장 싫어하는 요리가 무엇인지라도) 새롭게 발견하는 재미를 경험할 수도 있다. 출근할 때 늘 가던 길 대신 새로운 길로 가 본다. 친구와 쇼핑을 갈 때 집에 있는 것과 똑같은 회색 스웨터나 파란색 셔츠를 사지 않도록 친구에게 옷을 골라 달라고 부탁한다. 아침으로 우유 한 잔에 양갈비, 샐러드를 먹고 저녁으로는 와인 한 잔에 시리얼, 오믈렛을 먹는다. 인생은 관찰 가능한 세계와 관찰 불가능한 세계를 통틀어 존재하는 모든 원자의 수보다도 훨씬 더 많은 가능성으로 가득 차 있다. 이를 발견하는 것은 순전히 여러분의 몫이다.

3장

원인 찾기의 어려움

칭찬하고 탓하는 걸 함부로 할 게 아닌 것이

The Challenge of
Causal Attribution

제1차 세계대전과 1918년 독감 팬데믹으로부터 회복하기 위해 전 세계가 고군분투하던 1919년 1월, 승전국 지도자들이 패전국과 협상하기 위해 파리강화회의에서 만났다. 당시 미국 대통령이었던 우드로 윌슨(Woodrow Wilson)은 독일에 너무 혹독한 제재를 부과하는 데에 반대했지만, 프랑스와 영국이 그보다 훨씬 더 가혹한 배상을 요구하면서 협상은 곧 교착 상태에 빠졌다. 그해 4월 3일, 윌슨 대통령이 1918년 독감에 걸렸고 회복 후에도 신경계 관련 후유증에 시달렸다. 회의에 다시 참가할 수는 있었지만 의제를 추진할 힘은 없었고, 결과적으로 베르사유 조약에 포함된 징벌 조항에 의해 독일은 막대한 부채를 떠안게 되었다. 이 부채의 영향으로 아돌프 히틀러와 나치가 집권할 수 있었다고 보는 역사학자들이 많다. 이런 배경 때문에 윌슨이 독감에 걸리지만 않았더라도 홀로코스트가 일어나지 않았을 거라는 해석마저 나오는 상황이다.[1]

그러나 이와 같은 일련의 사건이 사실일지라도 홀로코스트처럼 잔학하고 반인류적이고 조직적인 범죄를 윌슨의 독감 탓으로 돌리자니 어딘가 찜찜하다. 앞뒤가 맞지 않은 것 같다는 생각이 든다. 왜 그럴까? 일단 설득력이 없다. 윌슨이 1919년 내내 완벽하게 건강한 상태를 유지했다고 하더라도 평화 조약의 징벌 조항이 덜했으리라는, 독일 경제가 다른 이유로 어려움을 겪지 않았으리라는 또는 히틀러가 권력을 잡지 않았으리라는 보장은 없다.

설령 그렇다손 치더라도 문제가 있다. 그러니까 누군가 타임머신을 발명하여 윌슨이 독감 바이러스에 감염되는 일을 막았고, 평화 조약이 실제보다 덜 징벌적이었으며, 그리하여 나치의 집권을 막을 수 있었다고 치자. 그래도 윌슨의 독감이 홀로코스트의 유일한 원인이라고 선뜻 단정짓긴 어렵다. 그렇게 따지자면 홀로코스트를 유발했다고 볼 만한 원인이 무궁무진하기 때문이다. 일단, 히틀러의 부모가 서로 만나지 않았더라면 히틀러가 태어나지 않았을 것이다. 1919년에 독일이 자국 내에서 거대한 유전을 발견했더라면? 독일이 제1차 세계대전에서 승리했다면? 아니면 프란츠 페르디난트 대공(Archduke Franz Ferdinand)이 사라예보에서 암살 당하지 않아 애당초 제1차 세계대전이 발발하지 않았더라면? 홀로코스트를 저지했을지도 모를 일을 이런 식으로 따지면 끝이 없다. 그러나 우리는 독일의 오일 머니 부족 사태, 페르디난트 대공의 암살, 연합국의 승리를 홀로코스트의 원인으로 탓하지 않는다.

원인을 찾을 때 우리가 사용하는 단서들

꼭 역사적 사건만이 아니라 **어떤** 일에서든지 원인이 될 만한 요인을 따져 보면, 정말이지 셀 수 없이 많다. 그렇지만 우리는 이 수많은 원인들을 적당한 개수로 추려낼 수 있고, 어떤 원인이 더 그럴 듯한지에 서로 어느 정도 합의를 이룰 수 있다. 이게 가능한 건 원인을 찾을 때 우리가 공통적으로 쓰는 단서들이 있기 때문이다. 물론 그렇다고 해서 어떤 일의 원인을 알아내려 분석할 때 항상 모두의 의견이 일치하는 건 아니다. 앞서 살펴봤듯이 윌슨 대통령의 독감이 홀로코스트의 원인이라고 주장하는 역사학자들도 있다. 그렇다고 우리가 아무거나 원인으로 지목하는 건 아니다. 제2차 세계대전이 발발한 원인을 두고 1897년 사모아에서 날개를 펄럭인 나비 탓을 할 사람은 없을 테지만, 히틀러라는 존재가 분명하게 원인 제공을 했다는 데에는 누구라도 동의할 것이다. 사람들은 유사한 단서에 의존하여 사건의 원인을 추론하기 때문에 어떤 원인이 더욱 근접하고 그럴듯한지에 대해서는 서로 동의할 수 있다.

이 장에서는 우리가 어떤 단서들을 주로 사용해서 원인을 찾아내는지 살펴볼 것이다. 유사성, 충분성 및 필요성, 최신성, 제어성과 같은 단서들이다. 이중 일부는 윌슨의 독감이 홀로코스트의 원인이라고 생각하게 만드는 단서들이고, 또 일부는 그렇지 않다는 결론을 내리게 하는 단서들이라는 점을 눈여겨보길 바란다. 그러니까 두 명 이상이 같은 상황을 목격했다고 하더라도 어떤 단서에 더 많이 의존하느냐에 따라 충분히 서로 다른 원인을 주장할 수 있다.

유사성: 우리는 서로 비슷한 것을 원인과 결과로 묶으려고 한다. 우리가 월슨의 독감을 홀로코스트의 원인으로 선뜻 지목하지 못하는 건 이 둘의 경중이 비슷하지 않기 때문일 것이다. 월슨은 영향력이 큰 인물이었고 독감이 심각한 질병이긴 하지만, 600만 명을 대상으로 저지른 조직적 살인과 비교하기에는 규모와 심각성에서 그 차원이 다르다.

충분성 및 필요성: 우리는 어떤 일이 일어나려면 필요하고 충분한 원인이 있어야 한다고 생각한다. 월슨의 독감이 베르사유 조약의 필요충분조건이고, 베르사유 조약이 히틀러의 부상에 필요충분조건이라고 한다면, 우리는 월슨의 독감을 홀로코스트의 원인으로 볼 수 있다.

최신성: 일련의 인과적 사건을 접할 때 우리는 비교적 최근에 발생한 일의 공과를 더 중요하게 여기는 경향이 있다. 히틀러의 집권은 홀로코스트 직전에 일어났지만, 월슨의 독감은 홀로코

스트보다 훨씬 더 이전에 일어난 일이므로 독감이 홀로코스트를 유발했다고 보기는 어렵다.

제어성: 우리는 통제할 수 없는 것보다는 통제할 수 있는 것을 비난하려고 한다. 당시에는 백신이 없었으므로 윌슨의 독감을 확실하게 예방할 수 없었으나, 히틀러의 집권을 막는 건 가능했을 수도 있다. 그러므로 우리는 예방할 수 있었을 법한 후자의 사건에 더 큰 책임을 지운다.

이러한 단서들은 그저 휴리스틱, 즉 경험칙에 불과하다는 사실을 반드시 염두에 두어야 한다. 합리적 원인을 찾는 데 도움이 될 수는 있지만 **진짜** 원인을 찾게 해 준다는 보장은 없는 것이다. 물론 적당한 답을 찾아낼 수야 있지만, 오히려 그 때문에 이들 단서에 지나치게 의존한 채 그 답이 진짜 원인이 아닐 수도 있다는 사실을 간과하게 된다. 이들 단서에 지나치게 의존할 때 우리가 어떤 식으로 잘못된 결론을 도출하게 된다는 것인지 하나씩 짚어 보자.

유사성

자, 당구대에 노란 공과 빨간 공이 하나씩 있다. 노란 공이 빨간 공을 향해 빠르게 굴러 간다면, 노란 공이 빨간 공을 치는 그

순간 빨간 공도 빠른 속도로 굴러 가기 시작할 것이다. 노란 공이 천천히 가고 있다면 빨간 공도 느리게 움직일 것이다. 즉, 원인(노란 공)의 속도는 결과의 속도(빨간 공의 움직임)와 일치한다. 비슷한 예로, 폭발음처럼 큰 소리는 큰 충격의 신호가 되는 반면, 조용함은 대개 평화를 상징한다. 유통기한이 몇 주 지난 고기처럼 악취를 풍기는 음식은 보통 몸에 해롭지만, 밭에서 갓 따온 딸기처럼 좋은 냄새가 나는 음식은 몸에 이로운 경우가 많다. 우리가 사는 세상에서는 원인과 결과는 일반적으로 크기나 특성이 일치한다.

이처럼 원인과 결과는 대체적으로 서로 유사하기 때문에 그렇지 않은 경우를 맞닥뜨리면 우리는 당황하게 된다. 예를 들자면, 우리는 몸집이 큰 새여야 울음 소리도 클 거라고 생각한다. 어디선가 크게 꽥꽥거리는 소리가 들렸는데 알고 보니 작은 새가 내고 있는 소리다. 이럴 때 우리는 깜짝 놀라며 서둘러 스마트폰을 꺼내 동영상을 찍는다.

또 다른 예로, 바다에서 일어난 단 한 번의 기름 유출 때문에 (생물학, 지질학, 경제학 및 본질적으로 지구에서 일어나는 모든 일에 영향을 미치는) 기후 변화가 일어났다고 믿는 사람은 없을 것이다. 대부분은 자연 재해 및 인간의 무수한 환경 남용이 지구 시스템과 복잡하게 상호 작용을 함으로써 기후 변화를 일으킨다고 바르게 이해한다. 반대로, 바닥에 깨져 있는 유리잔과 같이 결과가 단순한 일이라면, 온 가족이 공모해 유리잔을 깨뜨렸을 거라고 생각하지 않고, 누구 한 사람이 깨뜨렸겠거니 하고 추측할 것이다.

3장을 시작할 때 들었던 예시로 돌아가 보자. 우리가 윌슨의 독감과 홀로코스트를 연관짓기 찜찜해했던 데에는 여러 이유가 있지만, 그중 하나는 유사성 휴리스틱 때문이다. 단 한 번의 독감 때문에 홀로코스트가 일어났다고 한다면, 이는 홀로코스트를 너무 과소평가하는 것 같이 느껴질 수 있다. 아무리 윌슨 대통령의 팬이 아니더라도 윌슨 대통령 한 사람이 독감에 걸린 탓에 600만 명에 이르는 유대인과 수십만 명의 동성애자, 로마인, 장애인이 조직적으로 살해당했다는 말을 듣는다면 그게 무슨 뚱딴지 같은 소리냐고 반문할 것이다. 이렇게 끔찍한 사건을 접할 경우, 우리는 훨씬 더 악의적인 원인, 국가 차원의 원인을 찾으려고 한다. 그러한 설명이 빠지고 없을 때 꺼림칙한 느낌이 드는 것이 바로 유사성 휴리스틱 때문이며, 또 이런 찜찜함을 느끼지 않으려고 유사성 휴리스틱을 활용하는 것이다.

그러나 유사성에 의존하여 원인을 찾으려고 하다가는 자칫 잘못된 결론을 내리기 십상이다. 원인과 결과가 언제나 비슷한 건 아니기 때문이다. 잘 익은 딸기처럼 좋은 냄새를 풍기는 음식 중에는 우리 몸에 이로운 것도 있지만, 버터 두 덩어리와 달걀 여섯 개를 넣고서 갓 구운 케이크처럼 그렇지 않은 음식도 있다. 또 두리안, 김치, 나또, 블루 치즈처럼 고약한 냄새를 풍기지만 건강에는 이로운 음식도 있다. 조용하다는 것은 일반적으로 별 문제 없다는 신호가 맞지만, 어린 아이가 너무 오랫동안 조용하다면 그건 문제가 생겼다는 의미일 수 있다. 두루마리 휴지가 얼마나 길까 궁금해하며 하염없이 휴지를 풀고 있을 수도 있고, 엄마의 화장대에는 무엇이 있을까 궁금해하며 온 서랍을 샅샅이 뒤져 보고 있을지도 모른다.

다양한 민간 요법을 찾아보면, 유사성에 지나치게 의존하는 것이 얼마나 무용한지를 잘 알 수 있다. 과거 어떤 문화에서는 폐 질환인 천식의 치료제로 여우의 폐를 먹었고, 조선시대 왕들은 정력 보강을 위해 수소의 고환이나 사슴 음경의 힘줄인 녹편을 먹었다.

이와 반대로, 우리는 유사성 휴리스틱에 의존하기 때문에 앞서 본 예시들과 반대로 원인과 결과 사이에 유사성이 없어 보이면 원인을 받아들이려고 하지 않는다. 일례로 세균이 병의 원인이라는 학설이 처음 제기되었을 때 이를 받아들이지 못하는 사람들이 많았다. 눈에 보이지도 않을 만큼 작디 작은 세균이 인간을 해치고 죽일 정도로 강력한 힘을 갖고 있다는 걸 도무지 납득할 수 없었던 것이다. 이러한 거부감은 오늘날에도 여전하다. 팬데믹이 한창이던 2020년에도 합당한 의료 지침을 몽땅 무시한 채 마치 무적이라도 된 것처럼 마스크 착용을 거부하고 대규모 파티를 여는 사람들이 있었다. 코로나19 바이러스가 〈왕좌의 게임(Game of Thrones)〉의 백귀(White Walkers) 또는 〈부산행〉의 좀비 같은 모습을 띠고 있었더라면 공중 보건 관리가 한결 수월했을지도 모른다.

여기서 이처럼 다양한 예시를 언급하는 건 유사성 휴리스틱의 한계를 다시금 강조하기 위해서다. 물론 별것 아닌 듯 보이는 원인이 엄청난 결과를 낳을 때도 있다. 이를테면 커닝처럼 남을 살짝 속이는 부정행위쯤이야 큰 문제 없을 거라고 생각할지 모르지만, 그게 꼬리에 꼬리를 물다 보면 누군가에게는 끔찍한 피해를 입힐 수도 있다. 반대로, 지나가다 눈이 마주친 사람을 향해 방긋 웃는 것, 도움이 필요해 보이는 사람을 향해 "괜찮으세요?" 하고 한마디 건네는 것과 같은 작은 배려가 지닌 힘을 과소평가할 때도 많다. 별것 아니라고 생각하고 베푼 호의가 누군가에게는 그날 하루의 활력소가 되기도 하고 어쩌면 인생을 바꿔줄 수도 있다는 사실을 우리는 꼭 기억해야 한다.

충분성

어떤 일의 원인을 파악할 때 우리가 유사성을 활용하는 건 맞지만, 이 단서 하나만 주로 사용하는 건 아니다. 원인을 찾을 때는 유사성보다 충분성이 훨씬 더 강력한 단서로 작용한다.

영희가 철수에게 얼음물 한 양동이를 들이부었고, 철수가 비명을 질렀다 치자. 그때 철학과의 이종철 교수님이 사무실에서 나오며 무엇 때문에 소리를 질렀냐고 철수에게 묻는다. 영희는 자기가 철수에게 얼음물을 부어서 철수가 소리를 지른 거라고 솔직히 얘기한다. 교수님은 납득이 가지 않는다는 표정으로 재차 묻는다.

"철수가 비명을 지른 게 얼음물 때문이라는 걸 어떻게 알 수 있죠?"(물론 이런 상황에서 일반적으로 던질 법한 질문은 아니지만, 사람들이 무언가를 어떻게 아는지에 대해 연구하는 인식론이 이종철 교수의 전문 분야다.)

그러자 영희가 대답한다.

"그야 얼음물을 부으면 물을 맞은 사람은 열이면 열 비명을 지르니까요."

이것이 바로 충분조건의 예다. **X가 발생할 때마다 Y가 발생한다. 따라서 X가 Y의 충분조건일 때 우리는 X가 Y의 원인이라고 추론한다.** 여기까지는 문제가 없다.

문제는 어떤 결과의 원인이 되기에 충분해 보인다는 이유로 한 가지 요인을 특정할 경우, 원인일 가능성이 똑같이 있는 다른 요인을 무시하기 쉽다는 것이다. 철수와 영희의 이야기로 돌아가 보자. 영희가 철수에게 얼음물을 들이부었다는 사실을 알게 된 순간, 우리는 철수가 자신을 향해 기어오는 뱀을 발견했다거나 교수님과 한 약속 시간에 늦었다는 걸 깜빡했다거나 등

등 비명을 지르게 만들었을 수 있는 다른 원인이 존재할 가능성 자체를 더 이상 생각하지 않을 것이다. 그러니까 우리가 염두에 두고 있는 한 가지 원인이 그 결과를 낳기에 충분하다고 생각하면, 원인이 될 수 있는 다른 요인을 깡그리 무시하게 된다.

일상 생활에서도 우리는 어떤 일의 원인일 수 있을 만한 요인을 한 가지 찾으면 다른 이유는 아예 존재하지 않을 거라고 섣부르게 가정한다. 우리에게 이런 면이 있다는 사실을 염두에 두지 않으면 다른 사람의 노력을 무시하는 경우가 생길 수 있다. 구체적인 예를 하나 들어보겠다. 예지아 씨가 한 TV 프로그램의 오디션을 보고 그 역할을 따냈다고 가정하자. 전태희 씨는 예지아 씨의 아버지가 그 프로그램의 프로듀서와 연줄이 있다는 사실을 알게 됐다. 이제 태희 씨는 지아 씨가 그 배역을 맡은 게 순전히 연줄 덕분이라고 믿고, 지아 씨가 연기를 잘 해서 되었을 리 없다고 생각한다. 그러나 지아 씨는 연줄도 있고, 동시에 훌륭한 배우일 수도 있는 것이다. 이처럼 우리는 낙하산을 타고 들어온 사람을 보면 보나마나 실력이 없는 사람일 것이라고 낙인을 찍는다. 두 개의 원인이 동시에 존재할 수 없기라도 한 것처럼, 한 가지 원인이 드러나면 응당 나머지는 원인이 아니겠거니 생각하는 것이다.

또 피나는 노력으로 성공한 사람들을 보면 재능은 부족한 노력파라고 생각하는 사람들도 많다. 내 학창 시절을 돌이켜보면,

더 똑똑해 보이고 싶어서인지 시험 공부를 거의 안 한 척하는, 짜증나는 친구들이 꼭 있었다. 전해지는 풍문에 따르면, 모차르트가 사망한 뒤 그의 아내는 모차르트가 모든 곡을 머릿속으로 작곡해 낸 천재였다는 신화를 만들려고 초기 스케치의 90퍼센트를 불태웠다고 한다. 물론 모차르트의 작품이 이미 머릿속에서 완성형으로 나온 것이든 아니든 간에 그의 재능을 부정할 사람은 없지만, 만약 그 이야기가 사실이라면 그의 아내는 아주 영리한 홍보가였던 셈이다. 언젠가 미켈란젤로가 시스티나 성당(Sistine Chapel) 천장에 그린 그림에 대해 이렇게 말했다.

"이 그림에 얼마나 많은 공을 들였는지 안다면 천재라고 부를 수 없을 것이다."

내재적 동기와 외재적 보상 사이의 관계에서도 이 비슷한 예시를 찾아볼 수 있다. 청소하기를 좋아하는 아들에게 청소의 대가로 용돈을 주기 시작하면, 아들은 더 이상 본인이 좋아서 하는 청소라고 생각하지 않을 공산이 크다. 실제로 한 연구 결과, 직원들에게 단기 보너스를 주었을 때 업무 성과가 향상했으나, 이후 보너스가 사라지자 생산성이 이전보다 더 낮은 수준으로 떨어졌다.[2] 원래 좋아서 하던 일도 이제는 보너스라는 대가를 받았기 때문에 해야 하는 일이라고 생각했을 것이다. 그런 상태에서 보너스는 사라졌고, 이미 낮아진 동기는 회복되지 않은 것이다.

그렇지만 이런 식으로 원인이 될 만한 요인을 무시하는 행동이 반드시 잘못됐다고 할 수는 없다. 대부분의 현실이 이런 식이기 때문이다. 내재적 동기가 없는 사람에게 일을 맡기고 싶다면 그 사람에게 돈을 지불해야 한다. 즉, 내재적 동기와 외재적 보상이 반비례한다고 볼 수 있다. 사람들은 대개 좋아하는 일을 하는 대가로 돈을 요구하거나 받지 않는다. 나는 동 트는 새벽녘에 강아지 산책시키는 걸 좋아하는데, 그렇다고 내게 돈을 주는 사람은 없다. 또 재능이 뛰어난 사람들은 보통 사람들만큼 열심히 노력하지 않더라도 같은 수준의 결과물을 낼 수 있는 것도 사실이다. 그렇더라도 원인일 가능성이 있는 요인 하나에만 집중하느라 다른 가능성을 배제한다면 얼마든지 잘못된 결론을 내릴 수 있다.

이런 오류가 타인에게 어떤 식으로 해를 입힐 수 있는지 잘 보여주는 실제 사례가 있다. 2005년, 경제학자이자 전 미국 재무장관이며 당시 하버드대학교 총장이었던 래리 서머스(Larry Summers)는 과학계에 만연한 성별 격차의 원인에 관해 부적절한 발언을 하여 파문을 일으켰고, 그것이 결국 총장직을 내려놓게 되는 원인 중의 하나로 작용했다. 문제가 된 발언에서 래리 서머스는 과학 분야의 (종신 교수와 같은) 최상위권에서 성별 격차가 발생하는 것은 남녀 간에 "타고난 적성이 다르기 때문"이라고 말했다. 평균으로 봤을 때는 남녀 간에 적성 차이가 없어 보일지 몰라도 과학계 최정상의 위치에 오르기 위해 필요한, 탁월한 재능을 타고난 사람은 여성보다 남성이 더 많다는 주장이었다.

곧이어 과학 적성을 타고나는 정도가 성별에 따라 차이가 있느냐 하는 문제가 학계의 화두로 떠올랐다. 그러나 여기서 나는 그 논란을 다루기보다는, 이러한 주장이 암암리에 묵시하는 바가 무엇인지를 짚어보려고 한다. 그러니까 이 주장이 배제하고 있는 다른 가능성, 즉 여성이 과학계에 활발히 진출하지 못하는 (이를테면 사회, 문화, 교육적 배경의) 다른 이유들을 살펴보려는 것이다. 《보스턴 글로브(The Boston Globe)》에 따르면 "서머스가 한 인터뷰에서 말하길… '행동유전학 연구를 보면, 이전에 사회화 때문이라고 생각했던 것들이 알고 보니 그렇지 않았다는 사실을 알 수 있다.'" 물론 나는 동의하지 않지만 설령 남녀간에 유전적 차이가 존재한다고 가정하더라도 여전히 사회화 과정에는 아무런 문제가 없다고 결론지을 수는 없다. 서머스의 발언에 영감을 받아 그 직후에 발표된 어느 연구에 의하면, 이와 같은 잘못된 논리 때문에 실생활 속 성별 격차가 더더욱 크게 벌어질 수 있다.[3]

그 연구의 참가자는 모두 여성이었다. 먼저 이들에게 독해력 테스트를 가장한 읽기 지문을 나누어 준 뒤 수학 테스트를 보게 했다. 이 실험의 주요 조작 변인은 지문의 내용에 있었다. 첫 번째 집단에게는 '남성과 여성이 수학 시험에서 동등하게 우수한 성적을 냈다'는 내용의 지문을 읽게 했고, 두 번째 집단에게는 'Y 염색체에서 발견되는 일부 유전자 때문에 남성이 여성보다 5퍼센트 포인트 더 높은 점수를 기록했다'라는 내용의 지문을 읽게 했다. 시험을 치르기 직전에 이 같은 내용을 잠깐 읽게 했을 뿐인데 두 번째 집단에 속한 참가자의 수학 점수가 첫 번째 집단보다 25퍼센트나 더 낮았다. 이는 내 수업에서 A와 C 학점을 가를 정도로 큰 점수 차이다.

이 실험에는 세 번째 집단도 있었고, 이 집단의 참가자들에게도 두 번째 집단과 마찬가지로 남성이 여성보다 수학 시험에서 더 좋은 결과를 냈다는 내용의 지문을 읽게 했다. 다만 이들이 읽은 지문에는 "학창시절 초기부터 이어진 교사들의 편향된 기대" 때문이라고 쓰여 있었다. 단 한 줄의 설명이었지만 이 지문을 읽은 세 번째 집단의 수학 점수는 두 번째 집단보다 월등히 높았고, 심지어는 성별 간에 수학 점수 차이가 애초에 없다는 지문을 읽은 첫 번째 집단의 수학 점수와 동등한 수준까지 올라갔다. 세 번째 집단의 성적으로 미루어 봤을 때 유전적 차이가 존재한다는 지문을 읽은 두 번째 집단은 거기에 환경적 요인이 작용했을 가능성 자체를 배제했다는 사실을 알 수 있다. 이 놀라운 연구를 통해 우리가 알 수 있는 사실은, 한 가지 원인에만 치중하여 다른 요인을 무시하면 제대로 실력 발휘를 못하는 경우가 생길 수 있다는 것이다.

어떤 현상에 관해 한 가지 원인을 알고 나면 우리도 모르게 가능성이 있는 다른 원인을 무시하기 십상이다. 그 다른 원인이 존재하지 않을 수도 있지만, 방금 살펴본 것처럼 사실과 전혀 달라 해로운 결과를 낳을 수도 있다. 우리가 이런 실수를 범할 수도 있다는 사실을 염두에 둔다면 조금 더 주의하게 될 것이고, 나아가 다른 원인 요소가 존재할 수도 있다는 사실을 분명하게 인지함으로써 그 가치를 무시하는 오류를 범하지 않도록 노력할 수 있을 것이다.

필요성

충분성에 대해 충분히 살펴본 듯하니, 이제 이 동전의 뒷면인 필요성을 들여다보자. 원인을 파악할 때 필요조건은 아주 중요한 단서로 쓰인다. 얼마나 중요하냐 하면, 법정에서도 가해자의 행동이 필요조건이었는지의 여부를 하나의 판단 기준으로 삼을 정도다. 그러니까 가해자가 그러한 행동을 하지 않았더라도 과연 그 사건이 일어났을 것인지(but-for rule)를 보는 것이다.

쉽게 설명하기 위해 험프티 덤프티(Humpty Dumpty)가 무너져 가는 담벼락에 앉아 있다가 크게 넘어져 두개골이 부서졌다고 치자(영국의 전래 동요 '마더 구스Mother Goose'의 노랫말이다. - 옮긴이). 그런데 무너진 벽의 주인인 왕은 골프를 치느라 바빠서 직원들이 벽을 보수했는지 어쨌는지 신경 쓰지 않았다. 험프티 덤프티의 변호사는 왕의 태만이 아니었더라면(또는 '없었더라면') 험프티 덤프티가 다치지 않았을 터이므로 험프티 덤프티가 당한 부상에 왕의 책임이 있다고 주장할 수 있다.

한 발짝 더 나아가서 '달걀 껍질 두개골 원칙(the egg shell rule)'이라는 것도 있다. 이 원칙은 워낙 두개골이 얇은 원고가 아주 경미한 사고로 사망한 사건에서 이름을 따온 것인데, 이 원칙 또한 잘잘못을 가릴 때 필요조건이 얼마나 중요한 역할을 하는지를 잘 보여준다. 실제로 많은 법학자들이 이 원칙을 설명할 때 전래 동요에 달걀로 그려지는 험프티 덤프티를 예시로 설명하기도 하니, 계속해서 험프티 덤프티로 이야기를 이어가 보자. 왕의 변호인단은 험프티 덤프티가 부상을 입은 건 그의 두개골이 너무 연약한 탓이라고 주장할 수 있다(험프티 덤프티는 결국 달걀이고, 달걀이 쉽게 깨진다는 건 누구나 아는 사실이다). 그러나 '달걀 껍질 두개골 원칙'에 의하면 부상에 대한 책임은 여전히 왕에게 있다. 왜냐하면 원고의 두개골이 이미 연약한 상태였다고 하더라도 성벽이 적절히 보수되었더라면 부상이 발생하지 않았을 터이기 때문이다.

꼭 법정에서가 아니더라도 우리는 어떤 결과를 초래한 원인을 알아내려고 할 때 이와 유사한 방식으로 역사실적 추론을 한다. A가 일어나지 않았더라면 B가 발생했을까? 내가 그 상점에 가지 않았더라면 그 사고를 피할 수 있었을까? 그집 남편이 그러지 않았더라면 아직까지 결혼생활을 유지하고 있었을까? 이처럼 반사실적 사고를 했을 때 결과가 다르게 나온다면 우리는 그 요인을 원인으로 취급한다. 역사실적 추론을 통해 원인을 파악하는 건 실제로 상당히 합리적인 방법이다. 법정에서도 사용될 정도니까.

그러나 모든 필요조건이 원인이 되는 것은 아니다. 예를 들어, 산소는 불의 필수 조건이지만, 지난봄 경북 울진에서 발생한 산불의 원인으로 산소를 지목하는 사람은 아무도 없다. 또 다른 예로, 사람은 태어나야만 죽을 수 있다. 마릴린 먼로(Marilyn Monroe)도 태어나지 않았더라면 죽지도 않았을 것이다. 마릴린 먼로의 죽음에 대해 온갖 추측이 난무했지만, 그 와중에도 그녀가 태어났다는 사실을 죽음의 원인으로 꼽는 사람은 아무도 없다. 이 수많은 필요조건 가운데 진짜 원인이 무엇인지 알아내려면, 곧 설명할 다른 단서들을 사용하여 필요성 휴리스틱을 보완해야 한다. 사실, 지금 다루고 있는 모든 단서가 상호 보완적인 것들이다.

비정상성

우리는 예외적인 사건을 원인으로 꼽으려고 한다. 산소에 노출되는 것, 태어나는 것은 이례적인 상황이 아니다. 우리가 들이마시는 공기 중에는 항상 산소가 존재하고, 모든 인간의 삶은 태어남으로써 시작되기 때문이다. 그러나 험프티 덤프티가 앉아 있었던 성벽을 왕이 제대로 관리하지 않은 건 상례에 벗어나는 일이었다. 왕에게는 자기 소유의 건물을 관리해야 하는 것이 정상적인 행위였으므로 관리 소홀을 상해의 원인으로 볼 수 있다. 비정상의 정도에 따라 원인 파악이 어떻게 달라질 수 있는지의 예로 이번에는 스트레스를 받는 경우에 대해 생각해 보자. 극심한 요통을 겪거나 구급차의 시끄러운 사이렌 소리를 들으면 누구라도 스트레스를 받을 수 있다. 그러나 사이렌 소리를 들을 일은 없었지만 수년간 요통에 시달린 사람에게는 어쩌다 들리는 사이렌 소리가 스트레스 요인이 될 것이다. 반대로, 병원 근처에 살아서 사이렌 소리를 듣는 게 예사였지만 요통을 겪는 일이 거의 없는 사람에게는 어쩌다 찾아 온 요통이 스트레스 요인이 될 것이다.

무엇이 정상이고 비정상인지는 사람에 따라 다를 수 있다는 걸 이해하면, 어째서 사람들이 똑같은 사건을 보고도 저마다 다른 원인을 추론하는지 알 수 있다. 정상과 비정상을 판단하는 기준은 개개인의 관점에 따라 다르다. 예를 들어, 박진경 씨가 면접 중에 아주 긴장한 모습을 보였다고 치자. 진경 씨는 평소 침착하고 자신감이 넘치는 성격이라 자신이 긴장한 건 면접관의 괴팍한 태도 때문이라고 생각할 수 있다. 그러나 수많은 지원자들을 본 면접관의 관점에서 봤을 때 면접은 특별한 일이 아니다. 다른 지원자들에 비해 진경 씨는 유독 긴장한 듯 보였으므로 면접관은 이 내용을 성격 평가란에 기록한다.

또 다른 예로 총기 폭력을 들 수 있겠다. 미국에서는 권총, 산탄총, 소총을 합법적으로 구입할 수 있고, 심지어 일부 주에서는 일종의 기관총까지도 구입이 가능하다. 집단 총기 난사 사건이 발생할 때면 모든 비난의 화살을 총기 난사범에게 돌리는 사람들이 있다. 이들은 총기를 소유했다고 해서 모든 사람이 총을 들고 밖으로 나가 사람들에게 쏘는 건 아니지 않냐며, 난사범의 정신 건강, 분노 조절 능력, 이데올로기가 비정상적이기 때문에 난사가 일어나는 거라고 주장한다. 그러나 세계적으로 보면 비정상인 건 분명 미국이다. 스몰암즈서베이(Small Arms Survey: 스위스에 본거지를 둔 기관으로, 전 세계의 소형 무기 및 무장 폭력을 추적 및 연구한다. -옮긴이)에 따르면, 2018년 기준 미국 인구 100명당 민간 총기 보유 수는 120.5정으로 전 세계 1위다. 미국은 100명당 총기 보유량 2위인 예맨보다 두 배 이상, 캐나다보다는 네 배 이상의 총기를 민간인들이 소유하고 있다. 이 통계만 놓고 보면, 총기에 관해서만큼은 분명 미국이 비정상적이다. 그러므로 세계적인 관점에서 봤을 때 충격 사건은 난사범 개인의 성격보다 미국의 총기 허용법에 더 큰 문제가 있다고 할 수 있다.

똑같은 사건을 접하더라도 각자의 관점에 따라 서로 다른 인과적 결론을 내릴 수 있다. 어쩌면 저렇게 터무니없고 이상한 시나리오를 짜 냈는지 이해가 안 될 때 상대방의 입장에서 생각해 보는 게 도움이 될 수도 있다. 물론 그렇게 해도 여전히 상대방이 틀렸을 수 있다. 그러나 적어도 그 사람이 어떻게 그런 결론을 내렸는지를 이해할 수는 있을 것이다. 아니면, 우리 자신의 관점을 고치고 싶게 될지 또 누가 알겠는가.

행동

원인을 찾을 때 우리가 사용하는 또 다른 휴리스틱은 아무것도 안 했을 때 문제가 생기는 경우보다 무언가를 해서 문제가 생기는 경우를 더 비난하는 것이다.[4] 이 휴리스틱을 설명할 때 자주 인용되는 예시가 있다. 안아경 씨가 A 회사의 주식을 보유하고 있다고 치자. 아경 씨는 A 주식을 매도하고 B 회사의 주식을 매수할까 고민하다가 마침내 그렇게 했다. 그러나 B 회사의 주가가 급락하는 바람에 1,000만 원을 잃는다. 한편, 배보경 씨는 (아경 씨가 매수한 것과 동일한) B 회사의 주식을 보유하고 있다. 보경 씨도 A 회사로 옮겨갈까 고민했으나 그냥 B 회사의 주식을 가지고 있기로 했다. 결론적으로 보경 씨도 1,000만 원의 손실을 입었지만, 아무것도 하지 않고 가만히 있었던 보경 씨보다 적극적으로 A 회사 주식을 B 회사 주식으로 전환한 아경 씨가 훨씬 더 크게 후회할 것이다.

결과가 동일하더라도 가만히 있는 상황에서 문제가 생길 때보다 어떤 행동을 함으로써 문제가 생길 때 더 크게 책임을 묻는 사례는 무수히 많다. 만약 어떤 외국 정부가 아무런 이유 없이 매일 2만 5,000명의 무고한 사람을 살해한다는 사실을 알게 되면 우리는 분노할 것이고, 시위에 참여할 것이고, 청원을 내는 등 무차별적 살상을 멈출 방법을 모색할 것이다. 그러나 우리가 매일 2만 5,000명의 사람들이 식량 부족으로 사망한다는 내용의 유엔 보고서를 읽는다면(이는 사실이다), 우리는 슬퍼하고, 한숨을 쉬고, 안타까워 하겠지만 시위나 청원까지 하진 않을 것이다. 누가 고의로 사람을 죽인다면 이는 살인이다. 그리고 살인자는 무기징역이나 사형과 같은 무거운 처벌을 받을 것이다. 그러나 살릴 수도 있었을 사람이 죽어가는 걸 가만히 지켜보기만 했다면 과실치사 혐의가 적용되어 살인죄보다 훨씬 가벼운 형벌을(대부분의 미국 주에서 징역 6개월에서 10년의 징역형을) 선고 받을 것이다.

어째서 우리는 방관하다가 문제가 생길 때보다 어떤 행동을 해서 문제가 생기는 경우를 더 많이 비난하는 걸까? 아무것도 하지 않았을 때는 도대체 뭘 했어야 좋았을지 상상하기가 어렵다. 그러나 뭘 해서 문제가 생기면 그냥 그 행동 한 가지만 안 했더라면 좋았을 거라고 쉽게 생각할 수 있기 때문에 탓하기가 더 쉬운 것이다. 하루에 2만 5,000명을 죽이는 살인마 정부만 아니었더라면 무고한 사람들이 죽지 않았을 것이다. 그러나 우리가 유엔의 보고서를 읽고도 아무 일도 안 했을 때는 도대체 우리가 어떤 행동을 했어야 그 사람들의 생명을 지켜줄 수 있었을 것인지 명확히 알 수 없다.

더구나 아무것도 안 한다는 건 말 그대로 눈에 보이지 않기 때문에 그것이 어떤 사건의 원인이 될 수 있다고 생각하지 못할 때가 많다. 인종차별주의나 기후 변화 대응에 동참하지 않는 것, 형평성에 어긋나는 일을 목격하고도 신고하지 않는 것, 현상 유지에 동참하는 것, 더 공정한 대안을 알면서도 제안하지 않는 것까지. 눈에 보이지 않지만 가만히 있는 이 모든 행동이 사회에 해가 된다.

방관 때문에 치러야 하는 대가를 인식하지 못하고 있다가는 돌이킬 수 없는 문제를 맞닥뜨릴 수 있다. 당장 올바른 조치를 취하지 않고 가만히 있어서는 기후 변화를 막을 수 없다는 사실은 우리가 직시해야 할 현실이다. 투표하지 않는 것도 마찬가지다. 투표하지 않는 사람들은 자신의 그런 행동이 무해하다고 생각할 수 있다. 그러나 투표권을 행사하지 않는 행동은, 당선됐을 경우 많은 이들의 삶을 바꿨을 수 있는 후보자의 표를 빼앗는 것과 다름없다. 행동하지 않는 것이 언제나 악행보다 더 나은 것은 아니다. 때에 따라서는 나쁜 행동과 동일하게 해악을 끼치기도 한다.

최신성

일련의 사건을 통해 어떤 결과가 나왔을 때 우리는 시간적으로 결과에 가장 근접한 사건을 가장 중요하게 여기려고 한다. 농구, 야구, 축구와 같은 스포츠 경기에서 접전을 치르고 이긴 팀을 보면, 선수들과 팬 모두 마지막 승점을 기록한 선수에게 가장 먼저 달려가 축하를 건넨다. 시카고 불스(Chicago Bulls)가 유타 재즈(Utah Jazz)와의 경기에서 이기고 챔피언십 우승을 차지한 그때 마이클 조던이 모든 스포트라이트를 받았던 것처럼 말이다. 마지막 슛을 막아내지 못한 선수는 그날의 그 장면을 머릿속으로 끊임없이 곱씹으며 후회한다. 스포츠에서 승패를 결정짓는 것은 마지막 점수 하나가 아니라 경기 전반에 걸쳐 축적된 모든 점수의 합이라는 건 누구나 아는 사실이다. 그럼에도 그 마지막 슛, 그리고 그 슛을 성공시킨 선수 혹은 놓친 선수가 모든 영광 혹은 비난의 주인공이 된다.

어찌 보면 당연하다고 할 수도 있다. 얼마 남지 않은 마지막 순간에 승점골을 터뜨려야 한다는 압박감 또는 상대팀의 득점을 끝까지 막아내야 한다는 압박감, 이런 걸 다 극복해냈으니 주목을 받는 건 당연하다고 생각할 수도 있다. 그리고 물론 실제로 그럴 때도 있다. 그러나 다음 실험의 결과를 보면, 그러지 말아야 할 때조차 대다수의 사람들이 결과 직전에 일어난 사건을 중요하게 생각한다는 걸 알 수 있다.[5]

하나 씨와 두리 씨 두 사람이 차례로 동전을 던졌다고 가정하자. 두 사람 모두 앞면 또는 뒷면처럼 같은 면이 나올 경우 둘은 100만 원씩 얻는다. 서로 다른 면이 나오면 두 사람 다 한 푼도 받지 못한다. 하나 씨가 먼저 동전을 던지기로 했고, 앞면이 나왔다. 그런 다음 두리 씨가 동전을 던졌는데, 이런, 뒷면이다. 이렇게 100만 원은 증발한다.

이 상황에서 비난을 받아야 할 사람이 누구냐고 물으면, 거의 모두(92퍼센트) 두리 씨를 지목한다. '하나 씨와 두리 씨 중에 누가 더 죄책감을 느낄까?'라는 질문에도 대대수가 두리 씨를 지목한다. 내가 두리 씨였다면 속상하겠지만, 반대로 하나 씨였더라면 두리 씨에게 일을 망쳐 났으면 책임져야 할 것 아니냐고 노발대발하면서 50만 원이라도 내놓으라고 했을지도 모르겠다. 그러나 사실 이 상황에서 두리 씨를 비난한다는 건 얼토당토않다. 그렇게 따지면 하나 씨도 마찬가지로 동전의 뒷면이 나오도록 던지지 못한 것에 대해 비난 받아야 한다. 물론 누구도 비난 받지 않는 게 가장 좋겠지만. 동전 던지기는 누구도 원하는 면이 나오도록 던질 수 없다는 점에서 무작위적이고, 동전이 이전에 어느 면으로 떨어졌는지 기억하지 못한다는 점에서 개별적이다. 시간적 순서가 전혀 중요하지 않은 동전 던지기 같은 상황에서도 우리는 더 최근에 발생한 일을 탓하려고 한다.

왜 그런 걸까? 일련의 사건이 있을 때, 그러니까 예를 들어 A

가 B를, B가 C를, C가 D를 일으키는 경우라면, 최종 결과인 D의 원인은 단지 A만이 아니라 A, B, C 전체의 잇따른 발생에 있다. B나 C가 발생하지 않았더라면 A가 있었더라도 D라는 결과는 없었을 터이므로 결과 D가 발생한 데 모든 탓을 A로 돌릴 수는 없다. 그러나 C가 발생했다면 A나 B가 없었더라도 D는 발생할 수 있다. 결국, A나 B보다 C에 더 많은 인과적 책임이 있다고 생각하게 되는 것이다.

그러나 문제는 동전 던지기 예시에서 보았듯 인과적 관련이 없는 일련의 사건에도 우리가 동일한 휴리스틱을 적용하려고 한다는 것이다. 하나 씨가 던진 동전이 앞면으로 나온 상황이 두리 씨의 동전을 뒷면으로 나오도록 유발하지 않았다. 이들이 던진 동전은 똑같은 확률로, 그리고 서로에게 아무 영향을 미치지 않으면서 저마다의 결과를 만들어냈다. 접전인 풋볼 경기의 승패를 가르는 마지막 터치다운을 '위닝 터치다운(winning touchdown)'이라고 부르는데, 따지고 보면 그 직전의 터치다운도 승리에 똑같이 중요한 역할을 했다. 사건의 순서가 중요하지 않은 상황에서조차 가장 최근에 있었던 사건의 역할만 인정하는 것은 그 결과에 영향을 준 다른 요인들을 무시하는 행동이며, 다른 요인에 돌아가 마땅한 인정 혹은 비난의 기회를 박탈하는 행동이다.

제어성

마지막 단서를 살펴보기에 앞서서 한 걸음 뒤로 물러나 '왜라는 질문'을 하는 이유가 무엇인지에 대해 한번 생각해 보자. 이 답을 알면, 우리가 마지막 단서를 사용하는 이유를 이해하는 데 도움이 될 것이다. 우리는 왜 끊임없이 원인을 알아내려고 하는 걸까? 예를 들어 데이트 상대가 약속 시간에 늦는다. 이럴 때 자동차가 고장나서 늦는 건지 아니면 상대가 약속을 깜빡 잊어서 늦는 건지를 아는 게 왜 중요한 걸까?

인과적 추론의 중요한 기능 중 하나는 미래에 일어날 일을 통제하는 것이다. 각각의 일이 발생한 원인을 파악하면 안 좋은 결과가 되풀이되는 상황을 피하고 좋은 결과는 반복되게끔 노력할 수 있다. 데이트 상대가 약속에 늦은 게 자동차 고장 때문이라면 그 이유 하나만으로 상대방을 차려고 하는 사람은 아마 없을 것이다. 그러나 상대방이 나만큼 데이트에 간절하지 않아서 늦었다고 한다면 그 관계를 이어 나가야 할지 충분히 고민할 만하다.

바로 이런 이유에서 우리는 어떤 원인이 통제 가능한 요인인지를 확인하려고 하는 것이다. 원인을 분석하다 보면 앞으로 어떻게 행동해야 할지 그 방향을 찾을 수 있다. 그래서 우리는 우리 힘으로 바꿀 수 있는 요인에 더 집중하고, 통제할 수 없는 일이라면 그다지 비난하지 않는다. 예를 들어 뜨거운 냄비 뚜껑을 들다가 손가락을 데었다면, 나는 오븐 장갑을 끼지 않은 나 자신을 탓하고, 이 다음에 뜨거운 냄비를 만질 일이 있으면 그때는 오븐 장갑을 착용할 것이다. 이 경우에 나는 내 손에 손가락이 달려 있다는 사실이나 열이 전도한다는 사실을 탓하지는 않는다. 해부학이나 물리학에 대해서는 내가 할 수 있는 게 아무것도 없기 때문이다. 뜨겁게 달궈지는 손잡이가 달린 냄비를 만드는 제조업체를 탓할 수야 있겠지만, 그보다도 그런 냄비를 산 나 자신을 탓할 가능성이 더 크다. 내열 손잡이가 달린 새 냄비를 사는 건 가능하지만, 제조업체의 결정에는 내가 할 수 있는 바가 없기 때문이다.

통제 가능하다고 생각하는 요인을 탓하는 경향 때문에 우리는 결과가 동일하더라도 원인이 무엇이었느냐에 따라 전혀 다른 감정으로 반응하기도 한다.[6] 도로에 사고가 나서 교통 체증이 일어났고, 때마침 그 길로 퇴근하던 황호민 씨가 도로에 갇혔다고 가정해 보자. 마침내 집에 도착했을 때 호민 씨의 아내는 심장마비로 쓰러져 있었고 손쓰기엔 너무 늦었다. 호민 씨는 물론 참담하고 비통할 것이다. 그러나 평소보다 집에 늦게 도착한 건 호민 씨가 통제할 수 없는 교통 체증 때문이었다. 따라서 호민 씨는 죄책감보다 슬픔을 더 크게 느낄 것이다.

이번에는 이 시나리오를 약간 수정해 보자. 첫 번째 시나리오와 마찬가지로 아내를 살리기엔 너무 늦게 집에 도착했지만, 이번에는 늦은 이유가 맥주를 사러 편의점에 들렀기 때문이다. 이럴 경우 호민 씨는 아내의 죽음에 큰 책임감을 느끼고, 평생 자신을 탓하며 '만약에?'라는 생각을 떨쳐내지 못할 것이다.

통제 가능한 요인을 탓하는 행동이 아주 비극적인 결말로 이어지는 경우도 있다. 범죄 피해자들을 생각해 보자. 범죄 피해자 중에는 자신을 비난하는 이들이 많다. 제프리 엡스타인(Jeffrey Epstein)이 저지른 극악무도한 범죄의 피해자 중 한 사람이 NBC의 〈투데이(today)〉 쇼에 출연해 인터뷰를 한 적이 있다. 피해자는 열네 살 때 엡스타인에게 '마사지'를 해주기 시작했고, 그러다가 강간을 당했다. 피해자에게 인터뷰 진행자가 물었다.

"그때 마음속으로 강간이라는 단어를 생각했습니까? 그게 강간이라는 걸 그때도 알았나요?"

피해자는 이렇게 대답했다.

"아니요. 몰랐던 것 같아요. 그게, 그러니까, 제 잘못인 줄 알았어요."

물론 피해자들이 자책하는 이유를 설명하는 사회적, 문화적 해석은 무수히 많다. 인과적 귀인이라는 측면에서 봤을 때 이런 현상이 발생하는 이유는 '어떻게 하면 그런 상황을 피할 수 있었을까'라고 사건 당시를 되짚어볼 때 가해자의 행동을 무르는 것보다는 자기 자신의 행동이 달랐을 경우를 상상하는 편이 더 쉽기 때문이다. '내가 그 술자리에서 마지막 잔을 받아 마시지 않았더라면?' 또는 '그때 내가 그 사람을 보고 웃지 않았더라면 어땠을까?' 이런 상황을 머릿속에 그려보고 있노라면 모두 다 통제 가능했을 것만 같다. 그러나 어떻게 해야 가해자의 행동이 바뀌었을지를 생각하기는 이보다 훨씬 더 어렵다. 이런 이유 때문에 가해자의 잘못이 아주 명백한데도 피해자들이 자기 자신을 탓하는 것이다.

지나친 생각과 반추

영희가 철수에게 찬물을 끼얹자 철수가 소리를 질렀다. 이 상황에서 철수가 소리 지른 원인을 찾는 것처럼 아주 쉽게 인과적 추론이 가능한 경우가 있는가 하면, 여성 과학자의 수가 남성 과학자에 비해 부족한 원인을 찾는 것처럼 복잡한 경우도 있다. 정말로 까다로운 경우에는 아무리 많은 단서를 동원하더라도 도무지 원인을 파악할 수 없을 것 같은 때도 있다. 이제 마지막으로, 어떤 결과의 원인을 찾는 일이 거의 불가능한 경우를 살펴보자.

'왜'라는 질문 중에서도 '왜 나한테?'라는 질문이 가장 대답하기 어려울 것이다. 누군가에게 나쁜 일이 계속 일어나면 자연스레 이 같은 의문이 떠오르게 마련이다. 그러면 똑같은 생각을 계속해서 하게 되고 반추에 반추를 거듭하게 되는데, 아무리 오랫동안 생각을 하더라도 '왜'라는 질문은 꼬리를 물고 늘어질 뿐이다. **왜 이런 일이 나한테 생기는 걸까? 왜 나는 적응을 못하지? 왜 이게 신경 쓰이는 걸까? 왜 잊어버리지 못하지?** 답 없는 질문에 계속해서 답을 찾으려고 하다 보면 점점 더 기분만 상할 뿐이다.

반추하는 행동이 우울증을 유발한다는 사실을 임상 심리학 분야에서 획기적으로 처음 입증한 심리학자가 있다.[7] 내 예전 예일대학교 동료이자 쉰 셋의 젊은 나이로 세상을 떠난 수잔 놀렌-혹시마(Susan Nolen-Hoeksema) 교수다. 놀렌-혹시마 교수는 실험 참가자로 학부생들을 모집했고, 이 참가자들을 경미한 정도의 우울증(디스포리아dysphoria, 우울증 진단까지는 안 받았어도 어느 정도의 불안과 우울을 느끼는 현상)이 있는 집단과 우울증이 전혀 없는 집단으로 나누었다.

그런 다음, 모든 참가자들에게 현재 생각하는 바와 느끼는 바에 대해(예를 들면, 요즘의 에너지 수준이 어떤가, 요새 이런 기분이 드는 이유가 무엇인가, 요즘처럼 반응하는 이유는 무엇인가) 사유해 보라고 했다. 여기서 강조해야 할 사항은, 이들 질문이 우울한 생각을 유도할 작정으로 던진 게 아니라 단순히 중립적인 것들이었다는 사실이다. 질문을 들은 참가자들은 8분 동안 곰곰이 생각했다. 혹시 독자들 중에 디스포리아를 겪고 있는 이가 있다면 따라 하지 않길 바란다. 8분 뒤 참가자들의 우울 정도를 재측정했을 때 디스포리아가 있는 참가자의 경우, 현재 느끼는 감정(그러니까 이 집단의 경우 부정적인 감정)의 원인에 대해 되씹는 것만으로도 우울감이 훨씬 더 심해졌기 때문이다.

디스포리아가 없는 경우에는 반추 행위가 우울증을 유발하지 않았다. 그렇지만 전반적으로 행복한 사람들도 반추의 부정적인 영향을 받을 수 있다. 보통 '왜'라는 질문은 안 좋은 일이 생기거나 기분이 안 좋을 때 더 많이 하기 때문이다. 어려운 시험에 통과하거나 거래를 성공적으로 체결했을 때처럼 준비했던 일이 술술 풀린 날, 도대체 무엇 때문에 일이 잘 풀린 걸까 고민하다가 날밤을 지새우는 사람은 없을 것이다. 그보다는 무언가에 실패하거나 불안감에 휩싸여 있을 때 우리는 '왜'라는 질문에 집착하기 시작한다. 사랑 없는 부부 관계, 돈 문제, 지긋지긋한 직장생활 등 만성 스트레스에 시달리며 살아가는 사람들이라면 반추를 더 많이 할 것이다. 이유는 간단하다. 인간이란 문제가 생기면 그 문제를 해결하기 위해, 미래의 실수를 방지하기 위해 원인을 파악하려고 노력하는 존재이기 때문이다. 그러면서 이게 다 통찰력을 얻는 과정이라는 착각에 빠져들기도 한다.

안타깝게도 여러 연구 결과를 종합해 봤을 때 반추는 문제를 효과적으로 해결하는 데 오히려 방해가 된다.[8] 확인 편향 때문일 수도 있다. 기분이 안 좋을 때 우리는 안 좋은 기분을 확인

시켜 줄 기억을 계속해서 토해낸다. 그러다 보면 자신감이 더욱 떨어질 수밖에 없고, 그럴 때는 건설적으로 문제를 풀어내기가 어렵다. 반추는 해결책이나 원인을 찾아내는 데 도움이 되지 않을 뿐더러 오히려 미래에 대한 불확실성, 불안, 절망을 불러오기 십상이다. 여기서 더 나아가면 알코올 남용, 섭식 장애와 같은 문제에 빠져 버릴 수도 있다.

극단적으로 어려운 문제, 해결이 불가능해 보이는 문제를 건설적으로 해결할 수 있는 좋은 방법 한 가지는 그 상황으로부터 한 걸음 떨어져서 바라보는 것이다. 반추를 하다 보면, 결국 안 좋았던 상황에 다시 빠져들고 만다. 비극적인 사건이 일어난 이유를 파악하려고 애쓰다 보면 그때의 경험을 끊임없이 반복 재현할 수밖에 없다. 이런 행동이 계속해서 부정적인 감정을 끄집어 내리라는 건 불 보듯 뻔하다. 이런 식으로 그때의 상황에 몰두하고 있노라면 감정 소모가 너무 큰 나머지 문제를 객관적으로 볼 수 없게 되고, 그러면 결국 문제 해결도 어려워진다.

이런 방법보다는 거리를 두는 편이 도움이 된다. 설혹 그 문제가 나 자신에게만 영향을 주는 개인적인 것이라고 하더라도 한 걸음 물러나 내가 아닌 제 3자의 관점으로 상황을 바라보려고 노력하면 된다. 거리 두기 방법이 대인 관계 갈등을 해결하는 데 도움이 된다는 연구 결과도 있다.[9] 이 연구에서 참가자들은 타인에게 극도로 화가 나고 적대감을 느꼈던 때를 회상하라는 요청을 받았다. 그런 다음 한 집단의 참가자들에게는 다음과 같은 지침을 주었다.

"이제 그 상황에서 몇 걸음 물러나 보세요. 그 갈등이 전개되는 상황을 마치 영화 보듯 멀찍이 떨어져서 바라보세요."

참가자들이 다른 관점을 취하고 있을 때 그 다음 지침 사항을 주었다.

"멀리 떨어져 상황을 지켜보면서 그때 왜 그런 감정을 느꼈을지에 대해 생각해 보세요."

두 번째 집단의 참가자들에게는 자기 몰입 접근 방식(self-immersed approach)을 사용하도록 했다. 실험 결과, 거리 두기 관점을 사용한 참가자들이 자기 몰입 접근 방식을 시도한 참가자들보다 훨씬 더 적은 수준의 분노를 느꼈다.

이뿐만 아니라 자기 거리 두기(Self-distancing)의 효과는 꽤 오래가는 것으로 나타났다.[10] 거리 두기 관점을 사용하는 실험을 진행하고 일주일 뒤, 해당 참가자들을 다시 실험실로 불렀다. 두 번째 세션에서 참가자들에게 다시 한 번 부정적인 일을 떠올려 보라고 했다. 그러나 이번에는 거리 두기 방식을 적용해 보라고 별도의 지침을 주지 않았다. 그럼에도 이전에 거리 두기 관점을 실행했던 참가자들은 첫 번째 세션에서 거리 두기 방식을 따르지 않았던 집단에 비해 부정적인 감정을 훨씬 더 적게 느꼈다. 한번 자기 자신으로부터 거리를 두고 상황을 다르게 보는 경험을 하고 나면, 마치 머릿속에 그 장면이 새로 각인되기라도 하는 것처럼 말이다.

지금까지 우리는 답할 수 없는 '왜' 질문에 몰두할 때 발생하는 문제에 대해 살펴봤다. 그러나 여전히 한 가지 의문이 남는다. '왜'라는 질문에 대답하는 것이 언제 가능하고 언제 불가능한지 도대체 어떻게 알 수 있을까? 엄밀히 말하면, '왜'라는 질문에 완벽하게 대답할 수 있는 경우는 없다. 어떤 결과에 대해서도 우리는 결코 진정한 원인을 알아낼 수 없다.

윌슨 대통령이 독감에 걸리지 않았더라도 과연 홀로코스트가 발생할 수 있었을지에 대해 열심히 머리를 굴려볼 수야 있지만, 그렇다 또는 아니다의 확실한 대답을 얻을 수는 없다. 과거의 상황이 딱 한 가지만 바뀌고 나머지는 모두 그대로 유지된다고 가정할 수 없기 때문이다. 절대 그럴 수는 없다(이래서 내가 시간 여행과 관련된 영화나 드라마를 싫어한다. 주인공들이 생각하는 방식이 도무지 실현 불가능하기 때문이다).

역사적이지 않은 일, 훨씬 단순해 보이는 일상의 사건에서도 우리는 무엇이 무엇을 일으켰는지 100퍼센트 확신할 수 없다. 한나라는 아이가 할머니에게 생일 선물로 5만 원을 받고서 행복해하고 있다고 치자. 그러나 사실 한나는 자신도 깨닫지 못하는 다른 이유 때문에 행복해하고 있는 것일 수도 있다. 날씨가 아주 화창해서, 방금 마주친 고양이가 무척 귀여워서 또는 곧 생일 케이크를 먹는다는 생각을 해서 행복해하고 있을지도 모를 일이다.

혹자는 두 사물 사이의 인과관계가 현재 진행 중인 경우라면 무엇이 원인인지 눈으로 직접 볼 수 있지 않느냐고 이의를 던질 수도 있다. 빨간 공이 노란 공을 향해 굴러가고, 둘이 부딪히는 순간 노란 공이 움직이기 시작한다. 그렇다면 우리는 방금 빨간 공이 노란 공을 움직이게 만든 장면을 목격한 것 아닌가?

18세기 영국 스코틀랜드 철학자 데이비드 흄(David Hume)이 지적한 바와 같이, 우리 눈으로 목격한 상황이라고 하더라도 어느 한 사건이 다른 사건을 일으켰다는 보장은 없다. 노란 공은 어쩌면 빨간 공이 아닌 다른 힘을 받아서, 아니면 심지어 스스로 움직였을 수도 있다. 인과관계를 볼 수 있다고 믿는 것은 착각이다.

인간은 결코 '왜'라는 질문에 확답을 찾아낼 수 없다. 우리 딴에는 정답을 찾았다고 생각할 때조차 우리가 찾은 건 정답이 아니다. 사실상 우리가 찾은 것은 우리가 훗날 비슷한 상황에 처했을 때 동일한 결과를 얻고 싶다면 무엇을 해야 할지 또는 다른 결과를 얻고 싶다면 무엇을 피해야 할지에 대한 최선의 대답일 것이다. '왜'라는 질문을 통해 앞날의 행동을 결정하는 데 통찰력을 얻을 수 있는 경우라면, 대답을 찾아볼 만한 가치가 충분히 있다. 그러나 비슷한 상황에 두 번 다시 처할 리 없다고 한다면, 정답을 짚어내는 것 자체가 불가능하며 무의미하다. 어떤 일이 일어난 이유, 특히 일어나지 않기를 바랐던 일이 일어난 이유를 찾아내는 것에 대한 집착을 버리고 나면, 한결 수월하게 한 걸음 물러나 다른 관점을 취할 수 있다. 그러면 자책감이나 후회 같은 부정적인 감정을 떨쳐낼 수 있고, 또 다시 곤란한 상황에 처하더라도 그때는 더욱 건설적으로 문제를 해결할 수 있게 될 것이다.

4장

구체적인 예시의 유혹

누가 그랬다 하는 말에 훅 넘어가면

The Perils of
Examples

나는 강의할 때 예시를 아주 많이 드는 편이다. 예시를 사용해 설명하는 게 유용하다고 여러 인지 심리학 연구 결과들이 말해주기 때문이다. 설명할 때 생생한 예시를 곁들이면, 맥락 없이 이론만 늘어놓는 것보다 더 이해하기 쉽고, 더 설득력 있으며, 잘 잊히지 않는다. (당연히) 예를 들어 보자.

어떤 목적을 달성하기 위해 큰 힘이 필요하지만 그만한 힘을 한꺼번에 적용하기 어려울 경우, 다른 여러 방향에서 가하는 작은 힘을 모은다면 동일한 효과를 얻을 수 있다.

이 설명은 매우 관념적인데다 맥락이 없으며, 틀린 말은 아니지만 어떤 상황을 얘기하는지 선뜻 이해하기 어렵다. 아마 내일까지 이 설명을 기억할 사람은 별로 없을 것이다. 이번에는 다음 이야기를 읽어 보자.

어느 작은 나라가 강력한 요새에 자리 잡은 독재자로부터 철권 통치를 받게 되었다. 요새는 나라의 한가운데 있어서 농장과 마을로 둘러싸여 있었고, 요새를 중심으로 수많은 도로가 바큇살처럼 뻗어 있었다. 이때 한 명장이 국경에서 대군을 이끌고 나타나더니, 요새를 점령하여 독재자로부터 나라를 해방시키겠노라고 선언했다. 전군을 동원해 전면 공격하면 요새를 함락시킬 수 있다고 판단한 장군은 곧 전투태세를 갖추었다. 그런데 그때 정보원으로부터 청천벽력 같은 보고를 받았다. 무자비한 독재자가 요새로 가는 길목마다 지뢰를 심었다는 것이다. 지뢰는 독재자의 군대와 일꾼들이 요새를 드나들 수 있을 만큼의 여유를 두고 묻혀 있었기 때문에 소수의 인원이라면 길목을 통과할 수 있었다. 그러나 대규모 병력이 지나가면 틀림없이 지뢰가 폭발할 터였다. 그렇게 되면 수많은 군인이 목숨을 잃을 것이고, 길은 막혀버릴 것이며, 독재자가 보복으로 온 마을을 파괴할 게 뻔했다. 결국 전면 공격은 불가능해 보였다. 장군은 간단히 계획을 수정했다. 군대를 소규모로 나누어 각기 다른 길로 내보내기로 한 것이다. 모든 준비가 끝나자 장군이 신호를 보냈다. 각 부대는 길을 따라 요새로 출동했고 정확히 같은 시간에 도착했다.

앞서 설명한 관념적인 이론과 동일한 주제의 이야기다. 간결하지는 않지만, 더 재미있고 기억하기도 쉽다. 이처럼 구체적인 예시를 들어 설명하면 이론적으로 기술할 때보다 이해하기 더 쉽고 머릿속에도 더 잘 남는다.

구체적인 예시를 사용하면 설득력도 더 높아진다. 1969년, 미국 의회가 '공중 보건 흡연 법안(Public Health Cigarette Smoking Act)'을 통과시키면서 담뱃갑에 "경고: 의무총감은 흡연이 건강에 위험하다고 결정함(Warning: The Surgeon General Has Determined That Cigarette Smoking Is Dangerous to Your Health.)" 이라는 문구를 의무적으로 삽입하게 했다. 그러나 경고 문구가 너무 막연한 탓에 금연 효과는 거의 없었다. 1984년에는 구체적인 경고 문구(예: 흡연은 폐암, 심장 질환, 폐기종, 임신 합병증 및 태아 손상을 야기한다)를 요구하는 '포괄적 흡연 교육 법안(Congress's Comprehensive Smoking Education Act)'이 제정되었다. 그러나 구체적이라고 하는 이 경고문도 어딘가 밋밋하고 구름 잡는 듯하다. 경고문을 읽는다고 해서 숨이 턱 막히지는 않는다.

이와 달리 호주에서는 담뱃갑의 경고 문구에 반드시 사진을 첨부해야 한다. 이를테면 구강암 및 인후암에 대한 경고 문구 옆에 녹색으로 변해 버린 끔찍한 치아 사진 혹은 쭈글쭈글한 코에는 산소줄이 달려 있고 자그마한 몸통에는 막대기처럼 가느다란 팔이 붙어 있는 미숙아의 사진이 실려 있다. 이와 같은 충격적인 이미지가 효과가 있다는 건 과학적으로 입증된 사실이다. 미국 질병 관리 센터(Centers for Disease Control and

Prevention, CDC)에서 제작한 금연 캠페인 영상 〈전 흡연자의 조언(Tips from Former Smokers)〉에는 전 흡연자들의 증언이 담겨 있다. 영상에 등장하는 이들 중에는 인후암 때문에 전체 후두절제술을 받은 뒤 후두를 통해 목소리를 낸 사람이 있고, 심혈관 수술로 가슴에 얼룩덜룩한 흉터가 남은 사람도 있으며, 구강암 수술로 아래턱의 절반을 제거한 사람도 있다. 이 캠페인을 시작한 이후 금연 시도가 12퍼센트 증가했다.[1] 그리고 2020년 3월, 미국 식품의약국(Food and Drug Administration, FDA)은 담뱃갑에 경고문과 함께 흡연이 미치는 건강 상의 부정적 영향을 구체적으로 보여주는 이미지를 첨부해야 한다는 규정을 확정했다.

소통하거나 설득할 때 생생한 예시를 드는 건 훌륭한 방법이지만, 4장에서는 그 생생한 예시가 지닌 위험성을 톺아보려고 한다. 구체적인 예시 및 일화는 너무 강력하기 때문에 이야기에 집중하다 보면 자칫 중요하고 합리적인 원칙을 어기기 십상이다. 2020년, 코로나에 관련된 그런 사례를 너무 많이 보았다. "우리 할아버지가 코로나19 검사에서 양성을 받으셨는데, 일주일만에 회복하셨어. 결국 코로나는 그냥 독감 같은 거야" 또는 "내 친구는 마스크를 한번도 안 쓰고 다녔는데 코로나에 안 걸렸어"라고 말하는 사람들이 적지 않았다. 대규모 표본을 기반으로 도출한 과학적 증거보다 지인이 겪은 한두 가지의 일화를 더 신뢰하는 사람이 굉장히 많다.

생생한 예시가 우리를 어떻게 오도하는지는 요즈음 많은 사람이 쓰는 인스타그램이나 페이스북 같은 소셜 미디어에서도 흔히 볼 수 있다. 친구들 계정에 올라오는 화보 수준의 멋진 휴가지, 고급스러운 음식 사진들이 그들의 일상이 아니라는 것을, 우리가 보고 있는 장면은 사실 친구들이 남들에게 보여주기 위해 고르고 또 고른 최고의 순간이라는 것을 우리도 머리로는 잘 알고 있다. 그러나 옥빛 물결이 잔잔한 수영장, 열대 과일 주스 옆에 놓인 샤넬 백, 환하게 웃는 친구들의 얼굴을 보고 있노라면 이들 마음속에도 열등감 같은 게 존재하리라고는, 화를 참지 못하고 욱하는 상황이 생길 거라고는, 느닷없이 신호를 보내오는 과민성 대장 증후군 때문에 곤란한 상황을 겪으리라고는 도무지 상상이 되지 않는다.

생생한 예시에 지나치게 휘둘리지 않으려면 먼저 예시가 그토록 강력한 이유를 알아야 한다. 일부 연구자들의 주장에 따르면, 애초에 인간은 추상적 개념이 아니라 직접 경험하고 인식한 것들에 관해 사고하게끔 타고났다. 그러니까 우리는 무엇을 보고, 만지고, 냄새 맡고, 맛보고, 듣느냐에 기반하여 생각한다는 의미다. 구강암 환자의 입 안을 찍은 사진을 볼 때 담배를 피우지 말아야겠다는 생각이 드는 건, 치과에서 경험했던 소름끼치는 잇몸 통증이 다시 느껴지는 것 같아서다. 나 또한 이러한 주장에 동의하지만, 그럼에도 생생한 예시를 접할 때마다 여전히 충격을 받는다. 2021년 4월에 읽었던 뉴스, 세 아이를 둔 여성이 존슨앤드존슨사의 코로나 백신 접종 후 혈전으로 사망했다는 뉴스가 왜 이렇게 머리에서 떠나질 않는지 모르겠다. CDC의 통계를 보면, 지금까지 존슨앤드존슨 백신을 접종한 680만 명 가운데 혈전이 생긴 사람은 여섯 명뿐이다. 그런데도 사망한 여성에 관한 뉴스 하나 때문에 CDC의 통계가 맥을 못 쓰는 것이다. 그렇다면 이번에는 질문의 프레임을 바꿔 보자. 우리가 특정 사례의 예시보다 통계 수치에 영향을 덜 받는 이유는 무엇일까?

데이터 과학 101

우리가 통계에 설득되지 않는 가장 큰 이유를 꼽자면 통계를 제대로 이해하지 못하기 때문일 것이다. 일상생활에서 터무니없이 비합리적인 판단을 내리지 않으려면 적어도 세 가지의 핵심 개념을 알고 있어야 한다. 바로 대수의 법칙(law of large numbers), 평균으로의 회귀(regression toward the mean), 베이즈 정리(Bayes' theorem)다. 전문 용어 같은 이름이라 내용을 알기도 전에 한숨부터 나올 수도 있다. 그러나 이 세 가지 원칙을 알고 있으면 실생활에서 더 정확한 판단을 내릴 수 있다는 사실이 이미 여러 연구를 통해 입증되었다. 어떤 개념인지 하나씩 살펴보

자. 예시를 충분히 사용할 테니 걱정은 붙들어 매시라.

대수의 법칙

대수의 법칙은 데이터만 보고 추론해야 할 때 사용해야 하는 가장 중요한 원칙 중 하나다. 한마디로 다다익선, 데이터가 많으면 많을수록 좋다는 법칙이다. 예를 들어, 새로 생긴 식당에서 만족스러운 식사를 단 한 번 했을 때보다 다섯 번 했을 때 우리는 그 식당이 맛집이라고 더 자신 있게 결론을 내릴 수 있을 것이다. 관찰을 많이 하면 할수록 관찰된 패턴은 아직 경험하지 않은 상황에 적용할 수 있는 좋은 근거가 되고, 그럼으로써 앞날을 더 정확하게 예측할 수 있다. 문제는, 우리가 직관적으로 대수의 법칙을 알고 있는데도 무시할 때가 많다는 것이다.

대수의 법칙을 무시한 채 한 가지 일화에 빠져 헤어나오지 못하는 사례는 셀 수 없이 많다. 앞에서 이미 몇 가지를 다루었지만, 몇 개 더 살펴보자. 대다수의 스타트업이 실패한다(누구에게 묻느냐에 따라 다르겠지만 대략 70에서 90퍼센트가 실패한다). 그러나 매트리스 임대로 시작해 2020년 기준 310억 달러 규모로 성장한 회사인 에어비앤비(Airbnb) 창립자 세 사람의 이야기를 듣고 있으면 누구라도 부유한 기업가가 될 수 있을 것만 같다.

이번에는 기후 변화와 관련된 예시다. 수천 년에 걸쳐 대기 중 이산화탄소 수치가 증가하고, 평균 기온이 오르고, 해수면

이 상승한다는 통계가 쏟아져 나오는데도, 눈보라가 한 차례 덮치자 미국 대통령이 "지구온낭화는(원문 그대로임) 어떻게 된 거람?"이라고 트윗을 남겼다("What the hell is going on with Global Warming[sic]?": 미국 중부 지역에 최악의 한파가 몰아쳤던 2019년 1월, 도널드 트럼프 전 미국 대통령이 지구온난화를 부인하는 내용의 트윗을 작성해 논란이 일었다. - 옮긴이). 그러자 스티븐 콜베어(Stephen Colbert: 미국의 방송인, 코미디언, 방송작가. - 옮긴이)가 맞받아쳤는데, 그의 응수가 아주 일품이었다.

"오늘 춥습니다. 그러니까 지구온난화는 진짜가 아니에요! 아, 좋은 소식이 또 하나 있습니다. 세계 기아는 끝났습니다. 제가 방금 밥을 먹었거든요!"

예시를 지나치게 신뢰하면 문제가 생길 수 있다는 말을 하면서 예시만 가지고 설명하는 건 썩 좋은 생각이 아닌 것 같으니 이번에는 대규모 표본 대조 실험에서 입증된 과학적 증거를 살펴보도록 하자. 한 연구에서 대학교의 '강의평가'를 주제로 실험을 진행했다.[2] 대부분의 대학은 학기가 끝날 때마다 학생들에게 수강 과목에 대한 '강의 평가'를 하게 한다. 해당 연구의 연구자들은 학부생 참가자들을 두 집단으로 나눈 뒤 첫 번째 집단에는 이전 수강생들이 평가한 내용의 요약본을 제공했다. 예를 들면 "평균 강의 평가… 좋음." 그리고 두 번째 집단에는 이전 수강생 몇 명의 구두 평가가 담긴 영상을 보여주었다. 영상 속 학생들의 평가는 다음과 같은 내용이었다. "학습과 기억 과정을 수강했는데, 좋았습니다… 학습 및 기억 과정을 꽤 잘 다룬 수업이라고 생각합니다. 깊이 있는 내용을 배우기에는 너무 일반적이었지만요… 가끔 지루하기도 했어요… 그래도 많이 배웠습니다." 그런 다음, 두 집단의 모든 참가자에게 추후 수강하고 싶은 강의를 선택하게 했다. 결과를 보니, 참가자의 선택에 더 큰 영향을 미친 건 다수의 평가를 요약한 내용이 아니라 소수의 구두 평가였다.

예시가 많을수록 좋다는 설명을 하는 중이니 연구 예시를 하나 더 들자. 이 연구에서는 한 걸음 더 나아가 (지금 4장을 읽고 있는 여러분처럼) 우리가 하나의 사례에 지나치게 휘둘릴 수 있다는 걸 깨닫고 나면 그런 오류를 피할 수 있을지에 대해서도 알아보려고 했다.[3] 연구자들은 참가자를 모집하면서 그들에게 설문 조사에 참여하면 대가로 5달러를 주겠다고 했다. 사실 그 설문은 실제 연구와는 아무 상관없는 것이었다. 설문지 작성을 완료한 참가자들은 봉투를 하나씩 받았는데, 그 안에는 약속한 현금과 함께 세이브더칠드런(Save the Children)의 기부 요청문이 들어 있었다. 요청문에는 남아프리카의 식량 위기에 관한 내용이 상세히 적혀 있었고, 참가자들은 이를 꼼꼼히 읽어 달라는 부탁을 받았다.

첫 번째 집단이 받은 요청문에는 세이브더칠드런 웹사이트에서 발췌한 내용과 함께 다음과 같은 통계가 포함되어 있었다. "말라위에서 300만 명이 넘는 어린이가 식량 부족으로 굶주리고 있습니다. 앙골라 전체 인구의 3분의 1에 달하는 400만 명이 식량을 찾아 집을 버리고 떠났습니다." 첫 번째 집단의 평균 기부 금액은 1.17달러였다.

두 번째 집단이 받은 요청문에는 통계가 들어 있지 않았다. 대신 말리에서 온 일곱 살 로키아라는 소녀의 사진이 한 장 담겨 있었고, 사진 옆에는 굶주림 때문에 심각한 위협에 처한 로키아의 이야기가 쓰여 있었다. 이 집단의 평균 기부 금액은 첫 번째 집단이 기부한 금액의 두 배가 넘는 2.83달러였다. 그러니까, 참가자들이 수백만 건의 사례보다 단 하나의 사례를 제시했을 때 남아프리카의 식량 위기에 더 크게 공감한 것이다. 그렇다면 이는 대수의 법칙에 위배된다. 학자들은 이러한 현상을 가리켜 '아는 피해자 효과(identifiable victim effect)'라고 한다.

이 실험에는 세 번째 집단도 있었고, 이 집단의 참가자들에게는 '아는 피해자 효과'에 대해 미리 가르쳐주었다. 이 같은 현상이 불합리하다는 걸 알게 되면 참가자들은 덫을 피해갈 수 있을 것인가? 연구자들은 이 세 번째 집단을 이전처럼 둘로 나눈 뒤, 절반에게는 수백 명이 고통 받고 있다는 통계 수치를, 나머지 절반에게는 일곱 살 소녀 로키아의 이야기를 제시했다. 그런 다음, 양쪽 모두에게 다음과 같은 글을 읽게 했다.

연구 결과, 일반적으로 사람들은 어려움을 겪는 불특정 다수에 관한 통계를 접할 때보다 곤경에 빠진 특정 인물의 이야기를 접할 때 더욱 강하게 반응한다. 예를 들어, 1989년 '아기 제시카'가 텍사스의 한 우물에 빠졌을 때 구조 활동비로 모금된 금액은 70만 달러가 넘는다. 그러나 통계는(예를 들면, 올해 자동차 사고로 수천 명의 어린이가 사망할 게 거의 분명하다는 사실을 알려주는 통계) 사람들의 마음을 이만큼 강하게 움직이지 못한다.

이 글을 읽은 참가자들과 읽지 않은 참가자들 사이에서 한 가지 차이점이 발견되었다. 로키아 이야기를 읽은 집단의 평균 기부 금액은 1.36달러로, '아기 제시카' 효과에 관한 설명을 읽지 않고 로키아 이야기만 읽은 집단보다 기부 금액이 더 적었다. 안타깝게도, 일화 없이 통계만 접한 참가자들의 평균 기부 금액은 이 글을 읽은 뒤에도 증가하지 않았다. 구체적 사례에 강력한 힘이 존재한다는 사실을 가르쳐줌으로써 사람들을 어느 정도 더 합리적으로 생각하게끔 만들 수 있을지 몰라도, 세이브더칠드런의 기부금 차원에서 볼 때에는 이러한 학습이 기부금을 높이는 데에는 도움이 되지 않았다. 그러니까 한 마디로 사람들은 '아는 피해자 효과'의 불합리성에 대해 배운 뒤에도 대규모 데이터의 영향에 더 많이 좌우되지 않았다. 세이브더칠드런과 같은 많은 구호 단체들이 모금 활동에 활용하는 웹사이트 게시

물과 우편물에서 통계 수치와 함께 아름다운 아이들의 사진을 제공하는 것이 바로 이런 까닭이다. 아마 이게 최선의 방법일지도 모른다.

그러나 다른 연구 결과를 찾아보면, 사람들에게 더 많은 데이터를 찾아 보게 만들고 그들이 데이터를 더 신뢰하도록 만드는 방법이 있기는 하다.[4] 대수의 법칙을 따르는 것이 왜 합리적인지 그 이유를 가르쳐주는 것이다. 이런 연구들을 이론적으로 설명할 수도 있지만, 기억에 오래 남을 수 있도록 더 생생하게 전달하기 위해 내 이야기를 예로 들어 보겠다.

아들이 다섯 살이었을 때 나는 아이를 스케이트 초급반에 등록시켰다. 아들은 곧 빙판 위에 서서 어찌어찌 몇 걸음 걸어갈 수 있게 되었지만, 세 번째 시즌이 끝나도록(말도 안 된다고 생각해 오타라고 보실 분들이 있을까 싶어 다시 한 번 강조하는데, 세 번째 시간이 아니라 세 번째 시즌이었다) 그게 할 수 있는 전부였다. 일곱 살 때는 아들을 축구반에 등록시켰다. 언젠가 경기를 관람하러 가서 보니, 공이 자기 쪽으로 날아올 때마다 공을 피해 도망다니는 게 아닌가? 이러한 일화를 보면, 아들이 스포츠를 좋아하지 않는다는 건 명확한 사실 같았다.

그러나 대수의 법칙을 따르려면 사실 축구와 스케이팅만이 아니라 테니스, 배구, 야구, 농구, 서핑, 컬링, 조정, 암벽 등반, 봅슬레이, 마장 마술, 양궁 등 **모든** 스포츠를 고려해야 한다. 세상에 100가지 종류의 스포츠가 있다고 가정해 보자. 이러한 고려 대상의 전체 집단을 통계학자들은 '모집단(population)'이라고 부른다. 내 경우에는 스케이팅과 축구라는 두 가지 표본만 관찰하고서 전체를 추론한 것이다. 전체 모집단을 고려했을 때 이렇게 턱없이 적은 수의 표본만으로 상황을 일반화하는 것은 문제가 있다. 100가지 스포츠라는 모집단에서 내 아들이 실제로 예순 가지의 스포츠에 관심이 있었다고 치자. 아들이 절반 이상의 종목을 좋아했지만 하필 엄마가 소개해 준 처음 두 가지 종목이 아들의 취향이 아니었을 가능성도 충분하다. 앞에 말한 가상 모집단에 있는 100가지 스포츠 중에는 아들이 좋아하지 않았을 종목이 마흔 가지나 있으니 말이다. 실제로 아들의 경우, 고등학생 시절 전교생이 스포츠에 참여해야 한다는 학교 방침 덕분에 스포츠와 담 쌓고 지내는 상황은 발생하지 않았다. 아들은 크로스컨트리 팀의 주장이 되었고, 지금도 꾸준히 달리기를 한다. 어쩌면 아들은 축구공을 피해 도망간 게 아니라 그냥 달리기를 좋아했던 것이었는지도 모르겠다.

평균으로의 회귀

다음 살펴볼 '평균으로의 회귀'는 이해하기 쉬운 개념이 아니다. 내가 이 개념을 처음 배운 게 대학원생 시절이었는데 솔직히 말하면 그때는 온전히 이해하지 못했지 싶다. 수십 년간

이 개념을 가르치다 보니, 마침내 어떻게 설명하면 좋을지 방법을 터득한 것 같다. 평균으로의 회귀 개념의 예시로 자주 쓰이는 현상인 《스포츠 일러스트레이티드(Sports Illustrated: 미국에서 가장 오래된 스포츠 잡지. - 옮긴이)》 커버 징크스'로 시작하는 게 좋겠다.

이 징크스에 따르면, 선수 개인이나 어떤 팀이 《스포츠 일러스트레이티드》의 커버에 실리면 그 직후부터 성적이 떨어지기 시작한다. 예를 들어, 2015년 8월 31일에 발간된 호에는 세계 최고의 테니스 선수로 손꼽히는 세레나 윌리엄스가 서브를 넣기 위해 공중으로 던진 테니스 공을 뚫어질 듯 쳐다보고 있는 사진이 표지로 실렸다. 헤드라인에는 "세레나를 향한 모두의 시선: 슬램(all eyes on serena: the slam)"이라고 적혀 있었고, 내부 기사에는 다음과 같은 내용이 실려 있었다. "세레나가 생애 최초로 캘린더 그랜드 슬램(calendar Grand Slam: 한 해에 네 개의 메이저 대회에서 모두 우승하는 것. - 옮긴이)을 달성할 기회를 얻었다 (…) 올해 세레나는 호주 오픈 결승전에서 마리아 샤라포바를, 프랑스 오픈 결승전에서 루시 사파로바를, 윔블던 결승전에서 가르비네 무구루사를 이겼다." 그러나 그 잡지가 신문 가판대에 오르기가 무섭게 세레나는 US 오픈에서 결승 진출조차 하지 못한 채 이탈리아의 로베르타 빈치 선수에게 패하고 말았다.

2017년 9월 4일에는 당시 '슈퍼볼(Super Bowl)' MVP 4회, '전

미 미식 축구 연맹(National Football League, NFL)' MVP 2회를 거머쥔 톰 브래디가《스포츠 일러스트레이티드》의 커버에 실렸다. 당시에 그는 뉴잉글랜드 패트리어츠(New England Patriots) 팀에서 활약하고 있었고, 표지는 다음과 같은 헤드라인으로 새 시즌을 홍보하고 있었다. "문제: 멈출 줄 모르는 패트리어츠의 기세를 막아설 팀은? 답: 아무도 없다(the patriots problem: can the unstoppable dynasty be stopped? answer: no)." 이 커버의 내용 역시 틀린 것으로 판명났다. 패트리어츠는 바로 그해 시즌 개막전에서 캔자스시티 치프스(Kansas City Chiefs)에 42대 27로 패배했다.

여기서 든 예시는 둘뿐이지만, 그렇다고 내가 대수의 법칙을 무시하고 있는 건 아니다. 위키피디아(Wikipedia)에 들어가《스포츠 일러스트레이티드》커버 징크스를 검색하면 얼마나 많은 팀과 선수들이 이 징크스를 경험했는지 직접 확인할 수 있다. 그 기나긴 목록의 시작은 잡지 창간 연도인 1954년까지 쭉 거슬러 올라간다.

이 징크스가 사실이라면, 도대체 왜 이런 일이 일어나는 걸까? 커버에 실릴 만큼 유명해진 사람들이 거만해지고 방심한 탓일 수도 있다. 아니면 갑자기 너무 많은 사람들의 시선이 자신에게 집중되자 심리적으로 불안해졌는지도 모른다. 그러나 운동선수들을 탓하기 전에, '평균으로의 회귀'라고 부르는 통계 현상으로도 이 징크스를 설명할 수 있다. '평균으로의 회귀'라는 개념을 설명하기 위해 극단적인 예시를 하나 만들어 보았다. 커버 징크스는 잠시 뒤에 다시 다루도록 하겠다.

만 명의 학생이 황당하기 짝이 없는 내용의 O/X 퀴즈 100문항을 푼다고 가정하자. 예를 들면 '백종원의 주민등록번호는 짝수로 끝난다' 내지는 '송가인은 2010년에 열다섯 벌의 한복을 가지고 있었다'와 같은 문제들이라 퀴즈에 배경 지식을 가진 학생은 한 명도 없다. 모든 학생이 답을 추측할 수밖에 없다. 즉, 퀴즈를 푸는 학생들의 진짜 실력에는 차이가 없다는 의미다. 그러나 O/X 문제이기 때문에 학생들의 평균 점수가 0점이 될 수는 없다. 대다수의 학생이 40에서 60점 사이의 점수를 받을 것이고, 그러면 평균은 100점 만점에 50점이 될 가능성이 크다. 그러나 (아주 드물겠지만) 운 좋은 학생이라면 아흔다섯 문항의 답을 정확하게 추측할 수도 있고, 또 운이 나쁜 다른 학생은 겨우 다섯 문항의 정답만 맞힐 수도 있다.

이번에는 똑같은 학생 만 명이 새로운 O/X 퀴즈를 푼다. 이전과 마찬가지로 100문항이고, 순전히 찍어서 풀어야 한다. 첫 시험에서 아흔 다섯 문제를 맞힌 학생 또는 다섯 문제를 맞힌 학생들이 이번에는 몇 문제나 맞힐까? 첫 시험에 95점을 받은 학생에게 또 다시 행운이 찾아올 가능성은 거의 없다. 첫 시험에서 아흔 다섯 문항의 정답을 쏙쏙 피해 간 학생도 이번에는 그렇게까지 운이 나쁘지 않을 것이다. 그러므로 극단적으로 운이 좋았던 학생의 점수는 내려갈 것이고 극단적으로 운이 나빴던 학생의 점수는 올라갈 것이다. 이 현상은 학생들의 지식 수준, 동기 부여, 불안의 정도와는 전혀 무관하다. 첫 번째 시험의 극단적인 점수들이 두 번째 시험에서 평균치로 가까이 이동하는 경향을 설명하는 '평균으로의 회귀'라는 통계학적 현상일 뿐이다.

'평균으로의 회귀' 현상이 퀴즈를 풀 때에만 발생하는 건 아니다. 시험을 볼 때, 스포츠 경기를 할 때, 음악 공연을 할 때면 좋은 쪽으로든 나쁜 쪽으로든 성과에 영향을 미치는 무작위 요소가 항상 존재한다. 평균으로의 회귀와 같은 통계적 현상을 알고 있으면《스포츠 일러스트레이티드》커버 징크스도 한결 수월하게 이해할 수 있다. 최고의 선수들이라고 하더라도 경기장의 환경, 상대방 선수의 컨디션, 휴식 및 식사의 질, 예측할 수 없는 공의 되튐, 오판과 같은 변수 등 무작위 요소의 영향을 받는다. 이러한 요소가 유리하게 작용한다면 선수들은 최고 기량을 발휘하거나 이를 뛰어넘을 가능성이 크다. 그럴 때 우리는 "우와, 저 선수 오늘 난다 날아!"라고 말하는 것이다.《스포츠 일러스트레이티드》의 커버를 장식할 만큼 좋은 성적을 거둔 선수들은 수많은 무작위 요소가 그들에게 유리한 쪽으로, 잇따라 작용했을 가능성이 크다. 그러나 통계적으로 이런 현상은 영원히 지속될 수도, 그럴 리도 없다. 완벽한 기록만 보유한 챔피언은 없지 않은가? 그렇다고 내가 정상급 선수들을 보고 단지 운이 좋았을 뿐이라고, 운이 다하고 나면 평균 수준으로 퇴보할 거라고 말하는 게 아니다. 경쟁이 매우 치열한 경기에서는 아주 사소한 불운이라도 패배로 이어질 수 있고, 그게 결론적으로 징크스가 될 수도 있다는 얘기다.

평균으로의 회귀를 무시하면 어떤 일의 원인을 추론할 때 오류를 범할 수 있는데, 그런 오류를 '회귀 오류(regression fallacy)'라고 부른다. 이를테면, 잘나가던 운동선수가 성적이 부진해질 때 실제로는 '평균으로의 회귀'에 의한 현상일 뿐인데도 우리는 유명세를 얻고 나니 선수가 너무 거만해져서 그렇다고, 게을러져서 저렇다고 생각할 수 있다. 반대로 자격이 없는 사람에게 지나치게 과한 공을 인정하는 경우도 생길 수 있다. 예를 들어, 한 교사가 학생들에게 동기를 부여하기 위해 새로운 교수법을 고안해냈고, 지난 시험 때 가장 점수가 낮았던 학생들에게 새로운 교수법을 적용했다고 치자. 학생들의 점수가 오르면, 그 교사는 자신의 교수법이 학생들에게 공부하도록 동기 부여를 했기 때문이라고 주장할 것이다. 그러나 이 또한 평균으로의 회귀일 수 있다. 첫 번째 시험에서 아주 안 좋은 점수를 받은 학생들이 무작위 요소에 부정적인 영향을 받았을 가능성이 남들보다 더 크기 때문이다. 그날 일진이 안 좋았을 수도 있고 공부하지 않은 범위에서만 시험 문제가 나왔을 수도 있다. 이 모든 불운한 요소가 그 다음 시험에서 반복될 가능성은 낮다. 교사에게는 안타까운 일이지만, 학생들의 점수가 오른 건 그저 평균으로의 회귀 때문이었을 수 있다.

회귀 오류는 면접 상황에서도 발생할 수 있다. 그리고 이런 상황이 바로 4장의 주제인 '구체적인 일화가 지닌 힘'이 문제를 일으킬 수 있는 부분이다. 수많은 채용 결정이 대면 면접이나 오디션을 통해 이루어진다. 면접 대상자 혹은 오디션 참가자로 선발된 이들은 이미 일정 기준을 통과한 사람들이기 때문에 지원자 간의 편차가 크지 않다. 이는 결국 무작위 요소가 최종 채용 결정을 뒤집을 수도 있다는 의미다. 면접이나 오디션 중에 발생하는 숱한 상황이 지원자에게 유리할 수도 불리할 수도 있으며, 그중 상당수는 당사자가 통제할 수 없다. 이를테면 면접관이 출근길에 차에서 들었던 아침 뉴스 때문에 종일 기분이 안 좋은 상태일 수 있다. 언젠가 면접장에 신발을 짝짝이로 신고 나타난 지원자가 있었다는 얘기를 들은 적이 있다. 아침에 서둘러 집을 나서는데 하필이면 제짝이 아닌 신발 두 짝이 나란히 놓여 있었을 것이다. 면접 보는 내내 얼마나 부끄러워했을지 상상해 보라. 반대로, 어쩌다 보니 면접관이 가장 좋아하는 색과 정확하게 일치하는 파란 톤의 셔츠를 입은 사람이 있을 수 있고, 일 년 내내 연습한 곡을 오디션 지정곡으로 받은 사람이 있을 수도 있다.

가뜩한데 엎치고 덮치더라고 이러한 무작위 요소 말고도 면접이나 오디션에는 본질적인 문제도 있다. 면접자가 지원자의 능력을 관찰할 수 있는 범위가 극히 제한적이라는 것이다. 면접을 위주로 채용 결정을 내리는 것은 대수의 법칙에 위배된다 (라고 우리도 이제 전문 용어를 써먹으며 배운 티를 낼 수 있다!). 그런데도 직접 얼굴을 마주하고 대화해야 더 생생하고, 명쾌하고, 구체적이고, 기억에 잘 남는다는 점 때문에 면접관들이 착각에 빠질 때가 많다. 자신이 관찰하고 있는 지원자의 모습이 무작위 요소로 물든, 편향된 묘사가 아니라 상대방의 진정한 모습이라고 생각하는 것이다. 특정 날짜에 두드러지게 드러난 특정 인상에 휩쓸리면 결과적으로 지원자가 수년간 갈고닦은 기술과 실력이 훨씬 더 정확하게 담겨 있는 객관적인 서류를 무시하게 된다. 면접에서 봤을 때는 총명하고 훌륭해 보였는데 채용하고 보니 그렇지 않을 수도 있다. 평균으로의 회귀를 감안한다면 이런 상황을 어느 정도 예상했어야 한다. 반대로 (신발을 짝짝이로 신어서 초조해 보였던 지원자처럼) 면접에서 좋은 인상을 보여주지 못한 지원자가 알고 보니 회사에서 놓친 훌륭한 인재였을 수도 있다.

내가 조교수 자리를 찾아 구직 활동을 하던 시절, 여러 심리학 교수들의 다양한 면접 방식을 관찰할 수 있었다. 한번은 어느 대학교에서 면접을 보는데, 교수 임용 위원회장(the search committee chair)이 내게 '형이상학'의 정의에 대해 물었고(신임 교수 채용 공개 발표 중에 내가 인과관계의 형이상학에 관해 논하지 않겠다고 언급한 탓이었다), 나는 '사람들이 어떻게 생각하는지가 아니라 실제로 세상이 어떠한지를 탐구하는 학문'이라는 식으로 대답했다. 위원장은 내게 "틀렸습니다"라고 말했다(왜 틀렸다는 건지, 그날 위원장은 갑자기 왜 그랬는지 지금까지도 모르겠다). 당연히 나는 그 면접을 통과하지 못했다. 그리고 수년이 흐른 뒤, 그 자리에 있었던 교수를 만났을 때 그가 위원장을 대신해 내게 사과했다.

여러분이 지금 면접을 보고 다니는 중이라면, 면접관이 이 책을 읽었기를 간절히 바랄 수 있다. 그래서 오랜 지인에게 받은 추천서와 이력서만 가지고 면접 없이도 응시할 수 있도록 말이다. 그러나 취업 성공을 바란다고 온종일 물 떠놓고 기도할 필요는 없다. 타인이 저지른 회귀 오류의 희생양이 되지 않기 위해 우리가 실질적으로 할 수 있는 일이 있으니 말이다. 바로 표본을 늘리는 것이다. 세상에는 언제나 무작위 요소가 존재하기 때문에 가능한 한 많은 곳에 지원하면 무작위 요소들이 서로 상쇄될 가능성이 높아진다. 그러면 여러분의 진정한 능력과 경험을 알아봐 주는 일자리를 얻을 기회도 많아질 것이다.

그렇다면 반대로, 우리 자신이 회귀 오류를 저지르지 않으려면 어떻게 해야 할까? 내가 면접관의 입장이라면? 가능하다면, 오로지 이력서만으로 지원자를 평가하는 게 가장 간단한 방법일 것이다. 그게 무슨 말도 안 되는 소리냐고 생각할 수도 있으나, 이 방법을 실제로 실행에 옮긴 사람이 있다. 예일대학교에서 나를 고용하기로 결정한 임용 위원장이다. 그는 내게 면접이라는 과정을 신뢰하지 않는다고 말했다. 덕분에 그 교수와 일대일 면접이 예정되어 있던 30분 동안 아무 질문도 안 하는 교수 앞에서 혼자 떠들어대느라 아주 진땀을 뺐다. 묻는 사람도 없는데 <u>스스로</u> 내 강의 방식과 연구 계획에 관한 질문들을 만들고 답하고 북 치고 장구 치며 30분을 버텨야 했다. 결과는 합격이었다. 보통 미국 교수 임용에서는 이틀간 질문 공세를 퍼부어가며 면접을 진행한다. 나는 그런 방식을 거쳐 합격한 다른 학교들의 제안을 제치고 예일대를 선택했고, 그때의 이례적인 방법에는 물론 아무런 불만이 없었다.

그러나 지원자의 행동을 실제로 봐야 하는 채용 결정에서 면접을 아예 배제한다는 건 현실적으로 어려울 수 있다. 이력서와 추천서만으로 채용 결정을 내리는 건 어쩐지 인간미 없고 너무 애매하다고, 잠깐이라도 실제로 보면 훨씬 더 나은 결정을 내릴 수 있지 않겠냐고 반문하는 사람도 있을 법하다. 문제는, 그렇게 하면 그 짧은 순간에 받은 인상에만 휩쓸리지 않기가 무척 어렵다는 것이다. 물론 실제로 얼굴을 보고 대화를 나눠야 더 잘 알게 되는 면도 있다. 아무리 그래도 설마 우리가 그렇게나 어리석을까? 딱 한 번의 데이트로 결혼을 결심하는 사람은 눈 씻고 봐도 찾기 어려울 정도다. 그러므로 우리가 해야 할 일은, 최소한 평균으로의 회귀라는 현상을 염두에 두면서 지원자의 뛰어난 성과 하나에만 지나치게 사로잡히지 않도록, 지원자가 잘못 신고 온 신발에만 지나치게 신경쓰지 않는 것이다. 상대방과 여러 차례 데이트를 한 다음에 결혼을 약속하듯이 면접을 볼 때에도 대수의 법칙에 따라 지원자를 여러 차례 관찰하며 표본을 늘려야 한다. 지원자를 다양한 환경에서 관찰하려면 많은 시간과 노력이 필요하지만, 잘못된 사람을 고용하는 것보다는 그게 더 적은 비용으로 더 빠르게 더 멀리 가는 방법일 것이다.

베이즈 정리

우리를 더 합리적인 사람으로 만들어 줄 세 번째 통계 원칙은 베이즈 정리다. 마찬가지로 예를 들어서 설명을 시작하겠다.

1990년대 이전에 태어난 미국인이라면 대부분 2001년 9월 11일에 미국이 받은 공격을 뚜렷하게 기억하고 있을 것이다. 그때 당시 쌍둥이 빌딩에 난 구멍, 거리를 휘젓는 먼지 구름을 담은 영상이 쉴 새 없이 텔레비전에서 반복 재생되었다. 폐허가 된 현장의 사진, 그곳에서 구조된 사람들의 이야기가 하루가 멀다 하고 신문과 잡지에 실렸다. 그날의 공격으로 3,000명에 달하는 사람이 목숨을 잃었고, 미국은 비탄에 빠졌다.

사건 이후 끔찍하게도, 테러를 자행한 알 카에다(al-Qaeda) 같은 극단 이슬람 단체와는 전혀 무관한 미국 무슬림에게 분노의 화살이 향했다. 미국 내에서 무슬림을 향한 증오 범죄가 급증했다. 모스크가 불에 탔다. 유아차를 끌고 걸어가던 무슬림 여성들이 반(反)무슬림을 외치며 욕을 내뱉는 여성에게 공격을 당했다. 세인트루이스에서는 한 남성이 무슬림 가족을 향해 총을 겨누고서 "당신들은 모두 죽어야 해!"라고 소리치는 사건이 발생하기도 했다. 2015년도 《워싱턴포스트(Washington Post)》의 보도에 따르면 "현재까지도 반 무슬림 증오 범죄가 9/11 이전보다 다섯 배 더 많이 일어나고 있다."

9/11 테러 직후 미국 정부가 내놓은 대테러 조치 또한 무슬림을 겨냥하고 있었다. 연방 요원들이 아랍인, 무슬림, 남아시아인이 주로 거주하는 지역을 중점적으로 수색했다. 불법 행위를 전혀 하지 않았는데도 수천 명의 젊은이가 단지 피부색 때문에 체포되고, 구금되고, '탐문 수사'를 당했다. 그중에는 수개월씩 구금되어 가혹 행위를 당한 이들도 있었다. 물론 이런 식의 인종 프로파일링을 중단시키려는 시도도 꾸준히 지속되었다. 그중 하나가 미국 시민 자유 연합(American Civil Liberties Union)의 2004년 보고서인데, 이 보고서를 보면 인종 프로파일링은 효율적이지도 효과적이지도 않다는 결론을 내리고 있다.

인종 프로파일링이 비효율적인 이유는 뭘까? 혹자는 모든 사람을 수색하는 게 오히려 비실용적이지 않냐며 이슬람 혐오를 옹호할 것이고, 또 9/11 테러를 저지른 범인이 바로 중동 출신 테러리스트들이라는 사실을 지적할 것이다. 그러나 확률적으로 봤을 때 인종 프로파일링은 전혀 정당화될 수가 없다. 그 이유를 온전히 이해하기 위해서는 먼저 확률 이론의 몇 가지 기본 개념, 그중에서도 특히 베이즈 정리에 대해 알아야 한다.

자, 우리 앞에 무언가가 있다고 상상해 보자. 우리가 아는 건 코알라라는 사실 하나뿐이다. 이것이 코알라라고 했을 때 동물일 가능성은 얼마나 될까? 아주 쉽다. 100퍼센트다. 이제 반대의 경우를 고려해 보자. 이번에는 다른 게 있다. 우리가 아는 건 동물이라는 사실뿐이다. 이 다른 것이 동물이라고 했을 때 코알라일 가능성은 얼마나 될까? 당연히 100퍼센트는 아니다.

이 정도면 여러분은 벌써 조건부 확률이라는 개념을 이해한 것이다. 이름이 말해 주듯 조건부 확률이란 B(코알라)라는 다른 조건이 참일 때 A(동물)가 참일 확률이다. 이제 우리는 B(코알라)가 참일 경우 A(동물)가 참일 확률이 A(동물)가 참일 경우 B(코알라)가 참일 확률과 같지 않다는 사실을 확인했다.

이 예시에 포함된 논리는 아주 명확하고 모든 조건부 확률에 적용이 가능하다. 그러나 사람들은 B가 참일 때 A가 참일 확률이 A가 참일 때 B가 참일 확률과 동일하다고 자주 혼동한다. 이러한 혼동을 잘 보여준 유명한 연구가 하나 있는데, 이 연구에서는 사람들이 유방 조영술의 결과 해석을 어떻게 하나를 관찰했다.

유방암에 걸린 여성이 있다고 가정해 보자. 유방암 발병 사실을 A라고 칭하겠다. 이 여성이 유방에 혹이 있는지를 검사하는 유방 X선 검사를 받으면, 양성이 나올 가능성이 상당히 높다. 유방 X선 검사에서 양성이 나올 확률을 B라고 부르자. 즉, A(유방암)일 경우 B(유방 X선 촬영 결과 양성)일 가능성은 높다. 그러나 이 때문에 사람들은 유방암에 걸렸는지 아닌지 모르는 상태에서 유방 X선 촬영을 하고 양성이 나오면(B), 그 여성은 유방암에 걸렸을 확률(A)이 아주 높다고 생각한다. B가 참일 경우 A일 확률이 같이 높아진다고 생각하는 것이다. 그러나 이는 사실이 아니다. 단지 유방암(A)일 경우에 양성 결과(B)가 나올 확률이 높다고 해서 양성 결과(B)일 경우에 유방암(A)일 확률이 똑같이 높은 건 아니다.

A가 참일 때 B일 확률 P(B|A)에서 B가 참일 때 A일 확률 P(A|B)를 계산하려면, 18세기 중반에 살았던 유명한 통계학자이자 철학자, 장로교 목사인 토마스 베이즈(Thomas Bayes)가 발견한 베이즈 정리를 활용하면 된다. 목사님이 어쩌다 확률론에 관심을 갖게 되었는지에 관해서는 다양한 의견이 존재하는데, 그중에서도 나는 베이즈가 기적의 존재를 부정하는 철학자 데이

비드 흄(David Hume)의 주장을 꺾고 싶어 했기 때문이라는 설에 가장 관심이 간다. 무슨 이야기인지 궁금해하실 분들이 있을 테니 공식을 살펴 본 다음에 자세히 설명하도록 하겠다.

베이즈 정리는 새로운 데이터 B가 주어진 상황에서 기존의 이론 또는 신념 A를 갱신할 때 주로 사용된다. 예를 들어 톰 행크스가 출연한 영화를 세 편 봤고, 모두 훌륭했다면 톰 행크스가 나온 영화라면 모두 재밌을 거라고 생각할 수 있다. 그런데 네 번째 영화를 봤는데 영 별로였다(행크스 씨 미안해요. 단지 예시를 든 거고 저는 행크스 씨의 열렬한 팬입니다). 이와 같이 새로운 데이터가 생기면, 톰 행크스의 모든 영화가 훌륭하다는 확신을 업데이트해야 한다. 베이즈 정리는 이러한 믿음을 합리적으로 업데이트하는 방법을 구체적으로 알려준다. 데이터 과학과 머신 러닝 분야에서 베이즈 정리가 중추적인 역할을 하는 건 당연한 일이다. 베이즈 정리는 어떤 새로운 데이터를 접한 이후에 기존의 신념을 얼마나 확신할 수 있느냐에 관한 것이다.

아인슈타인의 $E = mc^2$보다 더 복잡해 보이는 이 공식은 한눈에 이해하기 어려운 정도가 아니라 웬만한 사람을 질리게 할 정도다. 공식에 관심이 없는 분들이라면 "오케이!"로 시작하는 단락이 나올 때까지 내용을 건너뛰어도 괜찮다(그러나 베이즈가 기적에 대해 어떤 생각을 가지고 있었는지 궁금하다면 이 공식의 설명을 다 따라와 줘야 한다).

베이즈 이론의 공식은 다음과 같다.

$$P\,(A\mid B) = \frac{P\,(B\mid A)\,\times\,P\,(A)}{P\,(B\mid A)\,\times\,P\,(A)+P\,(B\mid not\text{-}A)\,\times\,P\,(not\text{-}A)}$$

P(A)와 P(B)는 유방암이 얼마나 많이 발생하는지, 유방 X선 검사에서 양성 결과가 얼마나 자주 나오는지와 같은 A와 B의 기저율을 의미한다. 그리고 not-A는 유방암에 걸리지 않은 상태인 A의 부재를 의미한다. 따라서 P(B|not-A)는, 유방암에 걸리지 않았지만 유방 X선 촬영에서 양성으로 나올 가능성을 의미한다(치밀유방 때문에 이런 상황이 발생할 수 있다). 양성으로 나온 X선 촬영 결과를 베이즈 정리에 적용해 보면, 유방암에 걸린 여성이 X선 촬영에서 양성 판정을 받을 확률 P(B|A)가 80퍼센트라고 가정해 매우 높고, 유방암에 걸리지 않은 여성이 X선 촬영에서 양성 판정을 받을 확률 P(B|not-A)가 9.6퍼센트라고 가정해 매우 낮더라도, X선 촬영에서 양성을 받은 여성이 유방암에 걸렸을 확률 P(A|B)는 0.078 또는 7.8퍼센트에 불과하다. 이는 굉장히 낮은 수치인데, 전체 인구의 유방암 기저율을 의미하는 P(A)가 1퍼센트이기 때문이다. 모든 숫자를 연결해 보면 다음과 같은 방정식이 성립된다.

$$\frac{0.8 \times 0.01}{0.8 \times 0.01 + 0.096 \times (1 - 0.01)} = 0.078$$

이렇게 낮기 때문에 유방 X선 촬영에서 양성 판정을 받는다고 하더라도 별도의 추가 검사를 해 봐야 한다. 매년 유방 조영술 검사를 받으라고 권장하는 것이 바람직하느냐의 문제를 두고 논란이 이는 것도 바로 이런 이유 때문이다.

1980년대 초에 진행된 연구에서 (개업의를 포함한) 참가자를 모집해 앞의 예제에 쓰인 수치를 제공한 뒤 유방 조영술 검사에서 양성을 받은 여성이 실제로 유방암에 걸렸을 가능성이 얼마나 되는지 추산해 달라고 요청했다.[5] 과연 의사들이 계산한 추산치가 사실에 더 근접했을까? 그렇지 않다. 참가자 대부분 (심지어 100명의 의사 중 95명)은 75에서 80퍼센트 정도의 확률이라고 대답했다. 확률이 이렇게 높으려면, 유방암 기저율인 P(A)가 한 30퍼센트라고 해야 할 만큼 말도 안 되게 높아야 한다. 즉, 중년 여성의 1퍼센트가 아니라 3분의 1이 유방암에 걸린다고 하는 경우라야, 유방 조영술 검사 결과가 양성일 때 실제 유방암일 확률을 80퍼센트라고 할 수 있다. 그러나 유방암 발병률은 이보다 훨씬 적기 때문에 유방 조영술 검사의 양성 결과로 실제 유방암을 발견할 확률은 10퍼센트 미만인 셈이다.

바로 이 기저율 차이가 앞에서 잠시 미뤄뒀던 흄 vs. 베이즈

의 문제와 연결된다. 흄은 성경 외에는 인류 역사를 통틀어 죽음에서 부활한 사람이 한 명도 없으며, 십자가에 못박힌 이후의 예수를 보았다는 사람이 극소수에 불과하다는 점에서 예수 부활이 과연 타당한지 의문을 제기했다. 베이즈가 흄의 주장을 반박하는 논문을 발표한 적은 없지만, 현대 철학자와 수학자들은 그때 베이즈가 자신의 방정식을 사용했더라면 다음과 같은 결론이 나왔을 거라고 말한다.[6] 예수의 부활 확률인 P(A)가 애초부터 높다고 믿는다면, 예수 부활을 목격했다고 주장하는 사람이 나타났을 때 예수가 실제로 부활했을 가능성인 P(A|B)가 높을 수 있다. 그러니까 예수의 기적이 실제로 일어났다는 주장이 확률론의 합리적 원칙에 위배되지 않는다는 말이다. 물론 추론하는 사람이 예수가 메시아였다는 걸 믿지 않는 사람이라서 P(A) 자체가 너무 낮은 경우라면, 흄의 주장이 확률론 상 합당하다고 할 수 있다.

오케이!

이슬람 혐오증이 비합리적이고 차별적인 이유를 설명하기 위해 조금 먼 길을 돌아왔다. 우리는 9/11 공격이 너무 생생하고 뚜렷해서 머릿속에 선명하게 각인되었다는 이야기를 하는 중이었다. 그 결과, 테러가 발생할 때마다 틀림없이 무슬림이 범인일 거라고 의심하는 사람들이 생겼다. 그러나 그 자체가 오류다. 대수의 법칙 때문이다. 모든 테러리스트, 아니 대부분의 테러리스트가 무슬림이라고 결론을 내리기에는 표본 크기가 너무 작다. 게다가 사람들이 조건부 확률을 혼동하면 상황은 더 악화한다. 즉, '테러가 발생하면 그건 무슬림의 소행이다'라는 믿음을 기반으로 하여 역으로 '무슬림이라면, 그 사람은 테러리스트다'라고 믿는 경우다. 이는 '이 안에 든 게 코알라라면, 그건 동물이다'라는 문장이 '이 안에 든 게 동물이라면, 그건 코알라다'라는 문장과 같은 의미라고 하는 것만큼이나 어리석은 소리다.

두 문장의 의미가 같지는 않지만, 비동물이 코알라일 가능성보다 동물이 코알라일 가능성이 훨씬 높지 않냐고 반문하는 사람이 있을지도 모르겠다. 이 논리에 따르면 다음과 같은 추론이 가능하다. 임의의 무슬림이 테러리스트일 가능성은 임의의 비무슬림이 테러리스트일 가능성보다 높아야 하므로, 통계적으로 봤을 때 인종 프로파일링은 정당한 행위다. 그런가? 물론 아니다.

2021년 기준으로 미국의 성인 인구는 약 2억 명이며, 그 중 1.1퍼센트인 220만 명이 무슬림이다. 여기서 미국 정부(U.S. Government Accountability Office)의 2017년 보고서를 사용해 분석해 보겠다.[7] 이는 9/11 직후부터 2016년 말까지 발생한 치명적인 테러 사건 수를 집계한 보고서이며, 내가 찾은 가장 최근의 기록이다. 이 보고서에 따르면, 폭력적인 극단주의자들은 2001년 9월 12일부터 2016년 12월 31일까지 미국에서 사망자를 낸 85건의 폭력 사건을 저질렀다. 이중 23건, 즉 27퍼센트가 급진 이슬람주의자들에 의한 사건이었다. 이 가운데 여섯 건은 2002년도 워싱턴 D.C., 벨트웨이 스나이퍼(Washington, D.C., Beltway sniper: 아버지와 의붓아들이 차를 타고 다니며 무차별 저격한 사건. 해당 지역이 모두 벨트웨이와 연결되어 있어서 벨트웨이 스나이퍼 또는 D.C. 스나이퍼 사건이라고 부른다. - 옮긴이) 동일범의 소행이었고, 세 건은 보스턴 마라톤 테러(Boston Marathon bombing)를 저지른 형제의 범행이었다. 같은 사람이 여러 사건을 낸 경우가 있으니, 급진 이슬람주의에 영향을 받아 테러를 저질러 사망자를 낸 테러리스트의 숫자는 사건 수인 스물 셋보다 적은, 열 여섯 명이었다.

지금 이 수치를 보면서 '너무 낮은 것 같은데?'라고 생각하는 독자 여러분이 있을 수 있다. 그런 분들은 아마도 올랜도 (Orlando) 나이트 클럽 총격 사건(2016년 6월, 플로리다 주 올랜도의 나이트클럽에서 발생한 사건으로 50명에 달하는 사망자를 포함해 100명 이상의 사상자를 낸 총기 난사 사건. - 옮긴이)과 캘리포니아 샌버나디노(San Bernardino) 사무실 총기 난사 사건(2015년 12월, 캘리포니아 주 샌버나디노의 장애인 복지 시설 사무실에서 발생한 총기 난사 사건으로, 14명이 사망했다. - 옮긴이)을 또렷이 기억하는 분들일 것이다. 그러나 내가 센 수치에는 두 사건 모두 포함되어 있다(더 있을 것만 같다는 생각이 자꾸 든다면 그것은 생생한 예시가 주는 또 다른 효과 때문이다. 심리학자 다니엘 카너먼과 아모스 트버스키가 제시한 가용성 휴리스틱이라는 개념인데, 우리는 머릿속의 기억을 얼마나 쉽게 끄집어낼 수 있느냐를 기반으로 하여 사건의 빈도를 판단하는 경향이 있다). 자, 마침내 우리는 미국의 길거리를 걷는 임의의 성인 무슬림이 테러리스트일 가능성이 얼마나 되는지 계산할 준비를 모두 마쳤다. 무슬림 테러리스트의 숫자인 16을 미국 내 총 무슬림 숫자인 220만으로 나누면 될 터이고, 그 값은 0.0000073 또는 0.00073퍼센트다. 즉, FBI 요원이 성인 무슬림 1만 명을 구금하더라도 그중 한 사람이 테러리스트일 확률은 거의 0에 가깝다(스물세 건의 끔찍한 사건을 일으킨 무슬림 테러리스트가 열여섯 명이라는 내 계산이 못 미덥다면, 설령 테러리스트의 숫자를 160으로 올린다고 하더라도 가능성은 여전히 0에 가깝다는 결론이 나온다는 사실을 간단한 계산으로 쉽게 알 수 있다).

무슬림을 향한 인종 프로파일링과 인종 차별을 정당화하려는 사람들은 조건부 확률에 대한 이해가 없는 이들이었다. 표본이 된 15년 동안 미국 내 테러리스트가 무슬림이었던 경우는 27퍼센트다. 즉, 검거된 테러리스트 100명을 확인했을 때 그중 27명이 무슬림일 수 있다는 의미다. 상당히 높은 수치지만, 구금 여부를 결정할 때 쓸 수 있는 확률은 아니다. 그런 상황에서는 역 확률을 사용해야 하며, 역 확률을 따져 보면 0이라고 봐야 한다.

화염에 휩싸인 쌍둥이 빌딩의 모습, 오사마 빈 라덴(Osama bin Laden)의 얼굴은 여전히 우리 마음속에 새까맣게 그을린 채 각인되어 있다. 이들 이미지가 조건부 확률에 대한 오해와 맞물리면 우리는 무고한 사람들에게 해를 끼치는, 너무나도 터무니없는 편견에 빠지게 된다.

구체적 예시를 최대한 활용하기

통계적 추론은 어렵다. 그리고 거기엔 그럴 만한 이유가 있다. 우리는 엄청나게 많은 숫자의 인간이나 물건을 한꺼번에 직접 경험하고 다뤄야 하는 경우가 거의 없고, 표본을 추출한 모집단 전체를 들여다보는 경우도 거의 없다. 유리하게든 불리하게든 성과에 영향을 미치며 평균으로의 회귀를 야기하는 무작위 요소를 모조리 다 생각해 내기는 어렵다. 1560년대까지는 인류 문화에 확률이라는 개념이 도입조차 되지 않았다. 앞서 살펴본 통계 개념 세 가지를 학습한다손 치더라도 일상생활에서 추론할 때마다 이를 염두에 두기란 쉽지 않다. 수십 년간 이러한 개념을 가르쳐 온 나조차도 한 가지 일화에 지나치게 영향을 받을 때가 잦다. 구체적인 예시가 지닌 힘은 매우 강력하다. 이러한 예시를 어떻게 하면 최대한으로 활용할 수 있을지 몇 가지 방법을 소개하며 이 장을 마무리하려고 한다.

강력한 예시를 통해 무언가를 배우고 나면, 학습한 내용을 새로운 상황에서도 적용할 수 있어야 한다고 생각할 것이다. 결국 우리가 새로운 것을 배우고 익히는 이유는 미래에 직면할 문제에 대처하기 위해서가 아니겠는가? 그러나 아이러니하게도 예시를 통한 학습을 할 때 반드시 염두에 두어야 할 사항이 있다. 무엇인지 설명하기에 앞서 다음 문제를 한번 풀어 보자.

여러분은 의사이고, 위장에 악성 종양이 있는 환자를 담당하고 있다고 가정해 보자. 수술은 불가능하다. 그러나 종양을 파괴하지 못하면 환자는 죽을 것이다. 특정 X선 치료에 약간 희망이 있다. X선이 종양을 한 번에 그리고 충분히 높은 강도로 종양에 닿을 수 있는 방식으로 조사되면 종양이 파괴될 것이다. 안타깝게도 종양을 향하는 고강도 광선이 지나가는 길에 위치한 건강한 조직들도 파괴된다. 더 낮은 강도의 광선은 건강한 조직에 무해하지만, 종양에도 영향을 미치지 못할 것이다. 건강한 조직을 보존하면서 종양을 파괴하기 위해 어떤 치료를 선택하겠는가?

문제를 못 풀겠더라도 걱정할 필요 없다. 문제 자체도 어려울 뿐더러 지능 테스트도 아니니까. 힌트를 하나 주겠다. 4장을 시작할 때 내가 꺼냈던 '장군과 독재자의 요새'에 관한 예화를 떠올려 보라. 이제 훨씬 수월하게 답을 생각해낼 수 있을 것이다. 답은 종양에 수렴하도록 여러 방향에서 약한 방사선을 조사하는 것이다.

한 연구에서 이 두 문제를 미시건대학교 학생들(그러니까, 아주 똑똑한 학생들)에게 내보았다.[8] 이 실험 시작할 때 참여자들은 세 가지 이야기가 포함된 지문을 읽었는데, 그중 하나가 '장군과 독재자의 요새' 이야기였다. 학생들이 대충 훑어보지 않도록 학생들에게 지문을 읽고 나면 어떤 내용인지 요약해 줄 것을 요청했다. 그러고서 겨우 4분 뒤에 학생들에게 종양 관련 문제를 냈을 때 정답을 맞힌 학생은 고작 20퍼센트밖에 되지 않았다. 영리한 학생 열 명 중에 여덟 명이 불과 몇 분 전에 읽고 요약까지 했던 예시를 새로운 상황에 적용하는 데 실패한 것이다. 여러분이 4장의 내용 전체를 읽는 데에는 4분이 넘게 걸렸을 테니 두 이야기를 연관 짓지 못했다 해도 그리 놀랄 일이 아니다.

그러나 학생들에게 실험 중에 읽었던 이야기 중 하나를 적용해 보라고 명확한 힌트를 제공했을 때는 거의 모든 학생이 정답을 생각해냈다. 이는 이미 알고 있는 바를 새로운 상황에 적용하는 일이 어려운 게 아니라 메모리에서 아무런 힌트도 없이 스스로 꺼내오는 게 어렵다는 것을 의미한다. 참으로 안타까운 소식이다. 선생님이 아무리 구체적으로 설명을 하더라도 명시적인 힌트를 주지 않는 한 4분만 지나면 학생들은 배운 내용을 새로운 상황에 적용하지 못할 테니 말이다.

아니, 예시가 지닌 힘이 강렬하다는 게 4장의 주제 아니었던가? 그런데 어떻게 머릿속에 있는 예시를 꺼내오지 못할 수 있다는 말인가? 모순이라고 생각할 수 있으나 전혀 그렇지 않다. 예시는 너무나 강렬한 나머지 관련 없는 세부 사항이 주제보다 더 기억에 잘 남는다. 그러니까 예시의 주제가 되는 수렴 원칙 이론보다 어느 마을에 장군과 요새가 있었다더라, 하는 내용만 기억에 남는 것이다.

이 같은 문제점을 확인한 연구자들은 예시를 통해 배운 원칙을 자연스럽게 떠올리는 데 도움이 될 만한 여러 방법을 시도했다. 가장 효과가 좋았던 방법은 동일한 원칙을 주제로 한 다양한 이야기를 들려주는 것이었다. 이를테면, 우리는 앞에서 요새를 정복한 장군의 이야기와 종양을 치료하는 의사의 이야기를 통해 융합 솔루션(convergence solution)에 대해 배웠다. 나중에 융합 전략을 적용할 만한 세 번째 문제를 맞닥뜨린다면 그때는 앞서 배운 예시를 활용하게 될 가능성이 훨씬 더 커질 것이다.

달리 말해 예시를 통해 요점을 전달하려면, 같은 주제를 다양한 예시에 담아내야 사람들이 요점을 기억할 가능성이 높아진다. 앞에서 잠깐 예수의 이야기를 했는데, 스토리텔링의 대가인 예수는 이 기법을 이미 알고 있었던 것 같다. 하나님이 잃어버린 영혼을 환영한다는 것을 설명하기 위해 예수는 길을 잃지 않은 양 아흔아홉 마리가 있는데도 길 잃은 양 한 마리를 찾아서 기뻐하는 목자의 비유를 들려주었다. 그러고서 또 다른 이야기를 하나 들려주었는데, 그건 은화 아홉을 가지고도 잃어버린 은화 하나를 찾기 위해 샅샅이 뒤지고 마침내 찾았을 때 기뻐하는 여자의 비유였다.

이 책에서 내가 어떠한 개념을 설명할 때 적어도 두 개의 예시를 사용한다는 사실을 눈치챘을 것이다. 다음번에 축구를 하고 있는 아이들 무리를 보거나 구호 단체에서 보낸 기부 요청문을 받을 때 자연스럽게 대수의 법칙이 떠오른다면 좋겠다. 상점의 잡지 가판대에 꽂혀 있는 《스포츠 일러스트레이티드》를 봤을 때, 소개팅에서 처음 만난 사람과 거짓말처럼 행복한 시간을 보내고 있을 때 갑자기 평균으로의 회귀가 머릿속을 스쳐갈지 모른다. 나중에 여러분이 이슬람이 아니면서 테러를 저지른 사람들에 관한 뉴스를 보거나 코알라가 아닌 동물을 마주할 때 $P(A|B)$가 $P(B|A)$와 같지 않다는 사실이 생각나기를 희망해 본다.

5장

부정성 편향

잃는다는 두려움 때문에 잃게 되는 것

Negativity
Bias

휴대폰 케이스를 새로 하나 사겠다며 아주 시간 낭비를 한 적이 있다. 당시 내가 쓰고 있던 케이스에는 스누피 그림이 그려져 있었다. 교수라는 사람이 들고 다니기에는 좀 지나치게 귀여운 면이 있었다. 나는 셀 수 없이 많은 온라인 스토어를 뒤지고 뒤져가며 마음에 드는 게 있는지 찾고 또 찾았다. 2장에서 언급했던, 맥시마이저/새티스파이어 가늠 척도를 기억하고 있을지 모르겠다. 무언가를 추구하거나 찾아볼 때 어느 선까지 밀어붙이는지 그 정도를 측정하는 척도 말이다. 나로 말할 것 같으면 거기서 최고점을 받은 맥시마이저다. 일단 쇼핑을 시작했다 하면 완벽한 물건을 찾을 때까지 포기할 수가 없다. 그렇게 온갖 사이트를 뒤지던 나는 마침내 꽤 마음에 드는 케이스를 하나 발견했다. 사진 속 이미지도 마음에 쏙 들었고, 별 다섯 개 중에 평균 네 개를 받을 만큼 상품평도 좋았다.

곧장 상품평을 읽어 내려가기 시작했다. 맨 위에 네 개는 별이 다섯 개였다. "매우 좋아요! 재질도 좋고 디자인도 예쁩니다" "남자친구가 아주 좋아하네요! 튼튼하고 손에 쥐기 편해서 좋대요" "뛰어난 품질…. 모든 면에서 완벽함…. 최고!!" "매끈함, 4주째 쓰는 중, 지금까진 나무랄 데 없이 매우 좋음!"

그때 별점 하나짜리 상품평이 눈에 들어왔다. "디자인은 좋지만, 너무 약하고 한 손으로 쥐기에 불편합니다. 일주일도 안 돼서 깨졌어요." 이 부정적인 상품평 하나가 방금까지 읽었던 칭찬 일색의 상품평들을 몽땅 물거품으로 만들었다. 가장 마음에 걸렸던 내용은 일주일도 안 돼서 부서졌다는 부분이었다. 별점 5점을 준 구매자들이 케이스가 튼튼하다고, 4주가 지나도록 여전히 멀쩡하다고 아주 구체적으로 상품평을 남겨놨는데도 말이다. 결국 나는 스누피와 1년 더 붙어 있기로 했다.

부정성 편향의 예시

나 같은 슈퍼 맥시마이저들만 부정적인 정보에 지나치게 휘둘리는 건 아니다. 카메라, 텔레비전, 비디오 게임기와 같은 전자제품 판매에 긍정적/부정적 상품평이 미치는 영향을 조사한 연구가 있다.[1] 먼저 연구자들은 2007년 8월부터 2008년 4월 사이에 아마존닷컴(Amazon.com)에 올라온 300개 이상의 상품을 대상으로 선정했다. 그런 다음 각 상품의 판매 순위를 집계하고, 각 상품에 달린 긍정적 리뷰(별 네 개 또는 다섯 개)와 부정적 리뷰(별 한 개 또는 두 개)의 개수를 취합하여 둘 사이의 상관관계를 조사했다. 예상대로 긍정적인 리뷰가 많이 달린 상품일수록 판매 순위가 높았고, 부정적인 리뷰가 많을수록 판매 순위가 낮았다. 그러나 이 연구의 포인트는 긍정적/부정적 상품평이 판매에 미치는 영향력을 비교했다는 점이다. 그 결과, 긍정적인 리뷰보다 부정적인 리뷰가 상품의 판매 순위에 훨씬 더 큰 영향을 미쳤다.

여러 심리학 연구 결과를 보면, 사람들은 긍정적인 정보보다 부정적인 정보에 더 크게 영향을 받는다.[2] 그리고 이런 현상은 물건을 살지 말지 결정할 때만이 아니라 사람을 판단할 때에도 동일하게 나타난다. 예를 들어 한가온 씨라는 남자가 있고, 여러분이 가온 씨를 직접 본 건 두 번뿐이라고 가정해 보자. 처음 봤던 날은 가온 씨가 식당에서 친구들과 식사를 하고 있었다. 눈에 띄게 다정하거나 활발해 보이지는 않았지만, 적당히 사교적인 사람처럼 보였다. 두 번째 봤던 날 여러분은 '로컬 비즈니스를 살립시다'라는 내용의 캠페인 포스터가 달린 간이 테이블 근처에 서 있었다. 때마침 그 앞을 지나가던 가온 씨에게 테이블의 여자가 청원에 서명해 달라고 요청했지만, 가온 씨는 눈길조차 주지 않은 채 그대로 가 버렸다. 가온 씨의 좋은 모습과 그렇지 않은 모습을 똑같이 한 번씩 목격했으니 서로 퉁쳐서 플러스도 마이너스도 아닌 중립의 상태가 되지 않겠냐고 생각할 수도 있다. 그러나 우리는 부정적인 면에 더 큰 영향을 받기 때문에 한가온 씨에 대한 인상은 중립이 아니라 마이너스로 남을 가능성이 더 높다.

나아가 우리 삶 전반에도 좋은 일보다는 나쁜 일이 더 큰 영향을 미친다.[3] 성적 학대처럼 트라우마가 될 만한 사건을 어릴 때 단 한 번이라도 겪으면 성인이 되어서도 우울증, 관계 문제, 성기능 장애 따위에 평생 시달릴 수 있다. 이런 경우에는 행복한 기억이 아무리 많다고 한들 그 아픔과 상처가 쉽게 상쇄되지 않는다.

부정성 편향이 미치는 영향이 너무 큰 탓에 우리는 때때로 누가 봐도 빤한 상황에서 비합리적인 결정을 내리기도 한다. 대표적인 예로, 똑같은 내용인데 부정적인 표현으로 되어 있을 땐 피하려고 하고 긍정적인 말로 표현되어 있을 때는 기꺼이 받아들이는 현상을 들 수 있다. 더 구체적으로 예시를 들자면, 우리는 지연될 확률이 12퍼센트인 비행기보다 정시 운항할 확률이 88퍼센트인 비행기를 더 선호한다. 또 실패율이 5퍼센트인 콘돔보다 95퍼센트의 피임 효과가 있는 콘돔이 더 낫다고 판단한다. 그리고 인플레이션이 제로일 때 임금을 7퍼센트 삭감하는 조건보다 인플레이션이 12퍼센트일 때 5퍼센트의 임금 인상을 받는 조건을 선호한다.

이러한 맥락을 아주 흥미롭게 짚어낸 연구가 있다. 바로 다진 소고기에 관한 연구다. 지방 함량 25퍼센트라고 하면 상당히 달 갑잖게 들린다. 지금 내가 보고 있는 음식의 4분의 1이 순수한 지방이라고 콕 집어 말하고 있으니 말이다. 그러나 살코기 함량 75퍼센트라고 말을 바꾸면 어떨까? 둘은 정확히 똑같은 의미이 지만 살코기 함량 75퍼센트인 소고기가 훨씬 더 몸에 좋을 것 같다. 이 글을 읽고 있는 지금은 이런 말장난에 절대 넘어가지 않을 자신이 있다고 우쭐댈 수도 있다. 그러나 현실은 전혀 그 렇지 않다. 다진 소고기로 요리해 시식을 진행한 연구가 있다.[4] 이 연구는 고기를 얼마나 익혔는지, 소금이나 후추 따위로 간을 했는지 등의 세부사항을 일일이 보고하지는 않았지만, 한 가지 분명하게 밝힌 바는 모든 참가자가 동일한 방식으로 조리한 동 일한 소고기를 제공 받았다는 것이다. 참가자에게 제공된 소고 기 패티의 유일한 차이점은 라벨링 방식이었다. 참가자의 절반 이 받은 소고기 패티에는 '살코기 함량 75퍼센트'라고 적혀 있 었고, 나머지 절반이 받은 패티에는 '지방 함량 25퍼센트'라고 적혀 있었다. 그러자 놀라운 결과가 나왔다. '살코기 함량 75퍼 센트'라고 적힌 요리를 맛본 사람들은 '지방 함량 25퍼센트'라 고 적힌 요리를 먹은 사람들보다 고기 패티가 덜 기름지고 더 담백해 맛과 품질 모두 더 좋다고 평가했다.

A와 C 학점을 받은 학생 vs. 올 B를 받은 학생. 누구를 뽑을까?

내 첫째 아이가 대학 입시를 생각하기 시작할 무렵, 나는 대학 입학 과정에서도 이와 비슷한 부정성 편향이 일어나는지 관심이 생겼다.[5] 한국에서 대학을 나온 나는 미국 대학에 지원하는 과정을 잘 몰랐기에 대입 관련 서적 세 권을 구입해 읽었다. 내가 본 대입 지침서 세 권이 한 목소리로 강조하는 내용이 있었다. 수험생의 성적이나 대외 활동, 수상 실적과 같은 요소 외에도 특정 분야에서 열정과 의욕을 보여주는 게 중요하다는 것이었다. 그중 한 책에서는 열정과 의욕을 가리켜 '후크(hook)'라고 칭했다.

내가 교수라는 직업을 갖고 있는 바람에 대학 지원하는 아이를 둔 학부모 입장과 정 반대편에 서는 경험을 한 적도 있는데, 그때도 이 비슷한 상황을 보았다. 예일대의 경우, 유능한 전문 입학 사정관들이 구성원이 되어 입학 사정관 위원회(admissions committee meeting)를 운영하고, 회의마다 교수 한두 명을 초대한다. 나도 교육을 받은 뒤 몇 년간 몇 차례 회의에 참석한 적이 있다. 그리고 그 회의에서 예일대 입학 정책에 대한 공식 성명을 보게 되었다. 예일대 전 총장인 킹맨 브루스터(Kingman Brester)가 작성한 문서인데, 1967년에 쓰인 이 입학 정책이 여전히 사용되고 있다. 거기에는 "우리는 가능한 한 많은 [졸업생]이 어떤 일을 하든 그 분야에서 진정으로 뛰어난 사람이 되기를 바랍니다. 그들은 이 나라의 사업과 공공 생활을 이끌어나 갈 예술 및 과학 분야에 몸담거나 그게 아니더라도 자신의 직업을 통해 우리 국민의 삶의 질을 향상하는 데 이바지하는 역할을 할 것입니다. … 어떤 일을 하게 되든 간에 예일대 지원하는 학생은 그 분야에서 지도자가 될 자질이 있어야 합니다"라고 적혀 있다. 이 말을 풀어보자면, 예일대에 합격하려면 모든 면에서 완벽할 필요는 없으나(그리고 원한다면 무엇이든 할 수 있지만), 어느한 분야에서 탁월해야 한다. 대입 지침서에서도 나와 있듯 이러한 입시 철학은 예일대에만 국한되는 게 아니다.《워싱턴 포스트》에 실렸던 한 기사에 이런 현상이 잘 요약되어 있다. "대학은 어느 한 분야에 몰두하는(그리고 그 분야에서 뛰어난) 학생을 원한다. 대학에서 가장 많이 사용하는 단어가 바로 '열정'이다."《US 뉴스 앤드 월드(US News & World)》기사에서도 입시 성공률을 높이는 최고의 수단으로 열정을 꼽았다.

그런데, 열정을 이토록 강조한다는 건 내가 방금까지 얘기했던 심리학적 현상과 모순되는 게 아닐까? 긍정적 정보보다 부정적 정보에 사람들이 더 많은 영향을 받는다는 현상 말이다. 어떤 모순인지 자세히 설명할 수 있도록 상황을 단순화한 예시를 하나 만들어 보았다.

이제 막 고3 수험생이 된 동급생 현수와 민우가 있다고 하자. 현수의 성적표에는 A와 A^+를 받은 과목도 있고, C와 C^-를 받은 과목도 있다. 성적표를 보면 현수가 특정 과목에 더욱더 열정적이고 의욕적이라는 걸 알 수 있다. 반면, 민우는 모든 과목에서 균일하게 B, B$^+$, B$^-$를 받았다. 그러니까 민우의 성적표에는 C가 없지만 A도 없는 것이다. 자, 두 학생의 GPA가 똑같다고 치자. 여러분이 대학 입학 사정관이고 두 학생의 성적표만 보고 한 사람을 선택해야 한다면 현수와 민우 중 누구를 뽑겠는가?

정말로 열정이 입시의 필수 요건이라면 입학 사정관은 현수를 합격시켜야 한다. 그러나 사람들은 긍정적인 정보보다 부정적인 정보를 더 크게 받아들인다. 부정성 편향이 판단에 개입하는 경우라면, 현수가 화학 과목에서 A 학점을 받았더라도 영어 과목에서 받은 C 학점의 부정적인 영향을 상쇄하지 못할 것이고, 결국 사정관은 열정은 없어 보여도 아주 나쁜 학점도 없는 민우를 선택할 것이다. 그러니까 이 상황에서는 부정성 편향이 일어난다 해도 누가 더 열정 있는 학생인가로 선택한다는 기준이 있기 때문에 부정성 편향이 상쇄될 수 있는 것이다. 이렇게 상반된 영향력이 있는 경우에도 부정성 편향이 일어나는지 알아보기 위해 나는 실험을 진행하기로 했다.

먼저 현수, 민우와 같은 학생들이 받을 법한 가짜 성적표를 만들었다. 혹시 무슨 과목에 A나 C를 받는 게 문제 시 될까봐 (예를 들면 어떤 참가자는 수학에 C를 받는 것을 영어에 C 받는 것보다 더 부정적으로 볼 수도 있으니까) A와 C가 다른 과목에 걸쳐 변화 있게 나타나도록 여러 버전의 성적표를 만들었다. 그런 다음, 입학 사정관의 임무를 수행할 참가자를 모집했다. 일부는 온라인 플랫폼을 통해 모집했고, 일부는 최근에 입시 절차를 직접 경험한 학부생 중에서 모집했다. 그리고 마지막으로, 미국 전역의 다양한 대학에서 일하는 진짜 입학 사정관들을 참가자로 모집했다. 이들 참가자에게 들쭉날쭉한 학점을 받은 학생과 균일한 학점을 받은 학생 가운데 한 명을 뽑아 달라고 요청했더니, 대부분 C 학점도 없지만, A 학점도 없는 성적표를 받은 민우 같은 학생을 선택했다. 특히 주목할 만한 점은, 입학 사정관의 80퍼센트가량이 B 학점만 받은 학생을 선택했다는 사실이다.

이뿐만 아니라 참가자들은 A와 C를 받은 학생보다 B만 받은 학생이 대학에서 더 높은 학점을 받을 가능성이 더 크다고 판단했고, 공부를 더 열심히 할 것이고, 책임감이 더 클 것이며, 자제력도 더 강할 거라고 판단했다. 나아가 들쭉날쭉한 성적을 받은 학생보다 B 학점만 받은 학생이 추후 중견 및 대기업의 오너가 되거나 경영관리직에 종사하거나 공무원, 변호사, 의사, 엔지니어가 될 가능성이 더 클 것으로 예측했다. 또 학점을 들쭉날쭉 받은 학생들에 비해 B 학점만 받은 학생들의 연간 수입이 더 높을 거라고 예상했다. 이 두 학생의 GPA가 모두 같았고, 대학에서는 분명 열정 있는 학생을 선호한다고 했는데도 말이다.

이 결과를 재현할 수 있는지 확인하기 위해 변형한 성적표를 가지고 다시 한 번 실험해 보았다. 현실에서는 입시 경쟁률이 높은 대학일수록 열정과 의욕을 더욱 강조한다. 그리고 그런 학교에 입학하려면 1차 실험에서 만들었던 GPA보다 훨씬 더 높은 내신이 필요하다. 재실험을 진행할 때는 누구나 고개를 끄덕일 만큼 쟁쟁한 대학들에서 입학 사정관을 모집했다. 그리고 GPA 4.3 만점에 4.0을 받은 성적표를 만들어 가상의 학생 두 명을 굉장한 고득점자로 만들었다. 균일한 성적을 받은 학생의 성적표에는 A$^+$와 A$^-$가 하나씩 있었고, 그 외에 나머지 과목은 모두 A였다. 그러니까 이 학생은 A$^+$를 많이 받지는 못했지만, 가장 낮게 받은 학점도 A$^-$였다. 들쭉날쭉한 성적을 받은 학생의 성적표에는 A$^+$가 훨씬 더 많았다. 총 여덟 개였다. 그런데. 아뿔싸! B$^+$도 세 개나 있었다. 그래도 어쨌든 두 학생의 GPA는 같았다. 결과를 보니, 이번에도 역시나 부정성 편향이 승리했다. 입학 사정관 참가자들은 B$^+$가 있는 학생보다 B$^+$가 없는 학생을 선호했다. 성적표에 B$^+$가 찍혀 있는 학생이 A$^+$를 여덟 개나 받았는데도 말이다.

　다음 주제로 넘어가기에 앞서 여기에 큼직하게 주의 문구를 넣어야겠다. 이 실험 결과만 갖고 대학 들어가는 작전을 바꾸어서는 안 된다. 학생들은 자신이 좋아하는 과목을 더 열심히 공부해야 하고 열정 있는 분야를 더욱 파고들어야 한다. 또 성적이 고르지 않다고 해서 낙심할 필요도 없다. 그러한 지원자 중 상당수가 원하는 학교에 입학할 수 있고 그런 경우를 많이 봐 왔다. 무엇보다도 대학들이 GPA만 보는 게 아니라 추천서와 교외 활동, 자기소개서 등 훨씬 더 다양한 자료를 검토한다는 사실을 잊지 마시라.

손실 회피

부정성 편향이 인간의 다양한 판단에 영향을 미친다고 했으므로 우리가 돈과 관련된 결정을 내릴 때도 부정성 편향의 영향을 받는다는 건 당연한 소리다. 그러나 부정성 편향이 어떤 식으로 작용한다는 것인지는 선뜻 이해하기 어려울 수 있다.

1970년대에 행동 경제학이라는 분야가 주목을 받기 시작했다. 행동 경제학은 심리학과 경제학의 교차점에 있는 학문으로, 우리가 판단을 내리고 선택할 때 합리적인 경제학 원칙을 어떤 식으로 위반하는지를 중점적으로 연구한다.

전통적인 경제학에서는 인간이 합리적인 선택을 기반으로 행동한다는 걸 기본 전제로 삼는다. 그러나 행동 경제학은 이러한 주장을 정면으로 반박하며 인간이 지닌 수많은 인지 편향과 사고의 함정을 밝혀냈다('우리의 모든 일을 망치는 61가지 인지 편향' 또는 '인지 편향 커닝 페이퍼: 생각하는 건 어려우니까'와 같은 제목의 인터넷 게시물 또는 기사를 한 번쯤 본 적이 있을 것이다).

1979년, 대니얼 카너먼과 에이머스 트버스키는 행동 경제학에서 가장 중요한 논문으로 손꼽히는 《전망 이론: 위험할 때 내리는 결정에 대한 분석(Prospect Theory: An Analysis of Decision Under Risk)》을 발표했다.[6] 어떤 논문의 가치나 영향력을 객관적으로 가늠할 때 학계에서는 주로 피인용 지수를 척도로 삼는다. 2021년까지의 정보가 올라와 있는 인용 색인을 찾아보니, 이 논문이 인용된 횟수는 7만 회 이상이었다. 이게 얼마나 천문학적인 횟수인지 감이 오지 않을 수 있으니 다른 논문의 피인용 지수를 한번 보자. 1973년도에 스티븐 호킹이 블랙홀을 주제로 발표한 논문이 몇 회나 인용되었는지 검색해 보니, 《전망 이론》 피인용 수의 약 5분의 1이었다.

트버스키와 카너먼이 통찰한 바에 의하면, 같은 금액이더라도 그 돈을 벌었는지 잃었는지에 따라 우리 마음에 영향을 미치는 강도가 다르다. 이른바 손실 회피(loss aversion)라는 개념이다. 아마 여기저기서 많이 들어봤을 것이다. 그런데 실은 대중 매체에서 이 용어를 잘못 사용하는 경우가 허다하다. 손실보다 이익을 더 선호한다는 의미로 손실 회피를 사용하는 이들이 정말 많은데, 카너먼이 이렇게 뻔한 내용으로 노벨상을 받은 게 아니다! 이뿐만 아니라 손실 회피를 위험 회피와 혼용하는 실수도 아주 흔하다. 위험 회피는 사람들이 위험 감수하기를 꺼리는 현상을 가리키는 용어다. 맞는 말이지만, 손실 회피와는 엄연히 다른 개념이다. 위험 회피에 대해서는 8장에서 자세히 설명하겠다. 우선, 손실 회피가 무엇인지 바르게 이해해 보자.

전통 경제학을 고수하는 경제학자들은 100달러를 얻든 100달러를 잃든 간에 100달러의 가치는 같다고 말한다. 얻든 잃든 100달러라는 똑같은 금액이니까 완벽하게 합리적인 말인 것 같다. 자, 그러면 길을 걷다가 5만 원짜리 지폐를 발견했다고 가정해 보자. 좋고 나쁨의 감정의 강도를 1에서 100까지의 숫자로 나타낸 가상의 척도가 있다 치고, 길거리에서 지폐를 주웠을 때 37만큼 기분이 좋아졌다면, 주머니에 있던 5만 원을 잃어버렸을 때도 37만큼 기분이 나빠져야 한다. 그러나 카너먼과 트버스키는 그렇게 바라보지 않았다. 두 사람은 5만 원을 얻었을 때와 잃었을 때 우리가 느끼는 기분의 정도가 다르다고 주장했다. 다음 예시를 통해 더 자세히 설명하겠다.

여러분에게 간단한 내기를 하나 제안하겠다. 동전을 던져서 앞면이 나오면 내가 여러분에게 10만 원을, 뒷면이 나오면 여러분이 내게 10만 원을 주는 것이다. 내 제안을 수락하겠는가? 이런 내기를 제안 받으면, 거의 모든 사람이 거절한다.

이번에는 조금 더 구미가 당기게끔 게임 조건을 바꿔 보겠다. 동전을 던져서 뒷면이 나오면 여러분이 내게 10만 원을, 앞면이 나오면 내가 여러분에게 13만 원을 준다. 조금 더 그럴듯해 보이도록 이 내기의 기댓값이라는 걸 계산해 보자. 여러분이 10만 원을 잃을 확률이 50퍼센트이고 13만 원을 딸 확률도 50퍼센트이므로 0.5 × -₩100,000 + 0.5 × ₩130,000이라는 식을 세울 수 있고, 기댓값은 1만 5,000원이 된다. 즉, 이 내기를 계속하다 보면, 이길 때도 있고 질 때도 있겠지만 이를 통틀어 계산해 보면 평균적으로 기대할 수 있는 수익이 1만 5,000원인 셈이다. 이렇게 따져 보면 남는 장사이므로 수학자나 통계학자, 경제학자처럼 셈에 밝은 사람이라면(돈을 벌고 싶다는 가정하에) 내기 제안을 받아들여야 마땅하다. 그러나 심지어 이러한 유리한 조건에서도 이 내기에 응하는 사람은 극소수에 불과하다. 나라도 절대 제안을 수락하지 않을 것이다. 물론 13만 원을 쓸 데야 쎄고 쎘다. 그러나 동전이 어느 면으로 떨어지느냐에 생돈 10만 원을 날려야 한다면 속이 너무 쓰릴 것 같다. 겨우 5분 차이로 기차를 놓쳤을 때보다도 훨씬 더 속이 쓰릴 것이다. 그러므로 아무리 1만 5,000원의 기대치가 있는 좋은 기회라고 하더라도 나 역시 다른 사람들처럼 그 기회를 포기할 것이다.

보통 승패 비율이 최소 2.5:1(즉, 앞면이 나오면 25만 원을 따고, 뒷면이 나오면 10만 원을 잃는 경우)은 되어야 사람들이 내기에 응한다. 이게 손실 회피다. 손실의 양이 득의 양보다 훨씬 더 커 보이는 현상. 사람들은 좋은 상황보다 안 좋은 상황을 훨씬 더 크게 받아들인다.

이 개념을 실제 투자 결정에 적용해 보자. 소인 씨에게 1,000만 원을 투자할 기회가 생겼다. 확률은 반반. 투자금이 1년 뒤에

3,000만 원으로 불어날 확률이 50퍼센트다. 이 경우 소인 씨는 2,000만 원을 벌게 된다. 그러나 1,000만 원을 날릴 확률도 50퍼센트다. 생각만 해도 다리에 힘이 풀린다. 기댓값을 보면 충분히 투자할 만하지만, 소인 씨는 결국 투자를 포기한다. 기댓값을 계산해 보면, 0.5 × ₩20,000,000 + 0.5 × -₩10,0000,000 = ₩5,000,000, 즉 500만 원의 이득인 셈인데. 이처럼 기댓값을 계산해 결정을 내린다면 투자를 해야 할지 말아야 할지 간단히 결정할 수 있지 않을까? 그러나 현실에서는 손실 회피가 이렇게 빤하게 눈에 보이지 않는다. 무슨 얘기인지 다음 예시를 살펴보자.

오래 탄 차를 폐차하고 마침내 신차를 뽑기로 마음먹은 은주 씨가 한 달 동안 꼼꼼히 제조사와 모델을 고른 뒤 딜러를 찾아간다. 외장은 '셀레스틱 실버 메탈릭' 색상 도색으로, 시트는 '애쉬' 색상 가죽으로 하기로 이미 남편과 모든 얘기를 마친 상태다. 준비가 다 된 것 같다. 그런데 막상 딜러를 만나니 오토-디밍 미러, 후측방 경보, 회피 조향 보조(evasive steering assist, ESV) 등등 생각지 못했던 온갖 옵션이 쏟아져 나온다. 기본 모델은 2,500만 원이지만, 옵션 X를 더하면 150만 원이 추가, 옵션 Y를 더하면 50만 원이 추가… 끝이 없다. 새로운 옵션을 하나씩 꺼낼 때마다 딜러는 이 기능이 추가되면 얼마나 더 편하게, 또 안전하게 운전할 수 있게 될지(즉, 은주 씨가 무엇을 얻게 될지)를 설명한다.

이번엔 다른 판매장에 가 보았다. 딱 봐도 수완이 좋아 보이는 딜러가 방금 다녀온 매장의 딜러와는 전혀 다른 방식으로 거래를 진행한다. 자동차를 풀옵션으로 계약할 경우 3,000만 원이다. 옵션 X는 위급 시 생명을 구해줄 수 있는 기능인데, 이 옵션을 포기하면 가격은 2,850만 원이 된다고 한다. 옵션 Y는 평행 주차를 수월하게 할 수 있도록 보조하는 기능이고, 이 옵션을 포기하면 가격은 2,800만 원으로 내려간다고 한다. 지금 이 딜러는 은주 씨가 잃게 될 기능이라는 관점에서 옵션을 설명하고 있다. 은주 씨의 손실 회피 버튼을 누르는 것이다.

여러분이 은주 씨의 입장이라면 손실 회피가 발동할 것 같은가? 1990년대에 실시된 한 연구에서 연구자들이 참가자를 모집하고 두 집단으로 나눈 뒤 방금 묘사한 상황을 하나씩 제시했다. 1만 2,000달러의 기본 모델(당시에는 찻값이 훨씬 저렴했다)로 시작해 (무엇을 얻느냐는 이득의 관점에서) 옵션을 하나씩 추가한 참가자들은 평균 1만 3,651달러 43센트를 지출했다. 반대로, 1만 5,000달러의 풀옵션 모델에서 시작해 (손실의 관점에서) 옵션을 하나씩 제외한 참가자들이 지출한 금액은 평균 1만 4,470달러 63센트로, 이는 상대 집단 참가자들이 찻값으로 쓴 금액보다 대략 800달러 더 많은 금액이다. 이를 요즘 승용차 가격인 2,500만 원으로 환산해 보면, 딜러에게 손실의 관점에서 설명을 들었다는 이유 하나만으로 소비자는 170만 원을 더 지출하게 되는 셈이다.

여기서 인용한 연구 대부분은 실험실이라는 공간 안에서 참가자들에게 가상의 상황을 제시하면서 이를 상상하여 판단해보라고 한 것들이다. 그렇기 때문에 인간이 합리적인 존재라는 이론을 옹호하는 정통 경제학파라면, 가상이 아니라 실제로 손실이 발생하는 일상에서는 이러한 연구 결과가 재현되지 않을 거라고 주장할 수도 있다. 흥미롭게도 이러한 맥락에서 문제를 바라보고 '현장 실험(field experiments)'을 실시한 연구자들이 있다.[7] 이들은 시카고에서 남쪽으로 50킬로미터가량 떨어진 시카고 하이츠(Chicago Heights)의 어느 공립학교에서 가상의 돈과 시나리오가 아닌 진짜 돈, 즉 교사의 급여를 가지고 실험을 진행했다.

미국에는 교사 인센티브 프로그램이라는 게 있어서 학생들이 공인된 평가 시험(standardized exams)에서 좋은 성적을 거두면 담당 교사에게 성과급이 돌아간다. 이때 성과급이 지급되는 시기는 보통 학생들이 시험을 모두 치른 이후인 학년 말이 된다. 시카고 하이츠에서 진행한 이 연구에서 연구자들은 '이득' 조건과 '손실' 조건으로 참가자 집단을 나누고 두 집단에 교사들을 무작위로 배정한 뒤, '이득' 조건에 속한 이들에게는 기존의 방식대로 성과급을 지급했다. 학생의 성적 향상에 비례해 연말에 성과급을 받은 것이다. 연구자들이 미리 설정한 비율을 기준으로 했을 때 성과급의 기댓값은 4,000달러였다.

반면, '손실' 집단에 배정된 교사들은 연초에 4,000달러를 미리 받았다. 그리고 연말에 학생들의 점수가 평균 이하인 경우, 4,000달러에서 그들이 받아야 할 성과급을 제하고 남은 금액을 반환해야 했다.

결론적으로 교사들은 어느 조건의 집단에 속해 있든 간에 학생들의 성과에 비례하여 보너스를 받게 될 것이었다. 연구자들이 측정하고자 했던 것은 보너스 지급 시기 하나만 달라져도 교사들의 마음가짐에 차이가 날 것인지, 만약 그렇다면 그 요인이 학생들의 학업 성취도에 영향을 미칠 것인지 아닌지였다. 보너스를 받으려고 하는 교사의 학생들과 보너스를 잃지 않으려고 하는 교사의 학생들 중 어느 쪽의 평균 점수가 전년보다 향상했을까? 양쪽 모두의 점수가 올랐을까? 아니면 어느 쪽도 점수가 오르지 않았을까?

이득 조건 집단에 배정된 교사들에게는 인센티브 프로그램이 아무런 효과가 없었다. 이렇게 기본 방식의 인센티브 프로그램이 효과를 보지 못한 건 시카고가 처음이 아니었다. 뉴욕시에서 이런 연구를 실행했을 때도 결과가 다르지 않았다. (적어도 이 연구에서 사용된 액수의) 연말 성과급으로는 교사들에게 충분하게 동기 부여를 할 수 없었다.

그러나 손실 조건에 속한 교사들이 담당한 학생들의 경우, 점수가 10퍼센트 정도 올랐다. 이미 받은 돈을 뱉어내야 할지도 모른다는 생각이 교사들에게 강한 의욕을 불러일으켰던 게 아닐까 싶다. 놀라운 건, 이 실험에서 두 집단에 적용한 차이점이라고는 성과급 지급 시점 하나뿐이라는 사실이다!

인상 깊은 실험 결과이긴 하지만, 이 연구 결과 하나로 미국 공립학교 정책에 영향이 미칠지는 앞으로 지켜봐야 할 것이다. 사실, 손실 조건에 있는 교사들이 학생들에게 제대로 된 공부를 시키기보다는 시험을 잘 치는 기술을 가르치는 데에만 집중했을지도 모른다는 비판도 있으므로 과연 정책을 바꾸는 게 옳은 일인지에 대해서는 논란이 일 수도 있다. 그러나 이 연구를 참고해서 주변 사람들 또는 우리 자신에게 동기를 부여할 방법에 대해 생각해 볼 수는 있을 것이다.

언젠가 여름 방학 때 데크를 칠하면 용돈을 주겠다고 아들에게 제안한 적이 있다. 갓 고등학교를 졸업한 학생에게는 꽤 큰 돈을 제안해서인지 아들은 흔쾌히 그러겠다고 대답했다. 그러나 낼모레면 색바람이 불어오게 생겼는데도 아들이 한 일이라고는 고작 페인트 붓, 페인트 롤러, 롤러 통, 고압세척기를 주문한 게 다였다. 용품만 사 둔 채 그대로 학교 기숙사로 들어가 버릴 게 불 보듯 뻔해져서 결국 내가 소매를 걷고 나섰다. 무더운 늦여름날 쪼그려 앉아 데크에 페인트를 칠하고 있는데, 순간 아차 싫었다. 돈 먼저 쥐여주고, 방학이 끝날 때까지 데크가 그대로면 돈을 도로 내놓아야 한다고 말할 걸!

돈을 줬다가 뺏는다니 치사하기도 하고 어떻게 보면 잔인하기도 한 것 같아서 그런 제안을 하지 않았던 것 같다. 미용실에 가서 팁을 먼저 줘 놓고서 커트가 마음에 들지 않는다며 아까 준 팁을 돌려달라고 요구한다는 건 상상조차 할 수 없다. 그러니 시카고 하이츠 공립학교에서 학생들의 시험 성적이 안 좋을 때마다 '손실' 조건에 있던 교사들은 얼마나 스트레스를 받았겠는가? 모르긴 몰라도 끊임없이 빚쟁이에게 시달리고 있는 듯한 압박감에 시달렸을 것 같다. 미국 공립 학교 교사의 급여가 그리 많은 편이 아니기에 보너스로 받은 돈은 공과금을 내거나 생필품 따위를 사는 데 이미 다 써 버리고 없을 수도 있기 때문이다. 따지고 보면 참 아이러니하다. 똑같은 4,000달러인데, 애초에 내 것이 아니었을 때와 달리 한번 내 손에 들어온 뒤로는 놓칠까 봐 전전긍긍하는 모습이 말이다.

소유 효과

손실 회피를 알면, 무언가를 거래할 때 구매자와 판매자가 서로 다른 금액을 바라는 이유를 이해하는 데에도 도움이 된다. 예를 들어보자. 중고 자전거를 알아보던 하윤이는 3년 전 20만 원을 주고 구매했다는 매물을 하나 찾았다. 하윤이는 자전거가 아무리 새것처럼 보여도 결국 3년이나 된 모델이니 10만 원이면 적당하겠다고 생각한다. 자전거 주인인 지현이는 거의 탄 적이 없어서 새 자전거나 다름없기 때문에 못 해도 17만 원은 받아야 한다고 생각한다. 소유자가 구매자보다 매물의 가치를 더 높게 평가하는 현상은 중고 거래에서 아주 흔히 볼 수 있다. 그리고 이러한 현상을 행동 경제학에서는 소유 효과라고 부른다.

중고 거래에서 가격 불일치는 소유 효과 외에 더 빤한 이유로도 발생한다. 일단 판매자는 가능한 많이 받고 싶어 하고, 구매자는 가능한 적게 지불하고 싶어 하니까. 또 다른 이유는 판매자가 그 물건에 감정적으로 애착을 두고 있을 수도 있다. 그러나 이러한 요소 말고도 단지 어떤 물건이 '내 것'이라는 사실 때문에, 또 소유한 기간과는 무관하게 '내 것'이었던 물건을 잃지 않으려는 본능 때문에 소유 효과가 발생하기도 한다. 그러니까 결국 손실 회피 때문에 소유 효과가 생기는 것이다. 그리고 소유 효과는 감정적 애착이 형성되기도 전에, 그러니까 물건을 소유한 즉시 발생한다. 다음 연구를 통해 더 자세히 살펴보자.

연구자들은 학부생들에게 학교의 로고가 새겨진 머그컵과 스위스 초콜릿 바 중에 하나를 선택하라고 했다.[8] 그러자 대략 절반은 머그컵을, 나머지 절반은 초콜릿 바를 골랐다. 그러니까 머그컵의 선호도와 초콜릿 바의 선호도가 비슷비슷하다는 것이 일단 확인된 셈이다.

그런 다음, 같은 학교 학생들로 구성된 다른 참가자 집단에 똑같이 머그컵과 초콜릿 바 가운데 하나를 선택하게 했다. 그러나 이번에는 실험 절차를 약간 달리했다. 학생들에게 먼저 머그컵을 건네면서 선물이라고 얘기한 다음에 그 머그컵을 스위스 초콜릿 바와 바꾸겠냐고 물어본 것이다. 본질적으로 머그컵과 스위스 초콜릿 바 중에 하나를 선택하라는 것과 동일한 질문이었다. 그러므로 앞의 결과를 고려했을 때 약 절반 정도는 초콜릿 바로 바꾸겠다고 나서야 했다. 그러나 머그컵을 스위스 초콜릿과 바꾸겠다고 한 학생은 겨우 11퍼센트에 불과했다.

먼저 받은 물건이 머그컵이라서 이런 희한한 결과가 나온 게 아니라는 사실을 확실히 하기 위해 세 번째 집단의 학생들에게는 초콜릿 바를 먼저 준 다음에 이를 머그컵과 바꾸겠냐고 물어봤다. 그러나 이번에도 역시 결과는 같았다. 맨 처음 확인된 결과에 따르면 약 절반의 학생이 초콜릿을 머그컵으로 교환해야 맞지만, 겨우 10퍼센트의 학생만이 바꾸겠다고 했고 나머지 90퍼센트는 그냥 초콜릿을 갖겠다고 했다.

이 실험에서 특히 주목해야 할 사항은 학생들이 머그컵이나 초콜릿 바에 감정적으로 애착을 형성할 시간이 없었다는 점이다. 또, 학생들이 먼저 받은 물건을 갖고 나가 팔아 보겠다고 생각했을 리도 없다. 머그컵이나 초콜릿 바를 되팔아봤자 몇 푼 되지도 않는다는 건 두말하면 잔소리다. 그런데도 일단 머그컵이 '내 것'이 되는 순간, 교환은 곧 손실을 의미하게 된다. 초콜 릿 바의 경우도 마찬가지다. 소유한 기간이 아주 짧더라도 사 람들은 일단 자기 손에 들어온 물건을 잃고 싶어 하지 않는 것 이다.

신기하게도, 손실에 따르는 고통이 단지 심리적인 게 아니라 말 그대로 신체적인 통증을 의미한다는 결과를 보여준 연구가 있다.[9] 그 연구에서 참가자들에게 1,000밀리그램짜리 알약을 주 었는데, 이때 참가자 절반은 아세트아미노펜이 들어 있는 (타이 레놀 같은) 진통제를 받았고, 나머지 절반은 아무런 성분도 들어 있지 않은 가짜 약을 받았다. 그런 다음, (아세트아미노펜을 복용한 참가자들 몸에 충분히 약효가 돌 수 있도록) 30분 동안 연구와는 무관 한 설문 조사를 진행했다. 설문을 마친 뒤, 각 집단(진통제 또는 가 짜 약 집단)의 참가자 절반에게 머그컵을 주며 선물이니 가져가 라고 말했고, 나머지 절반에게는 머그컵을 건넸지만, 실험실 물 건이니 사용 후 두고 가라고 이야기했다. 마지막으로 참가자 전 원에게 머그를 판매한다면 가격을 얼마로 책정하겠는지 종이에 적어 달라고 요청했다. 그 결과, 가짜 약을 복용한 참가자 집단 에서 소유 효과가 발생했다. 그러니까 잠시나마 머그컵을 소유 했던 참가자들이 소유하지 않았던 참가자들에 비해 머그를 훨 씬 더 높은 가격으로 책정한 것이다. 그러나 진통제를 복용했던 참가자들의 경우는 달랐다. 머그컵 소유 여부와 관계없이 이들이 제시한 판매 가격은 통계적으로 차이가 없었다. 이 실험 결과를 이용해서 타이레놀의 부작용 목록에 다음과 같은 문구를 추가한다면 재미있을 것 같다. "아세트아미노펜을 복용하고 중고 거래를 할 경우 매물을 평소보다 낮은 가격에 내놓을 가능성이 있습니다." 또는 FDA가 승인하기만 한다면, 이런 광고를 할 수도 있지 않을까? "말도 행동도 미적지근한 애인을 차 버리고 싶은데 망설여진다고요? 저희가 도와드리겠습니다." 또는 이런 광고도 가능할 것 같다. "집을 빨리 팔고 싶으세요? 그렇다면 타이레놀을 복용하세요."

부정성 편향이 존재하는 이유

다른 인지 편향과 마찬가지로, 부정성 편향도 예나 지금이나 우리에게 도움이 되기 때문에 존재하는 것이다. 인류 역사 초기에는 특히 부정성 편향이 더 필요했을 거라고 주장하는 과학자들이 있다. 우리 조상들은 손실이 곧 죽음을 의미하는 환경, 즉 생존이 위협받는 환경에서 살았기 때문에 잠재적 손실을 예방하는 일이 무엇보다 중요했을 것이다. 무엇도 잃을 여유가 없는 상황에서 추가적인 이득에 집중하는 건 일종의 사치다. 현대 상황에 맞게 비유하자면, 고속도로를 달리고 있는데 연료 표시등의 화살표가 'E'를 가리키고, '연료 없음' 경고등이 15분째 깜빡인다. 다음 휴게소까지 가려면 앞으로 16킬로미터를 더 달려야 한다. 이런 처지라면, 아무리 더워도 기름을 한 방울이라도 아껴야 하므로 기꺼이 에어컨을 끌 것이다.

이제 우리 대부분은 어느 정도의 손실은 생명의 위협으로 받아들일 필요가 없는, 풍요로운 환경에서 살고 있다. 그렇지만 부정성 편향은 여전히 아주 유용하다. 우리에게 무엇을 바로잡아야 할지 알려주는 역할을 하기 때문이다. 순조롭게 흘러가는 일에는 구태여 지속해서 주의를 기울일 필요가 없다. 숨쉬기나 걷기 같은 활동을 끊임없이 의식하고 있는 사람은 없을 것이다. 정상적으로 기능하는 한, 우리는 이런 활동을 당연하게 여긴다. 그리고 이건 우리에게도 좋은 일이다. 아무 문제도 없고 고통도 안 느끼는데 신경을 쓰고 에너지를 낭비해서 좋을 게 없기 때문이다. 그러나 호흡이나 보행 능력을 빼앗길 위기에 처한다면 우리는 이를 지키기 위해 무엇이든 할 것이다. 마찬가지로 무언가에 대한 소유권을 잃을 상황에 놓이면 그 즉시 온 신경이 쏠리게 된다. 성적표에 찍힌 C나 D는 단순한 점수가 아니라 학생들에게 학업에 더욱 신경 써야 한다는 것을 알리는 신호다. 인간이 부정성 편향을 타고난다는 것은 갓난아이를 둔 부모를 보더라도 알 수 있다. 아기의 울음소리 또는 분비물의 이상한 색깔, 냄새 등 아기가 보내는 부정적 신호에 저절로 반응한다. 한밤중에 부모의 잠을 깨우는 건 아기의 사랑스러운 미소나 보드라운 살결이 아니라 아기의 울음소리, 토악질하는 소리다. 이 역시 자손의 번식을 위해 인간에게 생물학적으로 내재된 부정성 편향이다.

부정성 편향의 대가와 우리가 할 수 있는 일

부정성 편향이 과거 인류에게 큰 도움이 되었고 일부 상황에서는 여전히 그러하지만, 극단으로 가면 해로울 수도 있다. 자녀가 클 만큼 컸는데도 부모가 사사건건 간섭한다면 어떨까? 청소년 드라마에 빠지지 않고 등장하는 단골 주제다. 숙제 다 했니? 얼굴은 왜 그 모양이야? 운동을 좀 더 하는 게 좋지 않겠어? 부정성 편향은 타고나는 것이라서 그저 인식하는 것만으로는 그 해악을 피해갈 도리가 없다. 그렇다고 우리가 할 수 있는 일이 전혀 없는 건 아니다. 물론, 부정성 편향에 대응할 방법이 몇 가지 있다. 여기서는 실행할 만한 전략 두 가지를 소개하겠다. 잘못된 선택을 하지 않는 방법과 소유 효과의 영향에서 벗어나는 방법에 대해 알려주겠다.

부정성 편향 때문에 겪을 수 있는 가장 큰 피해는 잘못된 선택을 하는 것이다. 수십 개의 긍정적인 리뷰가 달려 있는 데도 한두 개의 안 좋은 리뷰 때문에 구매를 망설이다가는 인생 최고의 책을 놓치게 될 수 있다. 또는 기댓값을 계산했을 때 충분히 해 봄직한 투자인데도 약간의 돈을 잃을 가능성을 지나치게 염려한 나머지 훌륭한 투자 기회를 놓칠 수도 있다.

이럴 때 활용할 수 있는 효과적인 방법이 있다. 바로 프레이밍 효과(Framing effect)라는 또 다른 인지 편향을 이용하는 것이다. 우리가 무엇을 선호하고, 무엇을 선택할지는 우리에게 주어진 옵션 자체가 아니라 그 옵션이 어떻게 묘사되느냐에 따라 달라진다. 5장을 시작할 때 이미 프레이밍 효과의 예시를 몇 가지 살펴본 바 있다. 하나는 우리는 정시에 도착할 확률이 88퍼센트인 비행기를 선택하면서 지연될 확률이 12퍼센트인 비행기는 피한다는 이야기였고, 또 하나는 자동차의 기본 모델 가격을 제시한 뒤 옵션을 하나씩 추가해 나간 딜러보다 풀 옵션 가격을 먼저 제시한 다음 옵션을 하나씩 빼 가며 설명했던 딜러의 실적이 더 좋다는 이야기였다.

프레이밍 효과는 그 영향력이 매우 크기 때문에 정말로 생사를 가르는 문제가 되기도 한다.[10] 폐암 환자에게 수술 후의 생존 확률이 90퍼센트라고 얘기하면, 환자의 80퍼센트 이상 수술을 받기로 선택했다. 그러나 수술 후의 사망 확률이 10퍼센트라고 말하자 수술을 받겠다고 한 환자가 절반으로 줄었다. 그러므로 같은 내용이더라도 부정적으로 묘사되느냐 아니면 긍정적으로 묘사되느냐에 따라 환자의 선택이 좌우되지 않게끔 의사는 환자에게 둘 다의 방식으로 설명해줘야 할 것이다.

자기 자신에게 질문을 던질 때도 마찬가지다. 같은 내용이더라도 서로 다른 두 가지 방식으로 질문을 하는 것이다.[11] 관련 연구를 하나 살펴보자. 연구자들이 참가자들에게 지문을 제공한다. 가상의 부부가 진흙탕 싸움 같은 이혼 절차를 밟으며 양육권 다툼을 하고 있다는 내용이다. 제시된 표는 지문에 포함된 내용 중에 양육권 결정에 영향을 줄 만한 세부 사항을 정리한 것이다. 보호자 A는 모든 면에서 평균으로, 훌륭한 부모라고 할 수는 없을지라도 그렇다고 안 좋은 보호자도 아니다. 반면 보호자 B는 '평균 이상의 소득'과 같은 긍정적 요소와 '업무 관련 출장이 많음'과 같은 부정적 요소를 두루 갖추고 있다.

참가자를 두 집단으로 나눈 뒤 첫 번째 집단에 어느 보호자의 양육권을 거부하겠냐고 물었다. 그러자 참가자 대다수가 보호자 B를 지목했다. 충분히 납득할 만한 선택이다. 보호자 B는 업무 관련 출장이 많고, 사소하다고 하지만 건강상에도 문제가 있다. 참가자들은 지나치게 바쁘면 자녀를 양육하는 데에도 좋지 않을 거라고 판단했을 것이다.

두 번째 집단에도 동일한 질문을 했는데, 이번에는 표현을 달리하여 둘 중 어느 보호자에게 양육권을 부여하겠냐고 물었다. 그러자 두 번째 집단의 참가자 대부분은 보호자 B의 손을 들어

보호자 A	보호자 B
평균 수준의 소득	평균 이상의 소득
아이와 적당히 친밀함	아이와 매우 친밀함
적당히 바쁨	매우 바쁨
평균 수준의 업무량	업무 관련 출장 잦음
평균 수준의 건강 상태	사소한 건강 문제

주었다. 아이와 매우 친밀하고, 소득이 평균 이상이라는 점에서 봤을 때 이 선택 역시 합당해 보인다. 그러나 이 두 집단의 선택을 모아 놓고 보면, 참가자들은 결국 보호자 B가 A보다 더 나으면서 동시에 더 안 좋다고 판단했다는 의미가 된다.

사람들은 누구의 양육권을 거부해야 할지 결정할 때는 거부할 이유를 찾느라고 부정적인 면에 더 집중하고 긍정적인 면을 도외시한다. 반면, 양육권을 누구에게 부여해야 할지를 결정할 때는 부여할 이유를 찾느라고 긍정적인 면에 더 집중하고 부정적인 면을 도외시한다(2장에서 살펴보았던, 확인 편향 관련 연구 '나는 행복한가?' vs. '나는 불행한가?' 효과가 떠오른다면, 당연하다. 바로 동일한 메커니즘이 작용하는 것이다). 그러므로, 부정적 측면이 지나치게 신경 쓰일 때 긍정적인 방식으로(무엇을 거절할지가 아니라 무엇을 선택할지를 묻는 식으로) 질문의 틀을 다시 짠다면 어느 한쪽에 치우치지 않고 중립을 찾을 수 있을 것이다.

이번에는 소유 효과를 피할 수 있는 방법에 대해 생각해 보자. 소유 효과는 '내 것'이 되었다는 이유만으로 그 대상에 실제보다 더 큰 가치를 부여하게 한다. 그리고 소유 효과의 덫에 걸리면 우리는 잘못된 선택을 하기가 쉽다. 단적인 예로 소유 효과를 이용한 마케팅 전략에 빠지는 경우를 들 수 있는데, 그중에 가장 흔한 게 무료 평가판 멤버십이다. 한 달간 무료로 제공된다는 걸 이미 알고 있으니 늦지 않게 취소할 수 있도록 멤버십 종료일 하루 전에 알람이 울리도록 설정하고 있노라면 어딘가 똑 부러진 소비자가 된 것 같은 기분이 든다. 그러나 일단 멤버십을 소유하고 나면, 소유 효과 때문에 갑자기 그 상품이 굉장히 좋아 보인다. 구매할 생각을 한 적도 없었던 상품인데 이제 이것 없이는 아무것도 못 할 것만 같다.

우리 가족은 브로드웨이 뮤지컬 〈해밀턴(Hamilton)〉의 영화 버전을 보기 위한 목적 하나로 '디즈니플러스(Disney+)' 멤버십에 가입했다. 무료 평가판은 아니었지만, 월간 멤버십 비용이 겨우 6.99달러였고, 그 영화는 충분히 그만한 가치가 있었다. 또 멤버십을 취소하는 건 일도 아니었다. 적어도 당시의 내가 생각하기엔 그랬다. 그런데 〈해밀턴〉을 세 번 보고 나니, 멤버십을 유지하는 게 더 합리적이라는 생각이 스미기 시작했다. 아니, 언젠가 〈스타워즈〉 시리즈가 다시 보고 싶어질지도 모르고, 〈겨울

왕국〉을 한 번 더 보고 싶을 수도 있고…. 무엇보다 스타벅스에서 스콘 하나와 벤티 사이즈 라테를 사 먹는 값보다 한 달 구독 비용이 더 저렴하니까!

소유 효과를 이용하는 또 다른 마케팅 전략으로 '무료 반품' 정책이 있다. 상품이 마음에 들지 않으면 100퍼센트 환불이 가능하다는 사실을 알면, 구매가 망설여질 때 위험을 감수하고 상품을 주문할 가능성이 더 크다. 그런데, 일단 상품이 도착하고 특히 의류를 배송 받아 한번 착용해 보기라도 하면, 이제는 그 옷을 재포장하고 반품 접수를 하는 과정이 굉장히 귀찮게 느껴진다. 그렇게 우리는 새로 산 옷이 마음에 쏙 들지 않더라도 '그래, 이 정도면 또 괜찮은 것 같네, 가끔가다 한 번씩 입을 만하겠다'라고 마음을 바꾼다. 흥, 무료 반품은 무슨!

그러다 보면 어느새 옷장이 미어터질 지경이 된다. 우리 옷장이 어수선한 가장 큰 원인도 바로 소유 효과와 손실 회피에 있다. 3년 넘도록 한 번도 입은 적 없는 옷과 이별하는 건 오랫동안 정든 친구와 헤어지는 것만큼이나 고통스럽다. 보물 같은 그 옷들을 사려고 한 푼 두 푼 얼마나 열심히 모았는지 여전히 생생한데. 선물로 받은 옷이라면 더욱더 버리기가 어렵다. 옷가지를 버리지 말아야 할 이유는 차고 넘친다. 우리 남편은 해질 대로 해진 바지 여섯 벌과 다 떨어진 신발 세 켤레를 버리지 않는다. 정원 가꿀 때 입겠다는 얘긴데, 일 년을 통틀어 보더라도 한 손에 꼽을 만큼밖에 시간을 내지 못한다. 나도 별반 다르지 않다. 내 옷장에는 어깨심이 빳빳하게 들어간 아르마니(Armani) 재킷이 한 벌 있었는데, 1990년대에 재고 정리 품목으로 85퍼센트 할인가에 득템한 것이었다. 또, 호랑이 담배 피우던 시절에나 입었을 법한 펜슬 스커트 두어 벌도 여전히 옷장 한 구석에 고이 모셔 두고 있었다.

그러던 중에 《뉴욕타임스》 베스트셀러 1위에 오른 곤도 마리에의 《정리의 힘》을 읽었다. 곤도 마리에는 심리학자가 아니라 전문 정리가인데, 누구보다도 손실 회피를 잘 이해하고 있는 사람이었다. 물건을 버리는 두려움을 극복하기 위한 방법으로 곤도 마리에가 가장 먼저 우리에게 제안한 것은 옷걸이에 걸린 옷, 서랍 안에 들어 있는 것, 신발장에 놓인 신발 등 모든 물건을 꺼내서 바닥에 쏟아 버리라는 것이다. 한데 모두 쏟아 놓으면 더는 우리 물건이 아닌 것으로 바라볼 수 있게 된다. 더는 소유 효과도, 잃을 것도 없다. 그렇게 되면 우리의 결정은 이제 어떤 물건을 선택할지 결정하는 것으로 재구성된다. 손실이라는 틀에서 획득이라는 틀로 바뀌는 셈이다. 그러면 손실에 대한 두려움 없이 각각의 장점을 기준으로 판단할 수 있게 된다. 내 옷장을 '마리에 곤도'할 때(마리에 곤도하다라는 표현이 '정리하다'는 의미의 관용구로 쓰임. - 옮긴이) 거대한 옷더미에서 살 만한 게 뭐가 있나 고르는 척해 보니 결정이 한결 쉬워졌다. 한 치수 작은 치마? 절대 살 일이 없다. 어깨가 바다처럼 넓은 옷도 마찬가지다. 설령 10년 뒤에 다시 유행이 돌아온다고 하더라도 이건 절대 아니다.

아, 무료 평가판 구독과 무료 반품은 어떻게 됐느냐고? 〈해밀턴〉을 이미 세 번이나 본 나는, 지금 이 시점에서 만약 새롭게 멤버십에 가입해야 한다면 디즈니플러스를 구독할 것 같은지 곰곰 생각해 보았다. 그리고 컴퓨터 화면에서는 로즈핑크로 보여서 온라인 주문했지만 막상 받고 보니 네온 핑크였던 원피스는, 이걸 처음부터 알았어도 과연 '어머, 이건 꼭 사야 해!' 했을지 생각해 보았다. 나는 멤버십을 해지했고, 원피스를 반품했다.

6장

편향 해석

신호등 노란불이 노란색이 아니라고?

*Biased
Interpretation*

1999년, 딸을 임신 중이었던 나는 꼼꼼히 출산 준비를 하고 있었다. 출산 예정일이 6월 초였던 터라 적어도 5월까지는 모든 용품을 챙겨야 했다. 카시트 하나, 유아차 두 대, 목욕 타월 여덟 장, 턱받이 열다섯 장, 기저귀 열 상자, 아기 우주복 열 벌…, 그 다음에는 아직 급하지 않다고 미루었던 물건들을 하나씩 들이기 시작했다. 조기 교육을 믿는 나는 엄청 이르다는 걸 알면서도《잘 자요, 달님(Goodnight Moon)》,《아주 배고픈 애벌레(The Very Hungry Caterpillar)》같은 그림책도 샀다. 그러다 우연히《네이처》에 실린 한 연구를 읽었는데, 그 바람에 취침등을 사야 하나 말아야 하나 고민에 빠지고 말았다.

그 연구에서는 밤새 조명을 켜 두고 자는 아기들은 캄캄한 방에서 자는 아기들보다 근시가 될 확률이 다섯 배 높다고 했다.[1] 대중 매체들도 이 발표에 크게 주목했고, 그중 CNN은 연구 내용을 다음과 같이 요약했다.

"밤새 조명을 켜 두면, 취침등의 조도가 낮더라도 자는 동안 빛이 눈꺼풀을 투과할 수 있기 때문에 눈이 쉬어야 할 시간에도 쉬지 못한다. 눈이 빠른 속도로 발달하는 유아기에 예방 조치를 취한다면 성장 후 생길 수 있는 시력 문제를 피할 수 있다."

그렇잖아도 챙겨야 할 준비물 목록이 길어지고 있던 터라 나는 옳다구나, 하며 목록에서 취침등을 삭제했다.

그로부터 일 년이 흐른 뒤, 이 연구 결과를 반박하는 논문이 《네이처》에 실렸다.[2] 알고 보니 취침등과 근시 사이의 상관관계는 부모의 시력에서 기인하는 것이었다. 부모가 근시인 경우 취침등을 사용할 가능성이 더 높았고, 근시가 있는 부모 사이에서 태어난 아이들은 유전적 요인 때문에 근시로 자랄 가능성이 더 높았던 것이다. CNN은 발 빠르게 정정 보도를 내보냈다.[3]

"그대로 켜 두세요. 연구에 따르면 취침등이 아이의 시력에 해를 끼치지 않는다고 합니다."

모든 상관관계가 인과관계는 아니라는 사실을 보여주는 예시로 써 먹기 딱 좋은 이야기지만, 내가 말하려는 바는 그게 아니다.

취침등이 해롭다는 연구 결과가 잘못되었다는 사실을 안 지 일 년이 지난 2001년, 나는 아들을 임신했다. 당시 내가 알고 있던 모든 사실을 종합했을 때 (근시가 아주 심한) 내가 아들 방에 취침등을 들여놨을까? 절대 아니다. 아이들의 소중한 눈 건강을 해칠 가능성이 있다는 얘기를 한번 듣고 나니, 그 결과가 틀렸다는 게 입증되었는데도 머릿속에서 떠나가질 않는 것이었다.

가능성이 아무리 적더라도 그걸 감수하느니 서랍 모서리에 무릎을 찧거나 쓰레기통에 발가락이 차이는 편이 더 낫겠다고 생각했다(허구한 날 시퍼런 멍에 시달리며 공을 들였지만, 그런 노력이 무색할 만큼 결국엔 두 아이 다 안경을 쓰게 되었다).

이쯤 되자 인지 심리학자인 나는 이런 궁금증이 생겼다. 알고 있던 정보가 틀렸다는 사실을 깨닫고도 우리는 어째서 새로운 정보를 받아들이려고 하지 않는 걸까? 이런 현상을 뭐라고 부르면 좋을까 고민하다가 인과적 각인(causal imprinting)이라고 작명까지 했다. 그러니까 인과적 각인이란 바로 이런 거다.

먼저 도식을 보며 다음과 같이 가정해 보자. 자, 1단계에서 A와 B 사이의 상관관계를 발견했다. A가 있으면 B가 존재하고, A가 없으면 B도 존재하지 않는다. 1단계에서 관찰한 내용을 바탕으로 우리는 A가 B를 유발한다는 것, 즉 2단계의 내용을 추론할 수 있다. 취침등이 근시를 유발한다고 추론할 때처럼 말이다. 중요한 건 3단계다. 여기서 우리는 알고 보니 C라는 세 번째 요인도 있었다는 사실과, A와 B가 동시에 발생할 때마다 C라는 요인이 존재했고 C가 존재하지 않을 때는 A와 B도 동시에 발생하지 않았다는 사실을 알게 된다. 이 관찰을 바탕으로 내릴 수 있는 가장 타당한 인과적 추론은 C는 A와 B를 유발하고, A는 B를 유발하지 않는다는 것이다. 아직 C의 존재가 알려지지 않았던 1단계에서 관찰한 A와 B의 상관관계는, A와 B가 진짜 연관이

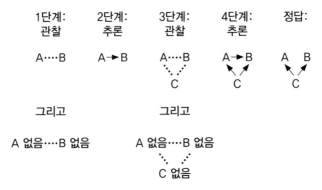

있어서 나온 게 아닌 일종의 가짜 상관관계였다. 그럼에도 일단 A가 B를 유발한다는 믿음이 각인된 사람들은 C의 존재를 알게 된 이후에도 그리고 C가 없으면 A가 B를 유발한다는 증거가 없는데도, 3단계에서 공통 원인을 보고도 여전히 A가 B를 유발하는 것으로 해석한다.

당시 나와 함께 일하고 있었던 포닥(postdoc: 박사 후 연구원) 에릭 테일러(Eric Taylor)와 함께 일련의 실험을 진행했다. 한 집단의 참가자들은 도식에 나온 3단계에서부터 실험을 시작했다. 즉, 처음부터 A, B, C 모든 요인을 한꺼번에 관찰한 것이다. 이 집단의 참가자들은 C가 A와 B를 유발하고, A는 B를 유발하지 않는다는 올바른 인과 관계를 쉽게 찾아냈다. 그러므로 참가자들이 공통 원인 구조 자체를 못 배우는 건 아니었다.

다른 집단의 참가자들은 내가 취침등과 근시의 상관관계에 대해 배우게 된 경로와 비슷하게 1단계에서부터 실험을 시작했다. 바로 내가 그랬던 것처럼, 1단계에서 출발한 참가자들도 A가 B를 유발한다고 확신하는 순간부터 그 사실이 그대로 머릿속에 각인되었다. A와 B의 인과관계가 틀렸다는 사실이 명확하게 드러나는 전체 데이터를 본 이후에도 이들 머릿속에 이미 각인된 믿음은 수정되지 않았다. 일단 A가 B를 유발한다는 믿음이 생기면, 3단계에서 새로운 데이터를 접하더라도 직접적으로 모순되는 게 없어 보인다. A가 있으면 B가 발생하고 A가 없으면 B가 발생하지 않는 것처럼 보이기 때문에 그 상관관계를 A가 B를 유발한다는 증거로 간주하며 처음에 믿게 된 해석을 바꾸려 들지 않는 것이다.

이 또한 우리가 이미 갖고 있는 믿음을 고수하려고 하는 현상, 이른바 확인 편향의 예시다. 확인 편향이란 우리가 옳다고 생각하는 것과 상반되는 정보를 찾아보지 않을 경우에 발생할 수 있는 오류로, 2장에서 확인 편향의 몇 가지 유형을 톺아보았다. 5장에서는, 우리가 참이라고 믿으면, 그에 반하는 새로운 데이터가 나오더라도 끼워 맞추는 식으로 해석하기 때문에 발생하는 유형의 확인 편향을 살펴볼 것이다.

누구도 피해갈 수 없는 편향 해석

편향 해석에 관한 에피소드가 하나 더 있다. 둘째 아이가 네 살이었을 때 차 안에서 아이와 논쟁을 벌인 적이 있다. 아들은 내게 노란 신호등을 왜 노란불이라고 부르냐고 물었다. 무슨 말인지 이해가 안 됐지만, 네 살짜리 꼬맹이가 하는 말이니 그러려니 하며 차분히 대답했다.

"노란색이니까 노란불이라고 하지."

그러자 아들은 "노란색 아니야. 오렌지색이야"라고 대꾸했다. 불현듯 혹시 남편이 색맹이라는 걸 여태껏 숨긴 건 아닐까, 아들이 그 유전자를 물려 받은 건 아닐까 싶은 생각이 들어 머릿속이 복잡해졌지만, 인내심 있게 다시 한 번 아들의 말을 바로잡아 주었다. 그러나 아들은 끝끝내 고집을 부렸다.

"엄마, 저기 봐 봐요."

아들에게 틀렸다는 걸 제대로 알려줘야겠다 싶었던 나는 마침 노란불이 켜진 신호등 앞에서 차를 멈추고 고개를 치켜들었다. 그랬더니 세상에, 오렌지색 불빛이 보이는 게 아닌가. 탐스럽게 잘 익은 제주 감귤 빛깔은 아니었지만 분명 레몬보다는 오렌지에 훨씬 더 가까운 색깔이었다. 기회가 된다면 신호등을 한 번 봐 보시라. 나중에 알게 된 사실인데, 가시성을 최대한으로 높이기 위해 신호등의 가운데 등을 주황색에 가까운 호박 보석 색으로 만들었다고 한다(미국 공공문서나 영국에서는 '호박색 등 amber light'이라는 더 정확한 명칭을 사용한다). 아니, 그렇다면 대체 왜 나는 신호등에 노란색이 있다고 생각하며 자란 걸까? 평생 속고 산 것 같았다. 우리 부모님은 신호등을 볼 때마다 노란불이라고 불렀고, 그래서인지 나도 늘 노란불이라고 불렀다. 어렸을 때 신호등을 그리라고 하면 나는 빨간색, 초록색, 레몬 빛 노란색 크레용을 꺼내어 동그라미 세 개를 아주 꼼꼼하게 채웠다. 정말 무서운 건 아들이 정정해 주기 전까지는 실제로 내 눈에 레몬 빛을 띤 노란색으로 보였다는 사실이다.

이미 가지고 있는 믿음 때문에 현실을 편향되게 해석하는 일은 너무나 흔하다. 신호등 정도야 노란색, 오렌지색, 호박색 뭐라고 부르든 신호를 지키기만 한다면 큰 문제가 생기지 않으니까 그냥 그렇게 잘못 보고 살 수도 있었다 치자. 그렇지만 새로운 데이터를 접하고도 기존의 믿음을 고수하다가 위해가 발생하는 경우라면 누구라도 응당히 생각을 바꾸지 않을까? 그러나 모순된 증거를 마주하는 상황에서도, 자신과 타인 모두에게 상당한 피해를 줄 수 있을 만한 상황에서도 편향된 해석을 고집하는 예는 실로 차고 넘친다.

예시를 하나 들어보자. 자기 문제를 늘 남 탓으로 돌리는 사람이 주변에 최소 한 명쯤은 있을 것이다. 이런 사람이 아침 회의에 지각이라도 하면, 매일 그 시간이면 언제나 차가 밀린다는 걸 뻔히 알면서도 교통 체증 때문에 늦었다고 핑계를 댄다. 이런 사람들은 누군가의 마음을 상하게 해 놓고선 "그렇게 느끼셨다니 안타깝네요"라는 식으로 사과한다. 언제나 나는 옳고 남이 틀렸다는 생각을 가지고 살면 연약한 자아를 보호할 수 있을지 몰라도 스스로 배우며 성장할 기회, 타인과 깊이 있고 끈끈한 관계를 만들어 갈 기회까지 지켜낼 수는 없다.

그런가 하면, 반대로 모든 걸 자기 탓으로 돌리는 사람들도 있다. 그런 사람들은 어떤 칭찬을 받아도 '누구한테나 저렇게 말하고 다닐 거야'라는 식으로 의심하고, 자신의 성과를 '그냥 운이 좋아서 그런 거지'라는 식으로 깎아내리고, 아주 건설적인 피드백을 받더라도 '나는 구제불능이야'라며 비난조로 받아들인다. 어쩌면 가면 증후군 때문일 수도 있다. 이들은 아무리 잘해도 충분하다고 생각하지 않으며, 그러한 믿음을 반박하는 어떤 새로운 증거가 나오더라도 자신을 향한 부정적 관념을 깨뜨리지 못한다.

우울증을 겪는 사람일수록 자신에게 해로운 방향으로 편향 해석을 하기가 더 쉽다. 유진이가 친구 주영이에게 문자를 보냈다고 치자. "금요일 밤에 약속 있어?" 4분 뒤, 메시지 상태는 '전송됨'에서 '읽음'으로 바뀌었지만 주영이는 답이 없다. 두 시간이 지났다. 물론 주영이가 답장을 보내지 않은 데에는 수만 가지 이유가 있을 수 있다. 문자를 확인하자마자 숨막히게 지루한

회의가 시작되는 바람에 답장을 깜빡했을 수도 있고, 세숫대야 만 한 칼국수 그릇에 휴대폰을 퐁당 떨어뜨렸을 수도 있고, 머리에 새똥을 맞는 바람에 지금까지 항균 샴푸로 머리를 벅벅 감는 중일 수도 있다. 어떤 상황인지 아무것도 확실하지 않은데도, 자존감이 낮은 유진이는 주영이가 자기를 싫어한다고 섣부른 결론을 내려 버린다.

반대로 잘못된 고정관념 때문에 상대방을 있는 그대로 보지 않음으로써 상대방을 해할 수도 있다. 이를 입증하는 연구는 무수히 많다. 그중 하나인 성별 간 임금 격차를 조사한 연구를 살펴보도록 하자. 성별 간 임금 격차는 논란이 많을 만큼 풀기 어려운 사회 문제다. 보통 여성이 남성에 비해 더 적은 급여를 받는데, 이를 남녀가 타고나는 적성이 다르기 때문이라고 여기며 불공평한 대우가 아니라고 주장하는 사람들도 있다. 내가 다루려는 연구에서는 성별을 제외한 모든 면에서 동일한 자격을 갖춘 두 지원자가 연구직에 지원하는 경우에 어떤 일이 일어나는지 살펴봤다.[4]

이 실험의 참가자들은 명망 높은 자연 과학 대학에 속한 교수들이었다. 이 교수들에게 랩 매니저에 지원한 학생을 평가해 달라고 요청했다. 지원서에는 지원자의 출신 대학, 평균 학점, (미국 대학원 입학 자격 시험인) GRE 점수, 연구 실적, 향후 계획 등 지원 서류에 있을 법한 전형적인 정보들이 담겨 있었다. 교수들이 건네받은 지원서에는 모든 자격 사항이 동일하게 작성되어 있었고, 딱 하나 이름만 다르게 쓰여 있었다. 교수들의 반이 받은 지원서에는 제니퍼라는 이름이, 나머지 절반이 받은 지원서에는 존이라는 이름이 적혀 있었다.

제니퍼와 존의 자격 사항이 완벽하게 동일했고 참가자 전원이 편향 없이 데이터를 해석하는 훈련 받아 온 과학 교수들이었는데도, 대체적으로 존이 제니퍼보다 훨씬 더 유능하고, 고용할 만하고, 교수 멘토링을 받을 만한 자격이 있다고 평가했다. 지원자에게 지급할 연금으로 얼마가 적당하겠냐고 묻자 존에게 지급하겠다고 한 평균 연금은 제니퍼를 본 참가자들이 책정한 금액보다 3,500달러가 더 많았고, 이는 제니퍼에게 제안한 연금보다 10퍼센트 더 많은 금액이었다. 과학자인 이들 참가자 역시 똑같은 내용의 지원서를 보고도 지원자의 성별에 휘둘려 해석하고 말았다. 더욱 안타까운 사실은 남성뿐만이 아니라 여성 교수들도 동일한 결정을 내렸다는 것이다.

이와 비슷한 맥락의 다른 연구들을 보면, 성차별뿐만 아니라 인종주의, 민족주의, 계급주의, 동성애 차별주의, 능력주의, 연령주의 등 온갖 종류에서 유사한 편견이 드러난다. 최근 발생 빈도가 높아지면서 미국에서 핫이슈로 떠오른 경찰 폭력과 인종차별 문제를 다룬 연구를 하나 살펴보자. 대부분 백인 남녀로 구성된 참가자 집단에게 비디오 게임을 하게 했다.[5] 비디오 게임을 시작하면 쇼핑몰 앞 또는 주차장과 같은 일상적인 장소에 뭔가를 손에 쥐고 있는 사람이 갑작스럽게 등장한다. 손에 들린 물건은 위험한 총기(은색 스너비 또는 검은색 9mm 권총)이거나 안전한 소지품(은색 알루미늄 캔, 검은색 휴대폰, 검은색 지갑)이다. 연구자들은 화면 상에서 이들 물건이 총인지 아닌지 애매모호해 보이지 않게끔 심혈을 기울였다. 게임에서 참가자들이 해야 할 일은 등장한 사람의 손에 총이 들려 있을 경우 '발사' 버튼을, 총이 아닌 다른 물건이 들려 있을 경우 '발사 금지' 버튼을 누르는 것이었다. 경찰이 범죄 상황에 출동했을 때를 시뮬레이션 할 수 있도록 제한 시간을 설정했다. 표적이 될 인물은 당연히 백인일 때도 흑인일 때도 있었다.

이쯤해서 독자들도 아마 결과가 끔찍하리라는 걸 짐작하고 있을 것이다. 여러분의 예상대로 총을 들지 않은 백인보다 총을 들지 않은 흑인을 향해 발사 버튼을 누를 확률이 훨씬 더 높았다. 즉, 흑인이 알루미늄 캔을 들고 있으면 그 캔을 총으로 오해할 가능성이 높았다. 그리고 똑같이 총을 들고 있더라도 그 총을 든 사람이 흑인일 때보다 백인일 때 참가자들은 훨씬 더 높은 확률로 그 총을 안전한 물건이라고 오판했다. 즉, 검은색 권총을 들고 있는 백인을 보면, 그 권총을 휴대폰이나 지갑으로 잘못 볼 가능성이 더 컸다.

후속 실험을 통해 표적이 비무장 상태일 때 참가자들이 얼마나 빠르게 '발사 금지' 버튼을 누르는지 조사했다. 그리고 이전 실험에서와 다르게 이번에는 흑인도 참가자 집단에 포함했다. 실험 결과, 참가자의 피부색과 무관하게 비무장 표적을 보고 '발사 금지' 버튼을 누르는 속도는 흑인일 때보다 백인일 때가 더 빨랐다.

똑똑한 사람일수록 더 편향될 수 있다

그렇다면 편향의 영향을 덜 받는 사람이 따로 있을까? 소위 유식한 사람들의 경우는 어떨까? 지성을 더 갖춘 사람일수록 옳고 그름을 잘 분별할 수 있을 거라고, 데이터를 해석할 때 또는 어떤 상황을 판단할 때 관련 지식만 적용하여 실수를 저지르지 않을 거라고 생각할 수 있다. 또 우리가 아는 사실과 배치되는 주장을 하는 사람을 보면 우리보다 덜 똑똑해서 그렇다고 생각하기 쉽다. 지인의 지인이 코로나19를 일반 독감이나 다름없는 질환이라고 떠들고 다닌다더라는 말을 듣는다면 고개를 갸우뚱할 것이다. 덜떨어진 게 아니고서야 그런 터무니없는 말을 믿으면서 전 세계 수백만 명의 죽음을 '평균적인' 사망률로 치부할 수 있겠는가 싶을 것이다. 그러나 이 말 같지도 않은 소리를 앵무새처럼 뱉고 다니는 이들 중에는 자기 분야에서 상당한 지식 수준을 증명한 사람이 적지 않다.

실은 지식수준이 높은 사람일수록 편향적으로 해석할 가능성이 더 크다. 자신의 신념이나 믿음에 모순되는 사실에 맞닥뜨렸을 때 거기서 빠져나갈 방법을 더 많이 알고 있기 때문이다. 1979년에 발표된 중요한 연구가 하나 있는데, 아마 확인 편향, 특히 정치적 양극화를 초래할 수 있는 확인 편향에 관한 저술에 가장 많이 인용되고 있는 연구일 것이다.[6] 다만, 이 논문이 인용될 때 참가자들이 자신의 편향을 유지하기 위해서는 치밀하고 지능적인 노력을 해야 했다는 사실이 충분히 언급되지 않은 터라 그 부분을 여기서 자세히 설명해 보겠다.

연구자들은 사형 제도에 관한 견해에 따라 학부생 참가자들을 모집했다. 그러니까 모집된 참가자 일부는 사형 제도가 범죄를 억제한다는 주장을 신뢰하여 사형제를 지지했고, 또 일부는 사형 제도를 반대했다. 연구실에 입장한 참가자들은 내용을 읽어 달라는 요청과 함께 인쇄물을 전달 받았다. 인쇄물에는 사형 제도와 범죄율의 관계에 관한 열 건의 연구 결과가 요약되어 있었다. (가상의) 연구 열 건 가운데 절반은 다음의 예시처럼 사형 제도에 범죄 억제 효과가 있다고 주장했다.

크로너와 필립(1977)은 14개 주에서 사형 제도가 시행되기 전년과 그 다음 해의 살인율을 비교했다. 그 결과, 14개 주 중

11개 주에서 사형제 도입 이후의 살인율이 더 낮은 것으로 나타났다. 이 연구는 사형 제도가 범죄 억제에 효과적이라는 주장을 뒷받침한다.

나머지 절반의 연구에서는 사형제도가 범죄율을 감소시키지 못한다는 결론을 내렸다.

팔머와 크랜들(1977)은 서로 다른 사형법을 따르는, 인접한 주 열 쌍의 살인율을 비교했다. 열 쌍 중 여덟 쌍에서 사형 제도를 시행하는 주의 살인율이 더 높은 것으로 나타났다. 이 연구는 사형 제도가 범죄 억제에 효과적이라는 주장에 이의를 제기한다.

참가자들이 연구 결과를 하나씩 읽어 내려갈 때마다 연구자들은 사형 제도를 바라보는 견해가 달라졌는지, 그렇다면 얼마나 달라졌는지 평가해 달라고 요청했다. 이쯤 되면, 2장에서 다루었던 확인 편향의 예시를 다시 언급하고 있는 게 아니냐고 생각하는 독자 여러분이 있을지도 모르겠다. 만약 그런 경우라면, 처음부터 사형 제도를 지지했던 참가자는 연구 결과를 읽은 뒤에도 계속해서 사형 제도를 긍정적으로 생각하고, 제도에 반대하는 참가자들은 계속해서 사형 제도를 부정적으로 생각한다는 결과가 나와야 할 것이다.

그러나 흥미롭게도 상황은 그렇게 흘러가지 않았다. 실험 전에 사형 제도를 지지했든 반대했든, 참가자들은 사형 제도가 범죄를 억제한다는 연구 결과를 읽고 나자 사형 제도를 더욱 긍정적으로 바라보게 되었다. 마찬가지로, 사형 제도에 범죄 억제 효과가 없다는 연구 결과를 읽은 참가자들은 기존의 입장이 어느 편이었든 간에 사형 제도에 부정적인 견해를 갖게 되었다. 결과적으로 사람들은 새로운 정보를 접하면 그 내용이 자신이 믿고 있던 것과 상충하더라도 영향을 받은 것이다. 기존에 어떤 입장을 지지하느냐에 따라 영향을 받는 정도는 달랐지만(이를테면, 사형제의 범죄 억제 효과에 관한 연구 결과를 읽었을 때 사형제 옹호론자가 반대론자보다 훨씬 열렬히 옹호하게 되었다), 새 데이터를 접하고서 입장을 바꾸었다는 사실에는 변함이 없었다.

중요한 건 여기서부터다. 첫 번째 단계에서는 연구 결과를 간단히 요약한 지문을 제공했으나, 두 번째 단계에서는 연구의 세부 사항이 포함된 연구 결과를 제공했다. 거기에는 실험 대상이 된 주(州) 선정 기준(미국은 주마다 법이 다르므로), 실험 기간 등 방법론적 세부 사항이 구체적으로 기술되어 있었다. 두 번째 단계에 이르자 참가자들도 각 연구의 결과가 어떤 과정을 거쳐 도출되었는지 더욱 정확하게 알게 되었다. 그리고 놀랍게도, 세부 정보를 읽어 본 참가자들은 첫 번째 단계 때와는 다른 반응을 보였다. 자신의 기존 입장과 배치되는 데이터를 접했지만, 그 안에 포함된 세부 정보를 이용하면 그 데이터를 무시할 수 있었던 탓이다. 참가자들이 보인 반응은 다음과 같았다.

이 연구는 사형제도가 부활되기 1년 전과 1년 후에만 이루어졌다. 더욱 효과적인 연구가 되려면 최소 10년 동안의 이전 데이터 및 가능한 많은 양의 이후 데이터를 취합해야 했다.

주 선정 방법에 결함이 너무 많으며, 전반적으로 변수가 너무 많아서 입장을 바꿀 수 없다.

참가자들은 이처럼 정교한 비판을 통해 자신의 기존 입장과 상반된 결론을 낸 연구에 결점이 있다고 확신했다. 거기서 다가 아니다. 그러한 연구 결과를 접한 뒤에 오히려 자신의 기존 입장을 더욱 공고히 했다. 사형 제도에 범죄 억제 효과가 없다고 주장하는 연구들의 세부 정보를 읽은 옹호론자들은 오히려 사형제를 훨씬 더 긍정적으로 생각했다. 마찬가지로 사형 제도에 범죄 억제 효과가 있다고 주장하는 연구들의 세부 정보를 읽은 반대론자들은 사형제를 훨씬 더 부정적으로 받아들였다. 즉, 기존 입장에 반하는 새로운 정보를 접한 뒤에 두 집단의 양극화가 훨씬 더 심해진 것이다.

자신의 믿음에 반하는 데이터를 뒷받침하는 증거를 접했을 때 거기서 빠져나올 구실을 찾으려면 상당량의 분석적 사고 기술과 배경 지식이 필요하다. 데이터 수집 및 분석 방법, (5장에서 다루었던) 대수의 법칙이 중요한 까닭 등을 알고 있어야 하기 때문이다. 처음에 연구에 관한 자세한 설명 없이 결과만 제시했을 때는 참가자들이 이런 복잡한 기술을 적용할 수 없었고, 그 결과 편향된 해석이 발생하지 않았다. 그러나 구체적인 정보가 충분히 주어지자 참가자들은 그러한 기술을 활용하여 자신의 기존 입장에 반하는 연구에서 문제가 될 만한 점을 찾아낼 수 있었고, 그 결과 자신의 기존 입장을 더욱 강하게 고수하게 되었다.

그러나 이 연구만 봐서는 추론 능력의 차이가 연구 결과에 영향을 미쳤는지 알 수 없다. 수리 추론 능력에 따라 편향된 해석을 하는 정도도 다른지 직접적으로 조사한 연구가 있다.[7] 이 연구에서 연구자들은 먼저 참가자들의 산술 능력, 즉 숫자 개념을 활용해 추론하는 능력을 측정했다. 문제의 난이도는 다양했지만, 상당한 수준의 수리 추론 능력을 갖추어야 제대로 풀 수 있는 시험이었다. 팁 계산하기 또는 신발 한 켤레 가격의 30퍼센트 할인가 계산하기 정도의 문제보다 약간 더 복잡한 것들도 있었고, 다음 문제처럼 훨씬 더 어려운 것들도 있었다.

5면체 주사위를 50번 던진다고 상상해 보자. 50번을 던지는 동안 평균적으로 홀수가 나올 횟수는? (정답: 30)

숲에 있는 버섯 중 20퍼센트는 빨간색, 50퍼센트는 갈색, 30퍼센트는 흰색이다. 빨간 버섯이 독버섯일 확률이 20퍼센트다. 빨간색이 아닌 버섯이 독버섯일 확률은 5퍼센트다. 그렇다면 숲속의 독버섯이 빨간색일 확률은? (정답: 50퍼센트)

그런 다음, 참가자들에게 새로 나온 크림과 발진 사이의 관계를 보여주는 '데이터'를 제공했다. 다음에 나오는 표가 참가자들에게 보여준 것이다. 크림을 사용한 총 298건 중 223건(약 75퍼센트)에서 발진이 나아졌고, 나머지 75건에서는 발진이 더 심해졌다. 이 데이터를 보면, 대다수의 사람들은 새로 나온 크림이 피부 상태를 개선한다고 성급하게 결론을 내릴 것이다.

여기서 잠깐, 괴물 스프레이와 방혈 요법 이야기를 기억하는가? 2장에서 확인 편향을 설명할 때 사용했던 예시들이다. 올바른 결론을 내리려면 괴물 스프레이를 사용하지 않았을 때 무슨 일이 벌어지는지 확인해야 했던 것처럼, 이 경우에도 새로 나온 크림을 사용하지 않을 때 어떤 일이 발생하는지를 반드시 살펴야 한다. 표에 요약된 데이터를 보면 새로 나온 크림을 사용하지 않았을 때 128건 중 107건(약 84퍼센트)에서 발진이 완화되었다는 사실을 알 수 있다. 즉, 이 데이터에 따르면 발진이 있는 사람은 차라리 크림을 사용하지 않는 편이 더 낫다는 결론이 나온다.

	발진 완화	발진 악화
크림을 사용한 환자 (총 298명)	223	75
크림을 사용하지 않은 환자 (총 128명)	107	21

표의 데이터를 보고 크림과 발진의 관계에 관한 결론을 정확하게 추론해내는 일은 상당히 어려운 작업이다. 당연히 산술 능력 평가 점수가 높을수록 정답을 맞히는 사람이 많았다. 아, 그리고 민주당원인지 공화당원인지의 여부는 정답을 찾아내는 능력과 무관하다는 점을 덧붙여야겠다. 무슨 뜬금없는 소리냐고 할 수도 있지만, 반드시 짚고 넘어가야 할 문제다. 왜냐하면 크림과 발진 데이터에 사용된 것과 동일한 수치를 정치적인 맥락에 적용해 참가자들에게 제공하는, 새로운 조건에서도 실험을 진행했기 때문이다.

이번에는 참가자들에게 총기 규제(특히 공공장소에서 권총을 숨겨 가지고 다니는 것을 금지하는 법)와 범죄율 사이의 관계에 관한 데이터를 보여주었다. 제시된 데이터는 두 가지로, 하나는 공화당의 말마따나 총기를 규제하면 범죄율이 증가한다는 주장을 뒷받침하는 내용이었고, 다른 하나는 민주당의 주장대로 총기 규제가 범죄율을 감소시킨다는 내용을 뒷받침하고 있었다.

참가자들이 어느 정당을 지지하느냐와는 무관하게 산술 능력에서 낮은 점수를 받은 사람들은 발진 크림이나 방혈요법 사례에서 본 것처럼 이 문제의 정답도 쉽게 맞히지 못했다. 데이터를 보고도 총기 규제가 범죄율 증가에 영향을 미치는지 아닌지를 거의 마구잡이로 결정하는 수준이었다. 그래도 최소한 이들은 데이터를 편향적으로 해석하지는 않았다. 데이터가 뒷받침하는 내용과 무관하게 산술 능력에서 낮은 점수를 받은 민주당원, 공화당원은 오답을 낼 가능성이 더 높았고, 발진 크림을 주제로 한 실험에서와 마찬가지로 정치적 입장에 따른 차이는 없었다.

그러나 산술 능력에서 높은 점수를 받은 사람들은 데이터를 편향적으로 해석했다. 산술 능력이 좋은 공화당원은 총기 규제가 범죄를 증가시킨다는 것이 정답일 경우에 데이터를 올바르게 해석할 가능성이 높았다. 산술 능력이 좋은 민주당원은 총기 규제가 범죄를 감소시킨다는 것이 정답일 경우에 데이터를 올바르게 해석할 가능성이 더 높았다. 즉, 수리 추론 능력이 뛰어난 사람들은 자신의 기존 입장을 뒷받침하는 경우에만 주어진

공화당의 견해와 일치하는 데이터

	범죄 감소	범죄 증가
공공장소 내 권총 휴대를 금지한 도시 (총 = 298)	223	75
공공장소 내 권총 휴대를 금지하지 않은 도시 (총 = 128)	107	21

참고: 이 가상 데이터에 따르면, 총기 규제를 시행한 도시의 25퍼센트에서 범죄가 증가한 반면, 총기 규제가 없는 도시의 16퍼센트에서 범죄가 증가했으므로 총기 규제는 범죄를 증가시킨다.

민주당의 견해와 일치하는 데이터

	범죄 감소	범죄 증가
공공장소 내 권총 휴대를 금지한 도시 (총 = 298)	75	223
공공장소 내 권총 휴대를 금지하지 않은 도시 (총 = 128)	21	107

참고: 이 가상 데이터에 따르면, 총기 규제를 시행한 도시의 25퍼센트에서 범죄가 감소한 반면, 총기 규제가 없는 도시의 16퍼센트에서 범죄가 감소했으므로 총기 규제는 범죄를 감소시킨다.

데이터를 제대로 해석해냈다.

수리 추론 능력 또는 분석 추론 능력이 부족하면 데이터를 편향적으로 해석하는 일이 없다는 말을 하려는 게 아니다. 물론 그런 사람들도 잘못된 판단을 내린다. 이를테면 누군가의 손에 들린 물건이 그 사람이 흑인이냐 백인이냐에 따라 총으로 보이거나 휴대폰으로 보이는 것 같은 상황은 보는 사람의 지능에 관계없이 일어날 수 있다. 하지만 여기서 말하고자 하는 점은, 똑똑하다고 해서 비합리적인 편향으로부터 자유로울 수 없다는 것이다. 오히려 똑똑함 때문에 편향이 악화할 수도 있다는 점을 잊어서는 안 된다.

팩트를 편향적으로 해석하는 이유

팩트와 데이터를 자신의 편향된 신념에 끼워 맞추어 해석하는 것은 개개인뿐 아니라 사회 전체에도 해를 끼친다. 그렇기 때문에 편향 해석에 빠지지 않도록 우리가 실천할 수 있는 예방책을 찾아봐야 한다. 그전에 우리가 편향된 방식으로 해석하는 이유가 무엇인지, 편향 해석을 인식하거나 적절히 대응하지 못하는 이유가 무엇인지 생각해 보면 도움이 될 것이다.

물론 그러고 싶으니까 그렇게 하는 경우도 많다. 때로는 체면을 살리고 싶은 마음이, 때로는 자신이 틀렸다는 걸 알면서도 맞다고 고집 피우고 싶은 마음이 동기를 부여하기도 한다. 또 가족이나 정당처럼 우리가 속한 집단의 가치관을 보호하고 싶은 마음에서 그럴 수도 있다. 이런 경우처럼 어떤 목적을 달성하기 위해 일부러 편향되게 해석할 때도 많다. 그러나 마땅한 동기 요인이 없을 때도 우리는 편향 해석이라는 덫에 빠져든다. 신호등 색깔을 다시 한 번 생각해 보자. 신호등이 빨간색, 초록색, 주황색이 아니라 빨간색, 초록색, 노란색이라고 믿는다고 해서 내게 득이 될 건 없었다. 난 이것 저것 의견도 많고 목소리도 큰 편이긴 하지만, 신호등이 노란색이냐 오렌지색이냐 하는 문제는 전혀 내 관심사가 아니다. 그런데도 노란색이라고 하니까 그러겠거니 하고 믿어버린 탓에 어릴 때부터 지금까지 주황색을 노란색으로 잘못 보고 살았다. 여학생 제니퍼에게 남학생 존보다 더 적은 연금을 제안한 여성 과학 교수들의 경우도 마찬가지다. 이 교수들이 여성들을 과학계에 얼씬도 하지 못하게 만들고 싶었던 건 아니었을 것이다. 또 흑인 참가자들이 게임 화면에 비무장 상태의 흑인이 나왔을 때보다 비무장 상태의 백인이 나타났을 때 더 빠르게 '발사 금지' 버튼을 눌렀다고 해서 이들이 인종차별적인 사회를 원했다고 해석할 순 없을 것이다. 꼭 특별한 동기가 없더라도 우리는 경험하는 모든 것을 우리의 신념에 따라 다르게 볼 수밖에 없다. 그 이유는 간단하다. 우리가 그렇게 만들어져 있기 때문이다. 우리 안에 이 편향이 얼마나 깊이 뿌리 박혀 있는지 이해할 수 있도록 조금 더 깊이 파헤쳐 보자.

해석 편향을 일으키는 인지 메커니즘은 우리가 일상에서 늘 사용하고 있는 것이다. 방대한 지식을 소유한 인간은 외부 자극을 처리할 때마다 자동적으로, 끊임없이, 무의식적으로 그 지식을 사용한다. 그리고 인지 과학에서는 이를 하향 처리(top-down processing)라고 부른다.

예를 들어 누군가 말하는 걸 들었을 때 우리가 그 말 소리를 어떻게 처리하는지 한번 생각해 보자. 미국에서 자란 사람들이라면 '충성의 맹세(Pledge of Allegiance)'를 수도 없이 들었을 것이다.

"I pledge allegiance to the Flag of the United States of America, and to the Republic for which it stands, one nation under God, indivisible, with liberty and justice for all(나는 미합중국 국기와 국기가 상징하는 미국 공화국, 신의 가호를 받는 국가, 하나의 국가, 모두에게 자유롭고 정의로운 국가에 충성을 맹세합니다)."

아이들이 '언더 갓, 인비저블(under God, invisible: '신의 가호 아래, 보이지 않는'이라는 의미.-옮긴이)' 또는 '투 더 리퍼블릭 포 위치스 스탠드(to the Republic for witches stand: '마녀가 서 있는 공화국에'

라는 의미.-옮긴이)'라고 읊조리는 걸 흔히 들을 수 있는데, 이는 실제로 그렇게 들리기 때문이다. 단순히 음성학적 특성만 고려 한다면 충분히 그런 오류가 생길 만하다. 그 맹세의 진정한 의 미를 생각할 때에야 비로소 그 맥락에는 '마녀들(witches)'이나 '보이지 않는(invisible)'이라는 단어가 나올 수 없다는 걸 깨달을 수 있다.

한국 독자들이 공감할 만한 예로 노래를 듣고 가사를 정확 히 맞히기를 생각해 봤다. 어느 유튜브 채널에서 보니 마마무 의 〈Hip〉에 나오는 "어딜 가든 넌 (Reflection) 빛날 수 있어 세상 에 넌 하나뿐인 걸" 부분을 한 사람은 "어디가도 날 위플레션~ 만날 수 없어 ~ 세상에 하나뿐인 걸"로 받아쓰고, 또 한 사람은 "어 댄서 어디가도 넌 우플랙스 할 수 있어 세상은 너 하나뿐인 걸"라고 쓴다. 그 와중에 "하나뿐인"은 두 사람 다 정확하게 맞 혔는데, 그게 사실은 정말 어려운 일을 해낸 것이다. 비성으로 낸 소리만 그대로 들으면 정확히는 "아나쁘닌"이지만, 한글을 아는 상태에서 노래의 내용을 대강 파악했기 때문에 쉽게 "하 나뿐인"이라고 알아들은 것이다. 비슷한 예로 여자아이들의 노 래 〈덤디덤디〉 중 "turn up my summer" 부분이 "전현무 선물" 로 들린다는 말을 어디선가 듣고 나면, 더는 그 구간이 "turn up my summer"로는 들리지 않는다고 한다. 이렇게 우리는 말 소 리를 하나 해석할 때도 이미 알고 있는 것에 영향을 받는다.

한 걸음 더 나아가 보자. 상황이 이렇다면, 개인적으로 득이 될 게 하나 없을 때도 동일한 길이의 사물을 보면서 누구는 길이가 짧다고, 다른 누구는 길다고 생각할 수도 있을까? 대학원 시절 내 지도를 받았던 제스카 마시(Jessecae Marsh)와 함께 진행한 실험에서 이를 조사해 봤다.[8] 실험 참가자에게는 컴퓨터를 통해 여러 장의 슬라이드가 제시되었다. 각 슬라이드 왼편에는 어떤 토양 샘플에 존재하는 막대기처럼 생긴 박테리아 그림이, 오른편에는 그 토양 샘플의 사진이 포함되어 있었다(그림 패널 참고). 그리고 샘플 사진 위에는 질소의 존재 여부를 알려주는 글자가 큼직하게 써 있었다. 우리는 참가자들에게 비슷한 슬라이드를 여러 장 보여줄 테니 특정 박테리아가 토양 내 질소를 유발하는지, 유발하지 않는지 맞혀 보라고 말했다.

그런 다음, 각 참가자에게 예순 개의 토양 샘플을 슬라이드를 통해 하나씩 차례로 보여주었다. 초반에 제시된 슬라이드들에는 두 종류의 박테리아만 나왔다. 그림 속 상단 두 개의 패널에서 보이는 것처럼, 일부 슬라이드 속 박테리아는 화면 맨 위부터 맨 아래까지 길게 뻗어 있었고, 일부 슬라이드에서는 위아래에 빈 공간이 많은 작은 막대 모양이었다.

그리고 맨 위에 있는 두 슬라이드에서처럼, 참가자들이 처음에 본 토양 샘플에서는 매우 긴 박테리아가 질소의 존재를 나타내는 그림과 짝을 이루고 있었고, 아주 짧은 박테리아는 질소의

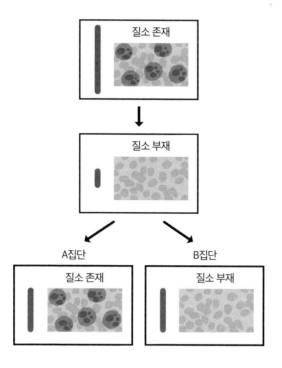

부재를 나타내는 그림과 짝을 이루고 있었다. 이런 식으로 짝을 이룬 슬라이드를 여러 장 보고 나자 참가자들은 긴 박테리아가 토양 내 질소를 유발한다고 믿기 시작했다. 여기까지는 간단했다.

그런데 이쯤에서 실험의 궤도가 바뀌었다. 참가자들이 긴 박테리아가 질소의 존재를 유발한다고 생각하기 시작할 무렵, 참가자 절반(A집단이라고 부르자)에게 중간 길이 박테리아와 질소 토양 샘플이 짝을 이루고 있는 슬라이드 여러 장을 보여주었다. 아주 긴 박테리아와 아주 짧은 박테리아의 딱 중간 길이가 되게끔 정밀하게 조절한 덕분에 박테리아의 길이를 길고 짧음으로 분류한다면 길지도 짧지도 않은, 더도 말고 덜도 말고 정확히 중간 길이였다.

실험이 끝날 때까지 A 집단 참가자들은 총 예순 장의 슬라이드를 보았다. 거기엔 긴 박테리아와 질소 검출 토양 슬라이드, 짧은 박테리아와 질소 불검출 토양 슬라이드, 그리고 제일 중요한 게 딱 중간 길이의 박테리아와 질소 검출 토양 슬라이드가 섞여 있었다. 슬라이드 쇼가 다 끝난 후, 참가자들에게 깜짝 질문을 하나 던졌다. 긴 박테리아가 있었는데 질소가 검출된 토양 샘플은 모두 몇 개였는가? 샘플 예순 장 가운데 화면 꼭대기부터 밑바닥까지 꽉 채울 만큼 명백하게 긴 박테리아가 나오는 슬라이드는 스무 장뿐이었고, 그 스무 장 모두 질소가 있는 토양과 짝을 이루고 있었다. 그러나 참가자들은 평균 스물여덟 장이라고 대답했다. 긴 박테리아가 질소를 유발한다는 믿음이 초반에 형성된 탓에 화면에 질소 토양 샘플이 나오면, 누가 봐도 모호한 중간 길이의 박테리아와 짝을 이루고 있을 때도 그 박테리아를 길다고 해석한 것이다.

B집단 참가자들에게도 마찬가지로 긴 박테리아와 질소가 나타난 슬라이드들과 함께 짧은 박테리아와 질소가 검출되지 않

은 토양의 슬라이드들을 몇 개 먼저 보여주었다. A집단과 다른 점이라면, 뒤에 보여 준 슬라이드 속 중간 길이 박테리아가 질소의 부재와 짝을 이루고 있었다. 짧은 박테리아와 질소 불검출 토양이 짝을 이룬 슬라이드가 모두 몇 장이었는지 묻자 이들은 평균 스물아홉 장이라고 추정했다. 정답은 스무 장이었다.

즉, 두 집단 모두 실험 후반부에서 똑같이 중간 길이의 박테리아를 보았지만, 이미 긴 박테리아가 토양 내 질소를 유발한다는 믿음이 생긴 뒤였기 때문에 중간 길이 박테리아를 A집단은 '길게' 보고, B집단은 '짧게' 본 것이다. 이처럼 실험 참가자들은 어떤 생각 또는 믿음을 갖고 있느냐에 따라 모호한 길이의 박테리아가 질소가 풍부한 토양 샘플 옆에 있을 때는 길다고 해석했고, 질소가 없는 토양 샘플 옆에 있을 때는 짧다고 해석했다. 이 문제를 통해 개인적인 이득을 얻을 수 있는 참가자는 한 명도 없었을 것이다. 짧은 박테리아보다 긴 박테리아를 더 많이 봤다고 해서(또는 그 반대라고 해서) 돈을 벌 수 있는 것도 아니었다. 게다가 중간 길이 박테리아를 꼭 셈에 넣었어야 했던 것도 아니다. 모호한 길이였으니 그냥 무시하고 넘어가도 됐을 일이다. 그러나 자신의 하향식 관점과 일치했기 때문에 중간 길이 박테리아를 본 참가자들은 누가 시키지 않았는데도 '길다' 또는 '짧다'고 분류했던 것이다.

참가자들은 박테리아를 이런 식으로 분류만 한 게 아니라 실제로도 그렇게 바라보기 시작했다. 실험 막바지에 우리는 참가자들에게 세 가지 유형의 박테리아를 보여주며 중간 길이 박테리아가 긴 박테리아와 짧은 박테리아 중 어느 것과 더 비슷해 보이냐고 물었다. 그러자 A집단은 긴 박테리아와 더 비슷해 보인다고 대답했고, B집단은 짧은 박테리아와 더 비슷해 보인다고 대답했다. 하향식 처리는 우리의 동기와 무관하게 무의식적으로, 자동적으로 이루어진다. 우리가 감각을 통해 받는 정보를 우리가 이해할 수 있는 틀에 배치함으로써 환경을 예측하고 통제할 수 있게 해 준다. 그러므로 세상을 이해하려면 반드시 하향식 처리 과정이 필요하다. 이 과정이 없다면 우리는 갈 길을 잃을 것이고 삶은 엄청난 혼란에 빠질 것이다.

내가 타이핑 하는 지금 이 순간 내 눈에 그냥 보이는 것들을 예로 들어 살펴보자. 그러니까 지금 내 눈에 보이는 건, 우리 강아지 파블로가 기지개를 켜며 자기 방석에서 내려오는 장면이다. 내 시야에 들어오는 모든 것의 형태, 색깔, 윤곽, 선, 모양 등 물리적 특성은 지금 이 순간에도 시시각각 변화하고 있다. 그러나 내가 본다고 인식하는 장면은 파블로의 방석이나 마룻바닥이 다른 형태나 다른 색깔로 바뀌는 모습이 아니라 하나의 물체(파블로)가 다른 하나의 물체(방석)에서 떨어져 나와 마룻바닥에 발을 디디는 모습이다. 이번에는 내가 아니라 로봇이 이 상황을 보고 있다고 치자. 슈퍼 최첨단 카메라를 통해 물리적 신호를 완벽하게 처리할 수 있는 로봇이다. 아, 그런데 이 로봇은 개 또는 방석과 같은 개별적인 물체에 대한 개념도 없고, 우리가 세상을 바라볼 때 당연히 여기는 것도 못한다. 그렇기 때문에 동시에 한꺼번에 움직이면서 서로 붙어 있는 물체들이(그러니까 파블로의 몸통과 네 개의 다리들은) 하나의 대상에 속한다는 사실을 모른다. 나아가 생물들은 자발적으로 움직여도 무생물은 그러지 못한다는, 더욱 추상적인 개념도 이해하지 못한다. 로봇은 움직이지 못하는 모든 무생물도 생물이 될 수 있다고 판단하고, 자연 세계에도 컴퓨터 그래픽이 존재한다고 생각한다. 결과적으로, 똑같은 장면을 보더라도 로봇은 인간인 나와 동일한 방식으로 이해하지 못할 것이다. 하향식 처리가 없다면 이처럼 우리는 강아지와 방석을 구분하지 못한 채 가전 제품과 가구가 살아 움직이길 기대하는 로봇처럼 될 것이다.

어떻게 해야 할까?

그러나 문제는 하향식 처리가 편향 해석의 원인이 되기도 하고, 더 나아가 확인 편향 및 편견을 낳기까지 한다는 사실이다. 게다가 내용을 보면 끔찍한 결과를 초래하는 과정이지만, 그 과정(process) 자체만 보면 아무 문제가 없다. 심지어 우리가 세상을 이해하기 위해 늘 사용해야만 하는 과정이다. 달리 말해, 우리 뇌에서 정보를 처리하는 과정 때문에 우리가 곤경에 빠질 수 있다는 걸 알면서도 이를 멈출 수가 없는 것이다. 이 과정이 우리에게 꼭 필요하기 때문이다. 편향 해석의 위험에 대응할 방법을 찾아보려면, 무엇보다 먼저 편향된 해석을 완벽하게 피할 수 없다는 사실을 인정해야 한다.

사고 편향은 남 일이라고, 우둔한 사람들에게나 해당하는 일이라고 생각한다면 이를 극복하는 게 훨씬 더 어려워진다. 편향 해석이 하향식 처리 과정에서 일어나는 현상이라는 걸 이해하고 나면 누구나 편향된 해석을 할 수 있다는 사실을 받아들일 수 있다. 그러니까 해괴한 사이비 단체에 세뇌되지 않았더라도, 또 어떤 극단적인 교리나 원칙에 빠져들지 않았더라도, 우리 모두에게 이와 똑같은 종류의 실수를 할 가능성이 있다는 것을 인정해야 한다. 이러한 사실을 염두에 둔다면, 이 다음에 네 살짜리 꼬마가 신호등을 보며 노란색이 아니라 오렌지 색깔이라고 얘기하더라도 열린 마음으로 상황을 다시 보는 태도가 생기는 것이다.

안타깝게도 인생의 문제를 해결하는 일은 신호등이 무슨 색인지 자세히 들여다보는 것만큼 쉽지는 않다. 자기 자신을 잘못된 눈으로 바라보는 경우를 생각해 보자. 이를테면 전혀 그렇지 않은데도 스스로 실패자라고 생각한다거나 인생이 끝났다고 생각한다면 이에 대한 해결책은 결코 간단하지 않다. 물론 누구나 때때로 열등감에 휩싸이고 자괴감에 빠진다. 그렇지만 이를 떨쳐내지 못해 자존감에 큰 생채기를 내는 경우도 있다. 이 지경이 되면 안 좋은 일이 일어날 때마다 사사건건 자신이 못나서 그런 거라고 생각하고, 그럴수록 열등감은 더 심해질 뿐이다. 그러다가는 결국 열등감과 자괴감을 스스로 벗어던지는 일이 사실상 불가능해진다.

임상 심리학에 인지 행동 요법이라는 게 있다. 마음 깊이 뿌리박혀 있는 부정적인 사고방식을 없애기 위해 고안된 기법이다. 별로 힘들이지 않고 평생 해온 게 생각인데 무슨 전문가를 찾아가서 생각하는 방법을 배워야 한다니 이상하게 들릴 수 있다(게다가 보험 처리가 안 될 경우 돈까지 내고 배워야 한다). 그러나 그게 필요할 때가 있다. 이렇게 예를 들면 이해하기 쉬울 것 같다. 우리가 뷔페에 가면, 팩맨(Pac-Man)처럼 보이는 음식마다 와구와구 마구잡이로 입에 집어넣지 않고, 무엇을 먹고 무엇을 안 먹을지 신중히 고른다. 이와 마찬가지로 우리 머릿속에는 언제나 수많은 생각이 뷔페의 음식처럼 여기저기 널려 있다. 그러므로 생각나는 대로 아무 생각이나 끄집어내기보다는 그중에서 어떤 것에 주의를 기울이고 어떤 것을 무시할지 선택해야 한다. 부정적 생각에 빠져드는 나쁜 습관이 생겼다면 그 습관을 고칠 수 있도록 도움을 받아야 한다. 운동할 때나 요가할 때 요가 강사나 헬스장 개인 트레이너에게 테크닉을 배우고 응원도 받는 것처럼 말이다. 인지 행동 요법은 확실한 효과가 입증된 기법이다. 그러나 피티를 한두 번 받는다고 빨래판 같은 복근이 나오는 게 아니듯 인지 행동 요법도 요술 지팡이처럼 단 한 번의 세션으로 모든 문제를 해결해 주는 건 아니다. 세션만 하더라도 몇 주 동안 꾸준히 받아야 하고, 세션에서 배운 내용을 일상 생활에서도 반복적으로 연습해야 한다. 편향 해석에 대응하는 일은 이렇게나 어렵다.

이번에는 반대의 경우를 살펴보자. 내가 아닌 다른 사람의 편향된 해석 때문에 불편하거나 괴로울 때는 어떻게 해야 할까? 앞서 말했듯, 이러한 편향이 인지의 과정이라는 사실을 이해하면 나와 다른 시각을 가진 사람들을 조금 더 관대하게 대할 수 있을 것이다. 즉, 대부분의 경우에는 이런 사람들이 내게 해를 끼치려고 일부러 그러는 게 아니라는 걸 이해하면 된다. 그들은 그저 그들의 방식으로 상황을 바라보는 것일 수 있다. 그러므로 나와 다른 의견을 가진 사람을 마주하더라도 늘 방어적인 태도를 취할 필요는 없다. 관점의 차이 때문에 문제가 생기는 경우라면, 상대방의 관점을 바꾸려고 애쓰기보다는 문제 해결 자체에 집중하는 편이 더 쉽고 더 나을 수 있다.

예를 들어, 초록 씨는 잔디 가꾸기에 집착한다. 옆집에 사는 자연 씨는 위험한 화학 물질 사용과 물 낭비를 하지 않고서는 잔디를 보기 좋게 정돈하고 유지할 수 없으므로 잔디 가꾸기가 곧 환경 위험 요인이라고 믿는다. 초록 씨가 보기에 자연 씨의 정원은 꿈에 나올까 무서울 정도로 추하고, 불쾌하고, 역겹고, 지저분한 잡초 밭이지만, 자연 씨 눈에는 강인한 야생화가 형형색색으로 드리워진 아름다운 꽃밭이다.《위대한 개츠비》에서 개츠비에게 비슷한 갈등 상황이 생겼을 때 개츠비는 자신의 정원사를 이웃집에 보내 이웃의 잔디를 다듬어 주지만, 설사 초록 씨에게 그럴 만한 여유가 있다손 치더라도 자연 씨의 철학을 생각해 보면 그 해결책은 전혀 효과가 없을 것이다. 초록 씨는 자연 씨를 찾아가 잘 손질된 잔디라도 환경에 해되지 않게 유지할 수 있다고 설득시키기보다는 차라리 자연 씨네 정원이 눈에 보이지 않도록 마당에 울타리를 몇 개 심고 자신의 정원을 잘 가꾸는 데 집중하는 편이 나을 것이다.

그러나 6장의 앞부분에서 언급한 바와 같이, 편향된 해석으로 인한 피해는 이웃의 눈에 거슬리는 수준을 훨씬 뛰어넘는다. 특정 집단을 향한 편견 때문에 누군가는 목숨을 잃기도 한다. 상대방이 도저히 받아들일 수 없는 주장을 한다면 어떻게 대응해야 할까? 타인의 세계관을 바꾼다는 건 정말 어려운 일이다. 명절날 친척들과 만났을 때 정치 이야기 한번 잘못 꺼냈다가 어떤 꼴이 나는지 경험해 보지 않았는가?

이런 이유 때문에 때로는 사회적인 차원에서의 정책과 규제가 필요하다. 코로나 백신이 해롭다고 믿는 사람에게 백신을 접종해야 한다고 설득하기란 매우 어렵다. 내 친구의 친구의 친구는 생물학 박사 학위를 가진 사람인데도 mRNA 코로나 백신이 유전자를 영구적으로 손상시킨다는 내용의 그럴 듯하지만 완전히 잘못된 설을 믿는다. 그럼에도 접종을 마친 학생에 한해서 등교를 허락한다는 학교의 방침 때문에 결국 자기 딸에게는 백신을 맞혔다. 이 모녀의 예는 사람들의 견해가 크게 다르더라도 제도적 수준의 변화가 공중 보건을 보호할 수 있다는 걸 보여준다. 미국에는 1972년에 제정된 〈고용 기회 균등법(Equal Employment Opportunity Act of 1972, EEOA)〉이 있는데, 이는 인종, 종교, 피부색, 성별, 출신 국가에 기반한 차별을 막고자 하는 제도적 수준의 접근이라고 볼 수 있다. 물론 개인적인 차원에서의 해결도 중요하다. 예를 들면 편견을 없애기 위한 개개인을 향한 교육을 지속적으로 함으로써 사람들의 편향을 최대한 줄여야 한다. 그러나 한번 형성된 편파적인 해석은, 특히 건강, 인생관, 복지에 관련된 것들은 깊숙이 뿌리박혀 변하지 않는 경우가 많다. 게다가 그러한 편견 대부분은 우리의 역사, 문화, 경제, 정치 등의 제도에서 기인한 것이라 이를 뿌리뽑으려면 제도적 수준의 변화가 필요하다. 물론, 이런 해결 방식에도 문제가 전혀 없는 것은 아니다. 어떤 문제가 있는지 하나만 꼽자면, 이러한 제도적 결정을 내려야 할 사람들도 편향된 해석을 할 수 있는 사람들이라는 것이다.

그럼에도 체제에서 생긴 문제를 해결할 수 있는 최선의 방법
은 다수를 보호하도록 공정하게 고안된 다른 체제를 활용하는
것밖에 없을 때가 있다.

7장

조망 수용*의 한계

이렇게 뻔한 걸 왜 모르는 거야?

Dangers of
Perspective-Taking

언젠가 다른 부부 두 쌍과 함께 저녁 모임에 간 적이 있다. 우리를 초대한 부부는 머리 쓰는 게임을 아주 잘 만들고 또 맛깔나게 진행하기로 정평이 난 사람들이었다. 그날은 와인 시음 게임을 준비했다고 했다. 이들 부부는 한 사람 앞에 와인잔을 네 개씩 갖다주더니 게임 규칙을 설명했다. A, B, C, D 라벨이 붙어 있는 와인잔에는 각각 다른 종류의 레드 와인이 담겨 있다. 부부 중에 한 사람이 와인을 한 잔씩 마셔 본 다음, 앞에 있는 빈 종이에 시음기를 적는다. A, B, C, D 중 어느 와인인지 적는 건 반칙이고, 오로지 맛과 향, 빛깔 등에 대해서만 묘사할 수 있다. 시음기를 다 적고 나면, 나머지 한 사람이 뒤따라 와인을 맛본 뒤 배우자가 쓴 시음 노트와 A, B, C, D 와인을 바르게 짝지으면 된다.

● 조망수용(PERSPECTIVE-TAKING), 자신과 타인이 다름을 인지하고 독립적인 존재로 파악하여, 타인의 사고, 감정, 상황 등을 그 사람의 관점에서 이해할 수 있는 능력이다. 자신이 보고 듣고 생각하고 느낀 바가 타인과 다를 수 있음을 인식하고 독립적으로 받아들여 타인의 상태를 그 사람의 입장에서 이해할 수 있는 능력. – 옮긴이

그 자리에는 와인 애호가 부부도 있었다. 집 안에 큼지막한 와인셀러를 구비해 두고, 세계 각지의 와이너리를 찾아 여행을 다니는 부부였다. 그 집 남편이 먼저 와인을 한 모금 마시더니, 와인 전문가들이나 쓸 법한 미디엄바디, 오크, 아스디얼(austere: 산과 타닌이 많이 함유되어 입안을 조이는 듯한 느낌. - 옮긴이), 버터리(buttery), 허베이셔스(herbaceous: 허브와 같은 풀의 향이나 맛. - 옮긴이) 같은 용어를 써 가며 와인의 맛과 향을 표현했다. 그가 작성한 시음 노트를 아내가 큰 소리로 읽어주었다. 시음기를 듣고 있자니 표현이 어찌나 멋들어지던지 정말이지 주눅이 들었다. 그러나 막상 뚜껑을 열어 보니, 이 부부가 맞힌 정답은 하나뿐이었다. 그만큼 어려운 게임이었다.

두 번째 부부는 둘 다 영문학과 교수였는데, 그 남편은 와인을 한 잔씩 맛볼 때마다 단시를 지어 읊었다. 어떤 와인은 결혼 기념일에 갔던 별장에서 내려다본 계곡의 물줄기에 빗대어 표현했고, 또 어떤 와인은 힘든 일을 이겨냈을 때 아내와 나누었던 기쁨에 비유했다. 즉석에서 그토록 멋진 시를 쓸 수 있다니 절로 입이 떡 벌어졌다. 그가 지은 시를 아내가 낭랑한 목소리로 부드럽게 낭송했다. 여기저기서 오오, 우와, 하는 탄성이 터져나왔다. 그러나 이들 부부가 정답을 맞힌 개수는 제로였다.

그 당시 남편과 나는 결혼 15년 차 부부였고, 우리 둘 다 심리학 교수였다. 심리학 교수라고 하면 타인의 속마음을 읽을 수 있냐고 묻는 사람들이 꽤 있는데 그럴 때마다 우리의 대답은 한결같다. 전혀 그렇지 않다. 우리 부부가 심리학을 연구하며 알게 된 사실이 있다면, 대다수의 사람들이 남의 마음은커녕 자신의 속마음도 제대로 알지 못한다는 것, 그러나 잘 안다고 크게 착각하며 살아간다는 것이다. 하지만 우리 남편은 정말로 나를 잘 안다. 그리고 내가 와인에 문외한이라는 걸 누구보다도 잘 안다. 미각이야 지극히 정상이지만, 나는 팩에 든 싸구려 화이트 와인을 마시고 있어도 값비싼 빈티지 와인을 마실 때만큼 만족스럽다. 가뜩한데 레드 와인은 굳이 찾아 마시지도 않는다.

남편은 채 일 분도 되지 않아 종이를 다 채웠다. 건네 받은 시음 노트를 읽는 내 입꼬리가 올라갔다. 우리 부부는 네 개의 와인 모두를 정확하게 맞혔다. 남편이 쓴 내용은 이랬다. "가장 달다" "두 번째로 달다" "세 번째로 달다" "가장 안 달다."

생각보다 말귀를 못 알아듣는 우리

우리는 늘 타인과 소통하며 살아간다. 새롭게 떠오르는 아이디어를 나누고, 감정을 공유하고, 글을 쓴다. 또 타인이 우리에게 전하고자 하는 말이나 글을 듣고 읽는다. 이처럼 평생 의사소통을 하면서 사는데도, 의사소통이 얼마나 어려운지 미처 깨닫지 못한다. 와인 시음 게임이 끝나고 다른 부부들을 보니 꽤 씁쓸해하는 눈치였다. 이보다 더 완벽할 수 없을 만큼 설명을 잘 했는데도 배우자가 알아듣지 못했다는 사실이 믿기지 않았던 것이다. 와인 애호가 부부는 레드 와인이 충분히 브리딩 되지 않은 탓에 제 실력을 발휘하지 못한 거라고 넋두리를 늘어놓았다. 안타깝게도 의사소통의 오류는 우리가 생각하는 것보다 더 흔히 일어난다. 서로 잘 아는 사이에서도 마찬가지다. 우리가 의사소통에 얼마나 서툰지 명확하게 알려주는 두 연구를 한번 살펴 보자.

첫 번째 연구는 이메일이나 문자 메시지처럼 글을 매개로 하는 의사소통을 주제로 삼았다. 친구나 가족에게 안부를 전할 때, 물어볼 게 있을 때, 농담을 하거나 수다를 떨 때 우리는 주로 문자를 보낸다. 그럴 때면 "그 모임 못 나가게 돼서 얼마나 슬픈지 몰라" "맛집이라고 해서 왔는데, 참 푸지게도 준다!"처럼 반어법을 쓰는 경우가 많은데, 이게 반어적 표현이라는 걸 상대방도 당연히 알겠거니 생각한다. 문자를 받을 때에도 마찬가지다. 상대방이 반어법을 쓰고 있는지 아닌지 딱 보면 딱 알 수 있다고 생각한다. 과연 그럴까?

연구자들은 친구 사이인 참가자들을 동반 모집하여 상대방이 쓴 메시지의 의중을 얼마나 잘 파악하는지 실험해 보았다.[1] 먼저 각 쌍에서 한 명을 골라 자기 파트너에게 이메일로 보낼 문장을 작성하게 했다. 이때 반어적 표현과 참뜻인 문장을 섞어 가며 작성하도록 시켰다. 메시지를 보낸 참가자들은 자신의 짝꿍이 말귀를 제대로 알아들을 거라고 자신만만했다. 어쨌든 진짜 친구사이라 서로의 유머 감각이 어느 정도인지도 알고 있었으니 말이다. 이메일을 받은 참가자들도 별로 고민 없이 무엇이 반어적 문장이고 무엇이 참뜻 문장인지 척척 찍었다. 그러나 막상 점수를 내 보니, 이들이 정답을 맞힌 확률은 그저 우연한 수준, 그러니까 동전 던지기와 다를 바 없는 수준인 50대 50이었다. 그동안 우리가 트위터, 문자 메시지, 이메일로 보냈던 농담의 절반이 진지하게 받아들여졌을 수 있고, 진지하게 보낸 문자의 절반이 빈정거림으로 오해 받았을 수도 있다고 생각하면 등골이 서늘해진다.

좀 위안이 될까 싶어 덧붙이자면, 그렇다고 살면서 뱉어 온 모든 반어법을 떠올리며 지레 겁낼 필요는 없다. 앞서 살펴본 결과는 글로 전달되었을 경우에만 해당하기 때문이다. 실험에서 사용한 것과 비슷한 문장들을 음성 메시지로 전달했을 때에는 대부분 본래의 의도에 맞게 이해했다. 다른 언어는 어떨지 모르겠지만, 적어도 영어에는 빈정거리는 반어법을 쓸 때 나오는 특유의 억양(긴 듯한 말꼬리, 살짝 높은 음조 등)이 있기 때문에 이런 결과가 나왔을 것이다. 문장에 어조가 더해지면 그 의미를 더 쉽게 파악할 수 있다.

그렇긴 해도 이 께름칙한 기분에서 완전히 벗어날 순 없는 것이, 두 번째 연구에서는 글이 아닌 말로 소통하게 했는데도 의사소통이 원활하게 이루어지지 않았다. 이 연구에서 사용한 문장들은 모호하지만 일상 대화에서 자주 사용할 법한 것들이었다.[2] 이를테면 "이 옷 어때?" 같은 것들이다. 애인이나 친구가 이런 질문을 한다면, 어떤 의도인 걸까? 새로 산 옷이 잘 안 어울리는 것 같아서? 새 옷이 마음에 쏙 들지만 그냥 예쁘다는 말을 듣고 싶어서? 옷을 새로 샀는데 새 옷인지 헌 옷인지 눈치도 못 채는 모습에 짜증이 나서일 수도 있다. 생각해 보면, 우리가 일상적으로 사용하는 말 중에 모호한 표현이 꽤 많다. 누군가 "나 좀 내버려 둬"라고 한다면, 그건 "나 지금 바빠"라는 의미일 수도 있고, "나 너한테 화났어"라는 의미일 수도 있다. "샐러드 어때?"와 같은 단순해 보이는 질문도 "샐러드 맛이 참 별로지?"라는 의미일 수 있고, "내가 직접 만들었는데 어째서 맛있다는 소리를 한 마디도 안 하는 거야?"라는 의미일 수 있다. 아니면, 말 그대로 샐러드가 어떤지, 맛이 있는지 없는지가 궁금해서 묻는 것일 수도 있다. 그리고 반어법을 쓸 때와는 달리 이런 단순한 문장에는 의미에 따라 합의된 억양이랄 게 거의 없다.

연구자들은 둘씩 짝지은 참가자들 중 한 사람에게 방금 언급한 것과 같은 단순한 문장 여러 개를 보여주며 짝꿍에게 큰 소리로 말해 특정 의미를 전달해 보라고 했다. 그러면 말을 전달 받은 짝꿍은 네 가지 보기 중에 말하는 사람의 의도가 가장 정확히 담긴 것 하나를 골라야 했다. 짝을 이룬 사람들은 실험 때문에 방금 처음 만난 사이인 경우도 있었고, 친구나 배우자처럼 가까운 지인인 경우도 있었다. 부부끼리 짝이 된 경우, 이들의 평균 혼인 기간은 14.4년이었다.

반어법으로 문자를 보냈던 연구에서처럼, 말로 전달한 사람들 역시 그들의 짝꿍이 말귀를 정확히 알아들었을 거라고 확신했다. 친구나 배우자와 짝이 된 사람들의 경우, 그렇지 않은 사람들에 비해 훨씬 더 자신만만했다는 건 굳이 말할 필요도 없을 것이다. 그러나 이들의 생각과는 반대로, 상대방이 하는 말의 의중을 파악하는 데 지인이냐 아니냐의 문제는 별다른 영향을 미치지 않았다. 말을 전달 받은 이들이 얼마나 제대로 알아들었는지 헤아려 보니, 평균적으로 그들이 제대로 된 의미를 파악한 문장의 개수는 절반 미만이었다. 즉, 14년 넘게 한솥밥을 먹고 살아온 사이라고 하더라도 대화를 주고받을 때 문맥 없이 오가는 말은 두 번 중에 한 번꼴로 상대방의 오해를 살 수 있다는 뜻이다.

아는 게 병

친구나 가족을 일부러 오해하고 싶어 하는 사람은 있을 리가 없다. 오해 받기를 바라는 사람도 물론 없을 것이다. 그렇다면 도대체 왜 이런 일이 생기는 걸까? 어떤 상황을 인식할 때 우리는 (6장에서 이야기한 것처럼) 이미 알고 있는 것을 기반으로 하여 그 상황을 받아들인다. 그러나 이 과정은 무의식적으로 일어나기 때문에 우리는 자동적으로 모든 사람이, 심지어 내가 무엇을 아는지 모를 사람까지 나처럼 생각하고 상황을 바라볼 거라고 믿게 된다.

어린 아이들을 대상으로 수행한 연구들을 보면 이와 같은 자기중심적 편견이 잘 드러난다. 그런 연구에서 자주 쓰이는 문제를 하나 살펴보자.

샐리는 자기가 가진 구슬 하나를 바구니에 담는다.

그런 다음 산책을 하러 나간다.

방에 들어온 앤이 바구니에서 구슬을 꺼내더니 바구니 옆에 있는 상자 속에 넣는다.

이제 샐리가 돌아온다. 샐리는 구슬을 가지고 놀고 싶다.

구슬을 꺼내려는 샐리는 어디로 갈까?

당연히 정답은 상자가 아니라 바구니다. 그러나 네 살 미만의 아이들에게 물으면 대부분은 샐리가 상자로 가서 구슬을 찾아볼 거라고 대답한다. 구슬이 어디 있는지 아이들이 이미 알고 있기 때문이다. 어린 아이들은 자기가 어떤 사실을 알고 있으면, 다른 사람들이 그 사실과 다른 잘못된 믿음을 가지고 있을 거라고 잘 생각하지 못한다. '마음이론'이라는 용어를 들어봤을지 모르겠는데, 그게 바로 다른 사람의 마음을 추론하는 능력을 뜻한다.

어린 아이들이 범하는 오류는 너무 뻔한 것이니 성인은 그럴리 없다고 생각할 수 있으나, 이후의 연구 결과를 보면 대학생이라고 해서 크게 다르지 않았다.[3] 연구자들은 대학생 참가자들에게 비키의 이야기를 들려주었다. 비키는 바이올린 연습 중이고, 그 연습실에는 색깔이 다른 네 개의 케이스가 놓여 있다. 연습을 마친 비키가 파란 케이스에 바이올린을 넣어두고 연습실을 나갔다. 비키가 나간 뒤 연습실에 들어온 데니스가 바이올린을 다른 케이스로 옮겼다. 이때 참가자 절반에게는 데니스가 바이올린을 넣어 둔 케이스가 빨간색이라는 사실을 알려주었고 (지식 집단), 나머지 절반에게는 데니스가 어느 케이스에 바이올린을 넣었는지 알려주지 않았다(무지 집단). 그런 다음, 참가자 전원에게 데니스가 케이스를 정리하면서 파란색 케이스가 있던 자리에다가 빨간색 케이스를 놓았다고 알려준다. 이제 마지막으로, 비키가 연습실로 돌아왔을 때 네 개 중에 무슨 색 케이스를 열어 볼 것 같냐고 묻는다. 당연히 비키는 파란색 케이스를 열어볼 것이다. 그러나 (바이올린이 어디에 들어 있는지 알고 있는) 지식 집단의 참가자들은 바이올린이 사실 빨간 케이스 안에 있다는 정보를 완전히 무시하지 못했다. 그 결과, 비키가 빨간 케이스를 열어볼 가능성을 무지 집단의 참가들보다 더 높게 평가했다. 이게 바로 '아는 게 병'이라는 거다. 일단 무언가를 알게 되면, 그것을 모르는 사람의 관점을 온전히 취하기가 어렵다. 아무리 다 큰 어른이라고 하더라도 말이다.

'픽셔너리(Pictionary)'라는 보드게임을 해 본 적이 있다면, '아는 병' 때문에 고통받는다는 게 어떤 기분인지 이미 경험해 봤을 것이다. 이 게임의 규칙은 대략 이렇다. 팀장이 카드를 한 장 뽑은 뒤 카드에 적힌 단어나 속담을 간단한 그림으로 표현한다. 그 그림을 본 팀원들은 카드에 뭐라고 적혀 있는지 알아맞혀야 한다. 예를 들어, 팀장이 얼굴과 긴 머리카락을 그렸다고 하자. 불룩한 가슴을 그려 넣은 걸 보니 틀림없이 여자를 그린 것 같다. 이 여자 옆에 키가 작은 사람이 네 명 더 있는데, 모두 머리가 길고 가슴이 있다. 대체 무슨 그림일까? 제한 시간이 다 되도록 아무도 정답을 맞히지 못하자 답답해진 팀장은 같은 팀을 향해 꽥 소리를 지르며 '아는 병'의 증상을 몸소 보여준다.

"이렇게 뻔한 걸 어떻게 못 맞힐 수 있어? 딸 넷에 엄마! 《작은아씨들》이잖아!"

다음 라운드에는 그림깨나 그린다고 자신하는 사람이 팀장으로 나선다. 카드를 뽑더니 거침없이 엄지손가락이 위로 향하고 있는 그림을 슥슥 그린다. 팀원이 "엄지손가락!"이라고 외쳤지만, 정답이 아니다. 그림을 더 자세히 그려 보라고 여기저기서 성화를 부린다. 그러나 팀장은 더 이상의 붓질은 재능 낭비라는 듯 누가 봐도 엄지손가락인 그 그림만 가리킬 뿐이다. 이번에는 누가 "두목"이라고 정답을 유추한다. 틀렸다. "우두머리!" "일등!" 이쯤 되자 팀장은 종이에 구멍이라도 내려는 듯 손에 들린 펜 끝으로 종잇장을 찔러댄다. 아는 게 죄라고 사람이 이렇게 애간장이 탈 수도 있다. 그러나 여전히 정답이 나오지 않는다. (정답은 '대박'이다.)

물론 '픽셔너리'는 쉽게 맞히지 못하게 하려는 의도로 고안된 게임이고, 또 누구나 그림을 잘 그리는 것도 아니다. 그러나 거의 아무런 재주도 필요하지 않은 게임으로 실험을 진행한 연구도 있다. 주변에 2분 정도 여유가 있는 사람이 있다면 어디서든 한번 해볼 만한 게임이다. 연구자들은 참가자들을 무작위로 짝지은 뒤, 한 사람에게 짝꿍이 알 만한 유명한 노래를 마음속으로 한 곡 정하라고 했다. 자, 나림이라는 참가자가 '떴다 떴다 비행기'로 시작하는 동요 〈비행기〉를 골랐다고 가정해 보자. 이제 나림은 노래를 입으로 부르지는 않은 채 손가락만 톡톡 두드리며 박자만 맞출 것이다. 그러면 나림의 짝은 나림이가 무슨 노래에 박자를 맞추고 있는지 맞혀야 한다.

독자 여러분도 선택한 곡의 박자에 맞추어 책상을 톡톡 두들겨 보시라. 이걸 못 맞히는 사람이 없을 것 같지 않은가? 실제 연구에서 문제를 낸 사람들은 그래도 절반은 정답을 맞힐 것 같다고 추측했다. 그렇다면, 정말로 듣는 사람의 50퍼센트가 정답을 맞혔을까? 문제를 내는 사람들은 어떤 노래에 박자를 맞추고 있는지를 이미 알고 있기 때문에 쉽다고 생각했던 것이다. 실험에서 문제로 낸 120곡 중에 모든 참가자를 통틀어도 정답을 맞힌 건 세 곡뿐이었다. 문제를 낸 사람들은 자신의 정답을 알고 있다는 이유만으로 남들도 정답을 맞힐 수 있을 거라고 착각하고 있었다.

옆에 있는 친구나 가족에게 박자 맞추기 문제를 하나 내 달라고 부탁해 보면, 맞히는 입장에 있는 사람이 어떤 느낌인지 경험할 수 있을 것이다. 수업 시간에 이 게임을 해 보니, 학생들이 가장 많이 외치는 오답 중에 하나가 록그룹 퀸(Queen)의 〈위 윌락 유(We Will Rock You)〉였다. 실제로 이 노래는 멜로디 없이 (발을 구르며) 박자를 맞추는 것으로 시작하니 충분히 그럴 만하다. 심지어 〈생일 축하합니다〉도 이 게임에서는 하드록처럼 들릴 수 있다.

게임을 할 때 정답을 '아는 병'에 걸리면, 나만 아는 실수를 해 놓고도 상대방도 이게 실수인 걸 당연히 알겠거니 착각하는 과신에 빠진다. 예를 들어, 노래 맞히기 문제를 내는 사람이 책상을 두들기며 박자를 맞추다가 살짝 삐끗하면, 아무리 찰나의 실수였더라도 듣는 사람은 완전히 잘못 생각할 수 있다. 그런데도 문제를 내는 사람은 겨우 7초 전에도 똑같은 구절의 박자를 쳤으니까 이쯤이야 제대로 알아들었겠거니, 하며 대수롭지 않게 넘어갈 수 있다. 다시 말하지만, 박자를 맞추는 사람은 자기 머릿속에 흘러나오는 노랫가락이 상대방의 귀에도 들린다고 착각한다. '픽셔너리' 게임을 할 때 팀장 자신이 습관처럼 외치는 "대박"을 떠올리며 엄지손가락을 추켜 든 그림에는 추가할 게 없을 만큼 완벽하다고 하듯이.

이 장의 첫 부분에서 언급했던 와인 시음 게임 이야기도 '아는 병' 때문에 일어난 일이다. 그 게임에서 우리 부부가 좋은 점수를 낼 수 있었던 건 자신감이 없었던 덕분이다. 내가 와인이라는 분야에 좋게 말하면 순수하고, 정확하게 말하자면 무식한 사람인 것을 누구보다 잘 알고 있었던 남편은 '바보들을 위한 와인 용어'라고 부를 만한 표현을 써서 시음 노트를 작성하는 수밖에 없었고, 결국 그건 최고의 전략이었다.

실제로 박학다식하고 똑똑한 사람들이라고 해서 반드시 좋은 스승이나 훌륭한 코치가 되는 건 아닌데, 그 원인 가운데 하나가 바로 '아는 병'이다. 노벨상 수상자의 강의를 듣고서 "교수님 강의를 듣고 있으면, 지식이 어마어마하신 것 같아 정말 놀랍긴 한데, 당최 무슨 말씀을 하시는지 못 알아듣겠다"라며 학생들이 툴툴대는 걸 들은 적이 있다. 또 내가 가르쳤던 제자 중에 〈그래미〉 상을 여러 번 수상한 바이올린 거장에게 개인 레슨을 받은 학생이 있었다. 그 학생에게 선생님으로서는 어떻냐고 물어보자 아주 예의 바른 대답이 돌아왔다.

"그분은 바이올린 레슨을 안 받고도 그렇게 연주할 수 있게 타고나신 것 같아요."

어떻게 생각할지 빤히 알 수 있을 때도…

심지어는 단지 상대방의 관점에서 생각하는 걸 완전히 까먹는 탓에 의사소통이 원활하게 안 되는 경우도 많다. 이전까지 얘기했던 바는 그래도 좀 말이 되는 게, 상대방이 무슨 생각을 하는지 알 리가 없었다. 그런데 우리는 상대방이 무엇을 알고, 무엇을 생각하고, 무엇을 보고, 무엇을 좋아하는지 이미 다 아는데도 상대방이 다른 생각을 할 수 있다는 것을 고려 안 하는 정말 어처구니없는 오류도 범한다. 게다가 내가 여기서 얘기하려고 하는 이런 경우에는 상대방이 어떤 생각을 하고 있느냐에 따라 우리의 행동도 달라지기 때문에 상대방의 관점을 반드시 고려해야 하는데도 말이다. 그러나 이럴 때조차 상대방의 입장에서 생각해 보는 일을 잊어버릴 수 있다.

이러한 현상의 예시로 '신분 뽐내기의 역설(status signals

paradox)'을 들 수 있다.[4] 관련 연구에서 참가자들에게 다음과 비슷한 시나리오를 주며 어떤 선택을 하겠는지 생각해 보라고 했다.

얼마 전 새로운 도시로 이사해 온 당신이 친구를 사귈 겸 동네 모임에 참석한다고 상상해 보자. 이번 기회에 새로운 동네 친구를, 정말 친한 친구를 만들고 싶다. 나갈 채비를 거의 마치고는, 있는 시계 두 개 중에 어떤 걸 차고 나갈지 고민한다. 하나는 값비싼 디자이너 브랜드의 시계고 다른 하나는 저렴한 가격대의 손목시계다. 입으려고 고른 옷과는 두 시계 다 잘 어울린다. 디자이너 브랜드의 시계를 착용하고 나가면 사람들이 나와 더 친해지고 싶어 할까? 저렴한 시계를 차고 나가는 게 나을까?

이 시나리오를 읽고서 디자이너 시계를 선택했다면, 여러분은 대다수의 참가자들과 같은 선택을 한 것이다. 시계 말고 다른 품목으로 적용했을 때도 결과는 동일했다. 익숙한 브랜드로 설명하자면, 버버리(Burberry) 티셔츠 vs. 스파오(SPAO) 티셔츠, BMW 5 시리즈 vs. 현대 아반떼, 캐나다구스(Ganada Goose) 패딩 vs. 유니클로(UNIQLO) 패딩 등을 예시로 들 수 있겠다. 여하튼 인간은 무지개 빛깔의 깃털을 자랑하는 공작처럼 프라다(Prada)가 박힌 핸드백, 상징적인 왕관 로고가 그려진 롤렉스

(Rolex) 시계, 팔콘 윙 도어(falcon-wing door)가 달린 새빨간 페라리(Ferrari) 같은 값비싼 사치품을 드러내 보임으로써 남들에게 자신이 잘나가는 사람이라는 티를 내고 싶어 한다.

그러나 다른 집단의 참가자들을 대상으로 진행한 실험에서는 상당히 역설적인 결과가 나왔다. 이 집단의 참가자들은 (비슷한 취향과 가치관을 공유하는 사람일 수 있도록) 첫 번째 집단과 동일 모집단에 속해 있지만, 다른 질문을 하기 위해 무작위로 선택된 사람들이었다. 이 참가자들이 받은 질문은 명품을 걸치고 있는 사람과 수수하게 차린 사람 둘 중에서 누구와 더 친구가 되고 싶냐 하는 것이었다. 그러자 첫 번째 집단의 선택과 정반대의 대답이 나왔다. 이들은 롤렉스 시계보다 대중적인 손목시계를 차고 있는 사람, 명품 티셔츠보다 아무 브랜드도 안 써 있는 티셔츠를 입고 있는 사람, BMW보다 아반떼를 모는 사람과 더 친구가 되고 싶어 했다.

미래 친구의 눈에 들고 싶을 때 우리는 자기중심적 관점에 사로잡혀 신분이 높다는 신호를 보내는 옷을 선택한다. 하지만 반대로 나와 친해지고 싶어 하는 낯선 사람이 롤렉스 시계를 차고 있다거나 까만 바탕에 선명한 금색으로 구찌(Gucci)라고 써 있는 티셔츠를 입고 다가온다면, 과연 어떤 기분이 들까? 어떤 옷을 입고 어떤 시계를 찰 것인지 고르기 전에 잠시 멈추고 상대방의 관점을 취해 보면 결정이 한결 쉬워진다. 우리가 좋은 인상을 심어주고 싶을 때면 아니, 특히 누군가에게 긍정적인 인상을 심어주고 싶다면, 먼저 그들의 관점에서 바라보고 생각할 것을 결코 잊어서는 안 된다.

또 다른 연구를 살펴볼 텐데, 이 연구 역시 우리가 충분히 타인의 관점에서 생각할 수 있을 때조차 깜빡 잊을 때가 많다는 사실을 보여준다.[5] 그리고 타인의 관점에서 생각하는 습관은 우리가 어느 문화권에서 성장했는지에 따라 그 수준이 각기 다를 수 있다는 사실을 알려준다. 이 연구는 시카고대학교(University of Chicago) 학부생을 대상으로 진행되었다. 연구자들은 참가자들에게 의사소통 게임을 할 거라고만 얘기했다. 각각의 학생들은 연구자 중 한 사람인 '감독'의 맞은편에 앉았다. 이들 사이에는 가로 세로 50센티미터짜리 나무 틀이 수직으로 세워져 있었다. 두께가 12센티미터쯤 되는 이 나무틀 안에는 (그림에 나와 있듯) 같은 크기의 칸이 네 개씩 네 줄로 배열되어 있었다. 이 열여섯 개 중에는 사과, 머그컵, 블록과 같은 작은 물체가 놓여 있는 칸도 있었고 비어 있는 칸도 있었다. 참가자들에게 주어진 임무는 감독의 지시를 듣고 사물의 위치를 옮기는 것이었다. 예를 들어, 감독이 "유리병을 본인의 왼쪽으로 한 칸 옮기세요"라고 말하면 참가자는 유리병을 찾아 집어들고 원래 있던 칸에서 왼쪽으로 한 칸 옮겨 놓으면 된다. 참가자와 감독 둘 다 이 과정을 모두 볼 수 있었고, 다시 말하건대 참가자가 해야 할 일은 감독

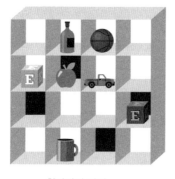 

참가자의 관점　　　　　　　　　　감독의 관점

의 지시를 따르는 것 딱 하나뿐이었다.

　연습 게임을 몇 차례 한 다음, 감독이 "블럭을 한 칸 위로 옮기세요"라고 말한다. 병이나 사과를 옮기라고 했다면 틀 안에 하나씩밖에 없으니 고르고 자시고 할 게 없지만, 블록은 왼쪽 그림에서 보이는 것처럼 두 개가 있다. 그런데 주시해야 할 점이 오른쪽 그림에서 볼 수 있듯이, 위에서 세 번째 줄에 있는 블록은 감독의 시야에서는 보이지 않는다. 그러니까 옮겨야 할 블록은 정해져 있다. 감독 자리에서는 그 칸이 막혀 있다는 걸 참가자들도 분명하게 볼 수 있다. 게다가 연습 게임을 할 때 감독 역할을 맡아 보기도 했으므로 반대편에 있으면 블록이 보이지 않는다는 사실 또한 잘 알고 있었다. 이러한 사실을 감안했을 때 참가자는 감독이 어느 블록을 옮기라고 하는 것인지 곧장 알아차릴 수 있어야 했다. 감독 눈에 보이는 블록은 위에서 두 번째 줄에 있는 것 하나뿐이다.

　연구자들은 참가자들이 각 라운드를 완료하는 데 시간이 얼마나 걸리는지 측정했다. 그런 다음, 경쟁 블록(막혀 있는 칸에 있는 블록)이 있을 때와 없을 때의 반응 시간을 비교해 보았다. 답이 퍽 명확한데도 경쟁 블록이 있으면 올바른 블록을 찾아 옮기는 데 1.3배의 시간이 더 걸렸다. 게다가 "어느 블록이요?"라는 황당한 질문을 하는 참가자도 전체의 3분의 2에 달했다(이 질문을 두 번 이상 하는 참가자도 있었다). 심지어 감독 편에서는 볼 수 없는 막힌 칸의 블록을 옮기는 참가자들도 있었다.

　흥미롭게도, 영어를 모국어로 사용하는 참가자들만 이런 상황에서 혼란스러워했다. 중국 본토에서 나고 자란 뒤 미국에 온 지 10개월도 안 된 시카고대학교 학생들을 대상으로도 동일한 실험을 진행했다. 중국인 학생들에게 중국어로 똑같은 임무를 지시한 결과, 경쟁 블록이 있을 때와 없을 때의 반응 시간이 동일했다. 이 학생들은 감독의 눈에 보이지 않는 사물의 존재를 배제한 채 감독의 입장에서 나무틀을 바라보며 행동한 것이다. "어느 블록이요?"라고 물어본 중국인 참가자는 단 한 명뿐이었다. 이 질문을 한 학생은 모르긴 몰라도 자기가 이런 황당한 질문을 했다는 걸 깨닫는 순간 쥐구멍을 찾아보고 싶었을 것이다.

　집단주의 사회와 개인주의 사회의 문화 차이를 잘 알고 있다면, 문화에 따라 이런 차이가 발생한다는 사실을 납득하기 쉬울 것이다. 한국, 일본, 인도, 중국과 같은 국가는 집단주의 문화의 성격이 짙다. 이들 문화권에서 태어난 사람들은 강한 소속감을 갖는다. 그리고 자신이 속한 집단에서 자신이 수행해야 할 의무나 책임, 사회 규범 따위를 늘 염두에 두고 행동한다.

간단한 예로, 식당에 가서 음식을 주문하는 상황을 생각해 보자. 미국에서는 저녁 식사를 여러 명이 할 때, 다 같이 나누어 먹을 음식을 고르지 않고, 각각 원하는 메뉴를 고른다. 게다가 각자의 선택이 다른 사람과 겹치지 않게 주문하려고 한다. 한 사람이 먼저 메뉴를 고르고 일행에게 무엇을 시키겠냐고 물으면 아마 일행은 "아, 그거 시키실 거면, 저는 이걸로 할게요"라고 말할 것이다. 정말로 다른 사람이 먼저 주문한 것과 같은 음식을 먹고 싶은 경우라면 똑같은 거 시켜서 미안하다고 사과까지 한다. 그러나 한국이나 중국에서는 메인 메뉴를 함께 나누어 먹는 게 당연하다고 생각한다. 점심처럼 가벼운 식사라 개인 메뉴만 하나씩 주문하는 상황이라면 연장자나 상사가 먼저 고른 메뉴를 똑같이 주문하려는 경향이 있다.

집단주의 문화권에서는 집단에 대한 충성이나 순응이 아주 중요한 가치로 평가되기 때문에 때때로 사생활과 개인의 권리를 희생하는 상황이 더 쉽게 생긴다. 코로나19가 걷잡을 수 없이 퍼지던 당시 한국 정부는 마스크를 착용하고 일부 사업장을 폐쇄하라는 행정 명령을 내렸고, 이때 거의 모든 국민이 방역 지침을 준수했다. 실내 집회를 강행해 전염병의 유행을 가속화한 어느 종교 단체의 지도자는 국영 방송에 출연해 땅바닥에 엎드려 용서를 구했다. 한국의 상점, 식당, 나이트클럽, 노래방 등 고위험시설로 분류되는 모든 곳에 QR코드 기반 출입 로그 시스템이 의무화되었다. 양성 진단자가 나오면, 해당 시설에 방문한 모든 사람이 반드시 코로나 검사를 받아야 한다는 통지를 받았다. 미국처럼 개인주의 성향이 짙은 사회에서는 상상하기조차 어려운 모습이다.

집단주의 사회에 적응해 살아가려면 다른 사람은 어떻게 생각할지, 남들이 나를 어떻게 바라볼지 계속해서 신경 써야 한다. 그리고 이런 삶에 익숙해지기 위해 필요한 사회화는 아주 어린 나이부터 시작된다. 어릴 때부터 꾸준히 타인의 마음을 읽는 훈련을 해 왔기에 집단주의 사회의 구성원들이 굳이 노력하지 않더라도 거의 반사적으로 다른 사람의 관점을 취할 수 있게 된 것일지도 모르겠다.

효과가 있는 방법

다른 사람들이 무슨 생각을 하는지, 무엇을 의도하는지, 무엇을 믿는지, 어떻게 느끼는지를 더 잘 이해하려면 어떻게 해야 할까? 집단주의 문화에서 자란 사람일수록 비교적 능숙하게 타인을 이해한다는 건 후천적으로 학습이 가능하다는 의미다. 그러나 타인의 생각과 감정을 이해하는 능력을 키우겠다고 집단주의 사회로 이민을 간다거나 자녀를 몇 년간 그런 국가로 보낼수는 없는 노릇이다. 게다가 (이미 많은 분들이 생각하고 있겠지만) 타인의 생각에 과민하게 반응하는 것이 항상 좋은 것은 아니다. 이를테면, 다른 사람과 똑같은 메뉴를 주문해야 한다는 암묵적 압박이라니, 개인주의 문화권에 사는 사람들이 들으면 이 무슨 뚱딴지 같은 소리냐고 생각할 수 있다. 또 아무리 공중 보건 비상 사태라지만 일거수일투족을 누군가에게 지속적으로 알린다니, 무슨 조지 오웰의 《1984》에나 나오는 이야기를 하느냐고 생각할 수 있다. 나아가 타인의 의견을 지나치게 의식하는 행동은 심각한 정신 건강 문제로 이어질 수 있다는 학계 보고도 한둘이 아니다. 정신병까지는 안 걸리더라도 타인을 너무 의식하는 사람은 악플이나 악소문에 더 쉽게 상처를 받을 수 있다. 그러므로 다른 사람의 생각을 알아내겠다고 거기에만 매달려서는 안 되겠지만, 그래도 건강한 사회 구성원으로 살아가려면 타인의 생각에 대한 기본적이고 필수적인 수준의 이해를 반드시 가지고 있어야 한다.

먼저 어린 아이들에게 어떤 솔루션을 줄 수 있을지 살펴보자. 앞서 다루었던 연구 결과를 통해 보았듯 두세 살짜리 아이들은 자신이 아는 사실을 다른 사람은 모를 수 있다는 걸 잘 이해하지 못한다. 한 연구에서 이 연령대의 아이들에게 이걸 이해하게 하는 훈련이 두 주 내에 가능하다는 것을 보여주었다.[6] 재미있는 건, 이 훈련으로 아이들의 거짓말이 늘어 버렸다. 거짓말을 하려면 우선 내가 아는 진실을 다른 사람은 모를 수도 있다는 기본적인 이해가 필요하다. 두세 살짜리 아이들이 거짓말을 못하는 건 이 기본적인 이해가 없기 때문이다.

해당 연구에서 세 살짜리 아이들에게 뒤집어 놓은 컵 아래에 사탕을 찾는 게임을 가르쳐 주었다. 피험자인 아이가 둘 중 어느 컵에 사탕이 들어 있는지 알아맞히면 사탕을 가져가는 게임이었다. 이 게임을 몇 번 더 해 본 뒤, 역할을 바꾸어 이번에는 실험자가 맞혀 볼 테니 아이에게 사탕을 숨겨 보라고 했다. 아이가 사탕을 숨기고 실험자가 맞힐 시간이 됐을 때 실험자는 대놓고 아이에게 어느 컵에 사탕이 들어 있냐고 물었다. 아이들은 실험자가 틀리면 자기가 사탕을 먹을 수 있다는 사실을 알고 있었지만, 물을 때마다 거의 매번 사탕이 들어 있는 컵을 손가락으로 가리켰다. 방금 전에 아무도 모르게 사탕을 숨겼는데도, 상대방이 이미 사탕의 위치를 알고 있을 거라는 잘못된 믿음을 가졌던 것이다. 아이들은 자신이 아는 사실을 남은 모를 거라고는 상상도 하지 못했고, 그랬기 때문에 거의 항상 사실대로 얘기했다.

일단 연구자들은 이 게임을 통해 연구에 참가한 아이들이 거짓말을 못한다는 사실을 확인했고, 이후 아이들은 열 하루에 걸쳐 여섯 개의 세션으로 이루어진 훈련을 받았다. 훈련은 몇 가지 과제로 이루어져 있었다. 예를 들어, 연구자가 아이에게 연필 상자를 보여주며 이 안에 무엇이 들어 있는지 맞혀 보라고 말한다. 아이는 연필이라고 대답한다. 그런 다음, 실험자가 상자를 열어 보여주는데, 그 안에는 연필이 아닌 다른 물건, 이를테면 리본 같은 게 들어 있다. 실험자가 아이에게 상자를 열기 전에 그 안에 리본이 들어 있을 거라고 생각했는지, 상자의 겉모습만 본 사람이 이 안에 리본이 들어 있을 거라고 생각할 것 같은지 묻는다. 아이들이 정답(즉, 아니오, 아니오)을 맞히지 못하면 (그 연령대 아이들은 잘못된 믿음을 이해하지 못하기 때문에 거의 맞히지 못한다) 약간의 피드백과 함께 대답을 바로잡아 준 뒤 다시 질문을 반복한다. 또 다른 훈련 과정에서는 아이들에게 (좋아하다, 원하다, 느끼다와 같은) 심리 상태와 관련한 어휘가 잔뜩 나오는 이야기를 들려준 뒤, 이러한 어휘를 사용해 문장을 만들어 보라고 했다. 훈련을 마친 뒤 다시 '컵 안에 사탕 숨기기' 게임을 해 보니, 이번에는 거의 모든 라운드에서 아이들이 사탕이 없는 컵을 가리키며 그 안에 사탕에 있다고 실험자를 속이는 게 아닌가!

물론 아이들에게 거짓말과 속임수를 가르치는 건 바람직하지 않지만, 연구자들이 아이들에게 가르친 건 거짓말하는 방법이 아니었다. 단지 타인의 심리 상태를 이해하는 방법을 가르쳐 준 것이다. 나아가 연구자들이 지적한 바와 같이 거짓말 하는 법을 어느 정도 아는 것은 중요한 사교 기술이다. 깜짝 생일 파티라는 개념을 이해하지 못하는 친구가 있다고 생각해 보자. 파티의 주인공에게는 생일 파티를 언급한 사람이 아무도 없는데도, 준비를 시작하자마자 이 친구가 생일자도 이 파티에 대해 알고 있을 거라고 말하는 것이다! 이런 상황이 펼쳐진다면 이 친구의 사교성이나 정신 건강이 심히 염려될 것이다. 약간의 부정직한 요소가 따라오는 건 사실이지만, 깜짝 생일 파티는 다른 사람이 나와 다른 믿음을 가질 수 있다는 사실을 전제로 할 수 있기 때문에 가능한 일이다.

무엇보다 아이들은 이 훈련을 통해 인지적 마음이론(cognitive theory of mind)이라는 걸 배울 수 있었다. 다른 사람들이 우리와 다른 눈으로 세상을 바라보고 이해할 수 있다는 통찰을 얻은 것이다. 그러나 우리가 다른 사람의 일에 공감하거나 연민을 느낄 수 있으려면 꼭 갖추어야 할 것이 정서적 마음이론(emotional theory of mind)이다. 이것은 사람들이 서로 다른 감정을 느낀다는 사실을 이해하고, 어떤 상황에서 어떤 감정을 느끼는지를 아는 것에 관련된 것이다.

인지적 마음이론과 정서적 마음이론을 구분하는 것은 사이코패스를 이해하는 데 중요하다. 거짓말로 남을 속인다는 건 상대방의 마음을 읽을 줄 알아야 가능한 일인데, 인지적 마음이론에 관해서만큼은 사이코패스도 비사이코패스만큼 능숙하다. 즉, 이들은 상대방의 생각을 읽고 그들이 어떻게 추론할지 예측하는 데에는 능숙하기 때문에 사람들을 조종할 수도 있는 것이다. 그러나 사이코패스는 정서적 마음이론이 결여되어 있다. 이들은 다른 사람들의 감정을 알아차리지 못하기 때문에 무정하고 냉담하고 무자비하다.

정서적 마음이론이 발달한 사람은 타인의 감정을 잘 헤아리고 동정을 느끼며, 이러한 능력은 다른 사람의 처지를 곰곰이 생각해 보는 방법을 통해 향상시킬 수 있다. 관련 연구를 예로 들어 무슨 말인지 구체적으로 설명해 보겠다.[7] 이 연구에서 참가자들은 시리아 난민에 관해 생각해 보라는 지침을 받았다. 2016년을 기준으로 시리아 난민은 총 550만 명이고, 이는 전 세계 난민의 4분의 1에 해당하는 숫자다. 참가자들은 미국 대통령에게(연구 수행 당시에는 버락 오바마였다) 시리아 난민 수용을 요청하는 편지를 보낼 의향이 있냐는 질문을 받았다. 그 결과, 그렇다고 대답한 사람은 연구에 참가한 민주당원 중 23퍼센트에 그쳤다. 이 연구에는 편지를 쓸 의향이 있냐는 질문을 받기 전에 추가 지침 사항을 받은 참가자 집단이 있었다. 이들이 받은 추가 지침은 바로 시리아 난민의 입장이 되어 생각해 보라는 것이었다.

"전쟁으로 폐허가 된 나라에서 박해를 피해 도망치는 난민이라고 상상해 보세요. 집을 떠나야 하는데 휴대품 외에는 가지고 갈 수 없다면 무엇을 챙기겠습니까? 어디로 도망치겠습니까? 아니면 고국에 남아 있겠습니까? 어떤 점이 가장 힘들 거라고 생각합니까?"

이 집단에서는 대통령에게 편지를 쓰겠다고 하는 민주당원의 비율이 50퍼센트나 더 높게 나왔다. 이처럼 간접적으로나마 다른 사람의 상황에 처해 본다면, 친사회적 행동을 증가시킬 수 있다(공화당원 사이에서는 효과가 적었는데, 이는 타인의 관점을 취하는 방법이 공화당원의 공감 능력을 끌어올리는 데 효과가 없어서가 아니라 애초에 공화당원은 대체로 피난민이 이주해 오는 것을 반대하기 때문이었을 것이다).

효과가 없는 방법

지금까지 인지적, 정서적 수준에서 타인의 마음을 이해하는 능력을 향상시키는 게 가능하다고 설명했는데, 여기서 반드시 짚고 넘어가야 할 점이 하나 있다. 지금까지 설명했던 바는 아주 기본적인 수준의 이해에 국한하는 내용이다. 이를테면 예시로 든 시리아 난민의 경우, 이들의 상황은 너무 끔찍하고 처참

해서 인간이라면 거의 누구나 동정을 느낄 것이다. 그리고 정상적인 발달 과정을 거치는 어린이라면 유치원에 들어가기 이전에 이미 다른 사람의 생각이 자신의 생각과 다를 수 있다는 사실을 배운다. 그렇다면, 이런 기본적인 수준을 넘어서서 단순히 우리가 다른 사람의 처지에 놓였다고 상상하는 것만으로도 그들의 생각이나 마음을 읽을 수 있을까?

정답은 '그렇다'여야 할 것 같다. 그게 가능하다고 믿기 때문에 우리에게 필요한 것을 상대방이 눈치 채지 못할 때 "왜 내 입장에서 생각해 보려고 하지 않는 거야?"라고 불평하는 것 아닐까? 입사한 지 얼마 되지도 않았는데 부장님이 하루가 멀다하고 일 폭탄을 던지면 저 양반이 올챙이적 시절을 벌써 다 잊어버렸나 싶은 생각이 든다. 내 상황을 조금만 이해해 달라는 게 그렇게 무리한 부탁은 아닌 것 같은데! 그러나 아무래도 이건 오산인 듯싶다. 적어도 이를 뒷받침해 줄 근거는 없다. 세 명으로 구성된 연구팀이 스물네 번의 실험을 통해 입증한 결과에 따르면, 타인의 관점을 취하는 것만으로는 그들의 생각이나 감정을 읽는 능력을 향상시킬 수 없다.[8]

그건 그렇고, 이것은 내가 단일 논문에서 본 것 중에 가장 많은 실험을 한꺼번에 보고하고 있다(실제로는 스물다섯 번의 실험이었는데, 마지막 실험은 이 장의 끝부분에 소개하겠다). 연구자들이 이토록 여러 번 실험을 해야 했던 이유는 이들이 주장하려는 내용이 너무나도 상식에 어긋난 것이기 때문이었다. 게다가 연구에서 관점 취하기의 효과가 발견되지 않는다면, 이는 실제로 '남의 관점 취하기'의 효과가 없어서가 아니라 실험 방법론 상에 문제가 있었기 때문일 가능성도 있었다. 이를테면, 참가자들이 '남의 관점 취하기'의 노력을 충분하게 하지 않았다거나 읽어야 할 남의 생각이 너무 불투명했을 수도 있다. 아니면 하필 연구자들이 설정한 그 상황에서 타인의 마음을 읽는 게 불가능했을 수도 있다. 전문 용어로 표현하자면, 이 연구에서는 무효 효과(null effect)를 증명하려고 했던 건데, 사회과학에서 무효 효과는 입증하기 어렵기로 악명 높다.

예를 들어, 어머니가 옷장, 침대 옆 탁자, 침대 밑, 빨래 바구니 등 '모든 곳'을 찾아봤지만 보이지 않는다며 자신이 가장 아끼는 양말인데 틀림없이 누가 버린 것 같다고 말한다. 그러나 아버지는 그건 '모든 곳'이 아니라며 아들의 옷장, 코트 주머니, 강아지 방석, 침대 시트 사이까지 구석구석 찾아보라고 말할 수 있다. 그곳을 다 뒤져봤다고 하더라도 여전히 어머니가 집 안의 '모든 곳'을 찾아봤다고 할 수는 없다. 이제 양말이 집에 있다는 것을 증명하는 것보다 없다는 것을 증명하는 게 훨씬 더 어렵다는 말이 무슨 뜻인지 이해가 될 것이다. 실험에서 무효 효과를 입증하는 것도 이와 다르지 않다.

그럼에도 내가 이제 설명하려는 스물네 개의 실험이 있는 논문에서는 저자들이 다양한 방법을 동원해가며 할 수 있는 거의 최대한의 노력을 한 것으로 보인다. 먼저 연구자들은 앞에서 언급했던 '잘못된 믿음'에 관한 실험, 즉 사실이 무엇인지 이미 알고 있는 참가자들은 사실을 모르고 잘못된 믿음을 가진 사람의 입장이 되어 봐야 하는 실험을 했다. 또 다른 실험에서는 '눈을 통해 마음 읽기'라는 유명한 과제를 활용했는데, 이 테스트는 원래 자폐 아동을 연구하기 위해 개발된 것이다. 피험자에게 한 쌍의 눈이 담긴 사진을 보여주며 사진 속 사람이 느끼고 있는 감정을 가장 잘 묘사한 내용을 고르라고 한다(이 테스트는 온라인에서 손쉽게 찾을 수 있고 무료로 받을 수 있다. 그리고 이와 비슷한 테스트가 감정 지능을 측정하는 데 사용된다). 또 이들은 가짜 미소나 거짓말을 감지하는 능력도 테스트했다. 더 현실적인 대인관계가 수반된 과제들도 있었다. 참가자들에게 몇 가지 문제를 내며 배우자의 선호도를 맞혀 보라고 했다. 이를테면 배우자가 볼링과 설거지 중에 무엇을 더 좋아할지, 〈카지노 로얄〉과 〈금발이 너무해〉 같은 영화를 보면 어떤 감상평을 내릴 것 같은지, 또는 이성을 비하하는 농담(이를테면 '남자는 오래될수록 좋은 와인, 여자는 오래되면 못 먹는 김치' 또는 '남자와 딸기의 공통점은? 둘 다 익는 데 오랜 시간이 걸리고, 잘 익었다 싶을 때가 되면 곧장 썩어버리기 때문에' 같은 농담들)을 어떻게 받아들일지, '검경 수사권 조정'처럼 논쟁적인 사안들에 대해 어떻게 생각할 것 같은지를 추측하는 문제를 낸 것이다.

스물네 개의 실험 모두에서 연구자들은 참가자를 두 집단으로 나누었다. 하나는 별다른 지시가 없이 그냥 문제를 풀도록 한 통제집단이었고, 다른 하나는 (문제를 푸는 동안) 상대방의 관점을 취해 볼 것을 강력히 권고 받은 집단이었다. 두 번째 집단의 참가자들은 자기중심적인 태도를 덜 취하게 되었다고 보고했고, 타인의 관점을 취한 덕분에 분명 정답률도 높아졌을 거라고 믿었다. 그럼에도 실제로는 이 모든 과제를 통틀어 타인의 입장에서 생각한 노력은 정확도를 올리는 데 아무 효력이 없었다.

심지어 둘 다 심리학 교수인 우리 부부도 이러한 함정에 빠진 적이 있다. 독자 여러분들도 재미있어 할 것 같으니 무슨 일인지 상세히 얘기해 보겠다. 우리 집에서 주로 요리를 하는 사람은 나다. 일 때문에 외식이 잦은 남편이 가끔 집에서 식사를 할 때면 나는 내 레퍼토리 중에서 남편이 좋아하는 메뉴 위주로 식사를 준비한다. 또 아이들은 남편과 입맛이 달라서 한 끼 식사에 두 가지 종류의 파스타를 만들 때도 있고(아이들에게는 볼로네제 스파게티, 남편에게는 브로콜리 라브와 이탈리안 소시지로 요리한 링귀니), 각각 다르게 양념한 닭고기 요리를 할 때도 있다(아들에게는 순살로 매운 양념, 딸과 남편에게는 뼈가 있는 고기로 간장 양념). 이야기를 계속하기 전에 하나 확실히 해 두어야 할 것이 있다. 우리 남편은 내가 아는 사람 중에 가장 사려 깊고 겸손하며, 집안일도 나와 균등하게 분담하는 사람이다. 그리고 나를 매우 잘 안다. 레드 와인 시음 게임을 할 때만 보더라도 나와 어떤 식으로 의사소통하는 게 최선인지 정확하게 알고 있지 않았는가. 여튼 둘째 아이까지 대학생이 되어 집을 떠났을 때 나는 남편에게 앞으로는 요리를 하나씩만 하면 된다고 생각하니 아주 신난다고 고백했다. 그러자 남편이 말했다.

"그렇지, 우리가 입맛이 비슷해서 참 다행이야."

이 말을 듣자마자 나는 남편이 민망해할 정도로 배꼽을 잡고 웃어댔다. 내가 어떻게 생각하는지, 기분이 어떤지 언제나 그토록 민감하게 알아차리는 남편이? 여태 내가 좋아해서 닭을 튀기고 이탈리안 소시지를 구웠다고 생각한다니! 사실 나는 집에 식구들이 없는 날이면 피스타치오 아이스크림과 블루베리로 저녁을 때우기도 하고, 채식주의자로 살아도 크게 힘들어하지 않을 사람이다. 그런데 생각해 보니 남편에게 이런 얘기를 한 적이 없었다! 설상가상으로 그동안 내가 어떤 양보를 해 왔는지 남편이 다 알고 또 고마워하고 있을 거라고 25년 넘게 오해하고 있었던 것이다.

스물네 개의 실험과 더불어 우리 부부의 이야기를 되짚어보면, 타인의 관점을 취한다거나 상대를 배려하는 것만으로는 그들이 가장 좋아하는 음식이 무엇인지와 같은 사실을 파악할 수는 없다. 그렇더라도 타인의 마음을 더 잘 읽을 수 있는 방법이 있을 거라는 가능성을 포기하긴 어렵다. 실제로, 심리 치료 요법 중에 자기중심적인 시각에서 벗어나 상황을 객관적으로 재평가하는 방법을 가르쳐 주는 것이 있는데, 그럼으로써 모든 일을 최악으로 해석하는 사고방식을 고치는 데 쓰인다. 아마 감성 지능 향상을 위한 훈련 프로그램에 대해 들어본 적 있을 것이다. 표정을 보고 감정을 읽는 법을 배우는 것도 이 프로그램의 일종인데, 이 같은 훈련도 도움이 될 수 있다.

또 배우와 소설가들이 다른 사람의 관점을 취하는 능력이 탁월하다는 데에는 누구나 동의할 것이다. 그리고 그런 능력을 갖추기까지는 피나는 연습과 노력이 있었을 것이다. 물론 우리 모두가 문예 창작 수업이나 연기 수업을 들을 순 없지만, 본질적으로 타인의 관점에서 세상을 바라보는 예술 작품인 연극과 소설을 많이 접한다면 다른 사람을 더 잘 이해할 수 있게 되지 않을까?

《사이언스》에 발표된 연구 중에 소설을 읽으면 다른 사람의 생각이나 감정을 더 잘 읽을 수 있게 되는지 실험한 게 있다.[9] 먼저, 참가자들은 (돈 드릴로Don DeLillo의 《더 러너The Runner》, 리디아 데이비스Lydia Davis의 《블라인드 데이트Bilnd Date》와 같은) 단편 소설 두어 편과 (길리언 플린Gillian Flynn의 《나를 찾아줘》 대니얼 스틸Danielle Steel의 《어머니의 죄The Sins of the Mother》와 같은) 최신

베스트셀러에서 발췌한 지문을 읽었다. 그런 다음 이들은 '잘못된 믿음' 과제와 '눈을 통해 마음 읽기' 과제를 차례로 실행했다. 그 결과, 다른 사람의 생각이나 감정을 읽는 능력이 상당히 개선된 것으로 나타났다. 이후 이 연구는 큰 관심을 받았고, 여기저기에 널리 인용됐다. 그러나 이 논문을 읽은 나는 이렇게 잠깐 동안 소설을 읽었다고 이런 결과가 나왔다는 게 썩 납득이 되지 않았다. 다른 사람을 이해하는 게 이토록 쉬운 일이라면, 세계 평화는 고릿적에 이루어졌어야 하니 말이다.

아니나 다를까 이 연구의 결과는 재현이 불가능했다. 최근 《네이처》에 발표된 한 연구에서 2010년에서 2015년 사이에《네이처》와《사이언스》에 발표된 사회 과학 실험의 반복 가능성을 평가했고, 그 목록에는 내가 방금 언급한 실험도 포함되어 있었다. 이를 재평가한 연구에 따르면 소설을 읽고 나서도 타인의 마음을 읽는 능력이 향상된다는 증거는 없었다.

그러나 앞서 설명했듯이 무효 효과를 입증하기는 어렵다. 내 개인적인 소견은 소설 읽기의 효과는 실제로 존재하지만 그 효과를 보려면 오랜 세월 동안 반복해서 독서를 해야 한다는 것이다. 집단주의 사회의 사람들이 다른 사람의 경험을 잘 추측하는 이유는 이들이 평생 집단주의 문화에서 살았기 때문이다. 마찬가지로, 심리 치료 요법과 정서 지능 훈련의 경우 개선 효과를 보려면 매우 오랜 기간 동안 지속적으로 해야 한다. 배우나

소설가의 경우도 다르지 않다. 독자 또는 관중의 관점을 취하는
데 탁월한 이들의 재능은 충분한 멘토링 및 피드백을 받으면서
오랫동안 연습한 끝에 얻은 결과물일 것이다.

확실히 효과가 있는 방법

다른 사람의 마음을 읽고 우리의 생각을 더 명확하게 전달하
는 능력을 향상시키기 위해 우리가 실천할 수 있는 매우 구체적
이고 간단한 방법이 있다. 남들이 우리의 생각을 추측하게 내버
려두지 말고 그냥 솔직하게 말하는 것이다. 또, 반어법으로 메시
지로 보낼 때는 ¯_(シ)_/¯이나 🎧 같은 이모티콘을 같이 보내
면 된다.

물론, 우리의 생각을 있는 그대로 표현한다는 건 어색하기도
하고 또 재미 없기도 하다. 친구를 골려 주려고 농담을 하면서
지금 농담하는 중이라고 말해 버린다니, 정말 생각만 해도 너무
나 별로다. 그렇지만 멜로디 없이 책상을 톡톡톡 두들기는 소리
만 듣고 어떤 노래인지 맞혀 보려고 했을 때 우리가 얼마나 어
리둥절했는지를 떠올리면 말할 때 한결 더 신중해질 것이다. 나
라면 "내 블라우스 어때?"라는 질문을 "나한테 신경 안 쓰고 있
잖아"라는 불평을 비꼬아 하는 표현으로 쓰지 않을 것이다. 그

보다는 정말 친구들의 의견이 궁금할 때에만, 그 블라우스를 본 친구들이 혹시 실패작이라고 입 모아 말한다면 곧장 반품이 가능할 때에만 던질 것이다.

또, 사람들의 마음과 감정을 읽으려고 하지 말자. 특히 동정심이 많고 잘 받아주는 사람이라면 다른 사람의 생각을 자기 나름대로 최선을 다해서 추측하고 싶은 유혹을 뿌리치기 어렵다. 그러나 여러 연구 결과를 보면, 이런 행동이 매우 끔찍한 상황을 초래하기도 한다. 다른 사람이 무엇을 알고, 무엇을 믿고, 어떻게 느끼고, 어떻게 생각하는지 제대로 알 수 있는 단 한 가지 확실한 방법은 그들에게 직접 물어보는 것이다. 앞서 설명한 논문의 스물다섯 번째 실험이 바로 '직접 묻는 것'이었다. 이 실험에서는 참가자들에게 그들의 배우자에 관한 문제를 냈다. 그런 다음 한 집단에게는 배우자의 관점을 취해 보라는 지침을 내렸고, 다른 집단에게는 문제를 풀기 전 5분 동안 배우자에게 직접 물어보라고 했다. 실험 결과, 배우자의 관점을 취하라는 지시만 받은 참가자 집단보다 직접 물어보게 한 집단이 훨씬 더 높은 점수를 받았다. 정답을 알면 문제를 잘 풀 수밖에 없으니 너무나 당연한 소리 아니냐고 반문할 수 있다. 그러나 바로 그게 요점이다. 팩트를 모으지 않으면 무엇이 사실인지 알 수 없는 법이다.

다른 사람이 무슨 생각을 하고, 어떻게 느끼고, 무엇을 믿고,

무엇을 아는지 정확하게 이해하려면 반드시 그들을 통해서 대답을 찾아내야 한다. 친구들이 성차별적인 농담을 재밌다고 생각하는지 불쾌하다고 생각하는지도 모른다면, 친구들의 관점을 취하는 것만으로는 이들이 무엇을 어떻게 생각하는지 정확히 추측할 수 없다. 우리는 우리가 아는 것과 느끼는 것을 타인에게 투사하기 때문에 지나치게 과신하면서 다른 사람이 어떤 생각을 하고 있는지 안다고 믿는 것이다. 그리고 그 결과, 우리의 추측이 옳았는지 확인하는 과정조차 등한시하거나 아예 잊어버리기 십상이다. 서로를 이해하는 유일하고 확실한 방법은 있는 그대로의 팩트를 찾는 것, 그것 하나뿐이다.

8장

기다려야 받는 보상이
일으키는 혼선

미래의 '나'를 오해하는 현재의 '나'

The Trouble with
Delayed Gratification

내가 심리학 박사 학위를 받은 건 스물다섯 살 때였다. 다른 사람들에 비해 제법 어린 나이에 학위를 취득한 편이었는데, 내가 무슨 천재라서가 아니라 그럴 만한 사정이 있어서였다. 학부 과정을 마치고 미국으로 유학 왔던 스물한 살의 나에겐 박사 과정을 이렇게나 빨리 마칠 계획이 전혀 없었다. 그때만 해도 나는 맥도날드에서 주문을 할 때마다 들어야 했던 "포 히어 오어 투 고?(For here or to go?: 드시고 가겠습니까? 포장해 드릴까요? – 옮긴이)" 같은 문장이 대체 무슨 뜻인지 배우고 있었고, 동료가 "여기는 어떻게 오셨어요?(What brought you here?)"라고 묻기에 "비행기로요"라고 대답했을 뿐인데 뭐가 그리 웃기다고 깔깔거리는지 전혀 이해하지 못하고 갸우뚱거렸다. 나도 남들처럼 5년에서 6년 정도 하면 박사 학위를 받을 수 있겠거니 계획하고 있었다. 그러나 유학 4년 차에 접어들자마자 지도교수가 다른 학교로 옮겨 가기로 결정하는 바람에 갑작스럽게 내 계획도 틀어졌다. 교수님은 일 년 내에 내가 논문을 끝내면 새 학교로 갈 때 나를 박사 후 연구원으로 데리고 가겠다고 제안했고, 그건 내게

꿈 같은 일이었다.

학교 공부는 항상 잘하는 편이었지만, 박사 논문을 시작부터 끝까지 일 년 만에 뚝딱 끝낸다는 건 보통 어려운 일이 아니었다. 모든 일상의 낙을 포기한 채 미친 듯이 논문에 매달려야 했다. 영화도 안 보고, 파티에도 안 가고, 심지어 맥주도 입에 대지 않았다. 거의 시리얼과 우유, 커피만 먹어가며 매일 하루에 열여섯 시간씩 일했다. 그 일 년이 지난 이후로도 참고 견뎌야 할 고난과 역경은 줄줄이 이어졌다. 내가 이 이야기를 꺼낸 건, 내가 이렇게나 먼 미래에 찾아올 보상을 위해 참고, 버티고, 또 버틸 수 있는 사람이라는 말을 하기 위해서다.

그러나 동시에 인내심이 없기로는 둘째가라면 서러워할 사람이기도 하다. 나는 학생에게 이메일이 오면 100만분의 1초만에 '답장하기' 버튼을 눌러야, 궁금한 게 생기면 곧장 답을 알아내야 직성이 풀린다. 흥미로운 연구 아이디어가 떠오르기라도 하면, 내가 지도하는 대학원생에게 이메일을 보내는 게 아니라 문자를 보내든 직접 사무실로 찾아가든 해야 한다. 또 머리를 자르고 싶다는 충동이라도 들라치면 가장 빠른 시간으로 예약을 잡는다. 내 머리를 처음 만지는 미용사에게 커트를 받고 후회하기 일쑤지만, 내가 원하는 미용사에게 커트를 받을 수 있는 날짜까지 기다린다는 건 정말이지 고문이나 진배없다. 그러니까 나는, 결과든 대답이든 보상이든 바로바로 받기를 바라는 사람이다.

지연된 보상의 가치 낮잡기

누가 봐도 모순이라고 할 두 이야기로 8장의 문을 열었다. 그러나 나중에 설명하겠지만, 이 두 이야기는 사실 모순되지 않는다. 무슨 의미인지 설명하기에 앞서 인내심이 부족한 사람이 얼마나 많은지를 먼저 보여주고 싶다. 우리가 지연된 보상을 얼마나 낮잡는지 측정할 때 일반적으로 다음과 같은 테스트를 활용한다.

지금 34만 원을 받겠는가, 6개월 뒤에 34만 원을 받겠는가? 이건 생각할 필요가 없다. 누구라도 지금 34만 원을 받는 것을 선택한다.

지금 34만 원을 받겠는가, 6개월 뒤에 35만 원을 받겠는가? 대다수는 여전히 지금 34만 원을 받겠다고 한다.

지금 34만 원을 받겠는가, 6개월 후에 39만 원을 받겠는가? 이때도 참가자 반 이상은 5만 원을 더 받기 위해 6개월을 기다리는 것보다 지금 당장 34만 원을 받는 것을 더 선호한다. 인플레이션, 이율, 투자 기회 따위를 고려했을 때 6개월 뒤 39만 원을 받는 것보다 지금 34만 원을 받는다고 선택하는 게 더 합리적이라고 생각할 수도 있다. 지금 돈을 받아서 그 돈으로 더 큰 수익을 내는 게 현명하지 않겠는가?

정답은 '아니오'다.[1] 지금 34만 원을 받아서 은행에 예치하거나 주식에 투자한다고 가정해 보자. 평시의 경제 상황이라고 했을 때 6개월 뒤에는 34만 원보다 약간 더 불어나는 정도, 많아 봐야 만 원이나 만오천 원쯤 벌게 될 것이다. 34만 원을 6개월 만에 39만 원으로 불린다는 건 연간 수익률이 약 30퍼센트가 되어야 한다는 의미인데, 이는 시중의 어떤 금리보다도 높은 수준이다.

물론, 6개월 뒤에 무슨 일이 생길지 아무도 모르니까 지금 준다고 할 때 곧장 돈을 받아야 한다고 주장할 수도 있다. 돈을 주겠다고 약속한 사람이 마음을 그때 가서 바꿀 수도 있고, 죽을 수도 있다. 반대로 우리가 죽을지도 모른다. 그 사이 핵 전쟁이 발발해 땔감으로 쓸 게 아니고서야 지폐가 쓸모없는 종잇장이 돼 버릴 수도 있다. 반대로 6개월이 되기 전에 엄청 부유한 고모가 돌아가시면서 유산을 몽땅 남겨주는 바람에 그토록 기다리던 39만 원이 이제 껌값 정도로밖에 안 보일지도 모른다. 하나 같이 가능성이 거의 없는 예시들이지만, 요점은 이 정도로 드문 경우라야 6개월 뒤의 39만 원이 지금의 34만 원보다 가치가 더 적다는 것이다.

우리가 얼마나 먼 훗날의 보상을 비합리적으로 낮잡아 보는지 보여주는 문제를 하나 더 풀어보자. 지금 2만 원을 받는 것과 한 달 뒤 3만 원을 받는 것 중에 선택하라고 하면, 대부분은 지금 2만 원을 받는 것을 택한다. 그러나 12개월 뒤 2만 원과 13개월 뒤 3만 원 중에 선택하라고 하면 대부분은 한 달을 더 기다려서 만 원을 추가로 받기로 선택한다. 이 두 상황을 비교해 보면 일관성이 없는 선택이라는 걸 알 수 있다. 이 두 가지 상황 다 똑같이 만 원과 1개월이라는 차이를 다루고 있다. 한 사람에게 2만 원이나 3만 원이 얼마나 가치 있든 간에 그 사람이 첫 번째 상황에서 2만 원을 선택했다면 두 번째 상황에서도 2만 원을 선택해야 한다. 그러나 지금 당장의 한 달은 미래의 한 달보다 훨씬 더 큰 차이로 느껴진다.

물론 이러한 현상이 발생하는 데에는 한계가 있다. 지금 34만 원을 받는 것과 6개월 뒤 3억 4,000만 원을 받는 것 중에 선택하라고 한다면 누구라도 반 년을 더 기다릴 것이다. 내가 박사학위를 받기까지 모든 걸 참아가며 기다릴 수 있었던 것도 이런 맥락이었을 것이다. 내게는 학위 취득과 그 이후의 연구직이 사교생활이나 따뜻한 밥 한 끼 같은 그 어떤 즉각적인 보상보다 훨씬 더 가치 있었다. 그 당시 나처럼 미래의 더 큰 보상을 위해 현재를 희생해 본 경험은 누구에게나 있을 것이다. 그러니까 지금 나는 사람들에게 미래에 받는 보상을 기다리는 능력이 전혀 없다고 얘기하는 게 아니다.

그러나 먼 훗날의 보상이 지닌 효용 가치를 지나치게 저평가하는 경향이 있다는 건 틀림없는 사실 같다. 또 앞에서 살펴본 것과 같은 수많은 행동경제학 실험 결과를 보더라도 우리에게 미래에 받는 보상을 기다리는 능력이 부족하다는 걸 알 수 있다. 이처럼 미래의 보상이 지닌 가치를 저평가하는 현상을 행동경제학자들은 '지연 할인(delay discounting)'이라고 하는데, 나도 이 책에서 그렇게 부르도록 하겠다.

기후 변화를 예로 들어 보자. 쓰레기를 줄이기 위해 우리가 재활용을 하고, 탄소를 포집하기 위해 나무를 심고, 더 많은 돈을 써서 전기차를 구입한다고 해서 그 즉시 공기가 깨끗해지고, 해수면이 낮아지고, 북극곰이 행복해지는 등의 즉각적인 보상을 얻을 수 있는 건 아니다. 우리가 실천한 행동이 빛을 발하기까지는 최소 수년, 수십 년이 걸린다. 그중에는 미래 세대만이 누릴 수 있을 것들도 있다. 물론, 탄소 발자국을 줄여서 얻을 수 있는 미래의 보상이 매우 가치 있다는 사실을 알고 있더라도 굳이 나까지 에어컨을 끄거나 큰돈을 들여 태양광 패널을 설치할 필요가 있겠냐고 생각할 수 있다. 그러나 이는 수십 년을 기다려 350조를 받느니 지금 당장 35만 원을 받겠다고 하는 것이나 다름없다.

또 아주 드물게 예외적인 사람들(그러니까 매일 같이 수 킬로미터씩 달리는 걸 즐거워하고 삼겹살과 치킨을 정말 싫어하는 사람들)이 아니고서야 건강하게 살려면 훗날의 보상을 선택해야 한다. 건강한 삶을 살려면 일주일에 다섯 번씩은 꼭 운동하겠다거나 와인을 한 잔 이상 마시지 않겠다고 새해에 다짐했던 일들을 지켜야 하는데, 이 모든 게 눈앞의 보상보다는 수명 연장이라는 미래의 보상을 선택해야 하는 일인 셈이다. 그러나 찾아오는 유혹에 무너질 때마다 즉각적인 보상이 얼마나 강력한지 절감한다.

기다림으로 얻을 수 있는 더 큰 보상이 먼 미래의 것이 아닐 때에도 우리는 눈앞의 보상에 쉽사리 무너지고 만다. 길고 고된 하루 끝에 최애 음식인 피자가 당긴다. 마침 동네 피자집에서 받은 전단지가 눈에 들어온다. 이 피자집은 30분 이내 배달을 보장하는 곳이니, 딱 30분만 기다리면 '뜨끈하고 맛있는 피자'라는 보상을 받을 수 있다. 그때 싱크대 옆에 놓인 감자칩 한 봉지가 눈에 들어온다. 온종일 받은 스트레스를 생각하면 피자가 훨씬 나은 보상인 데다가 감자칩을 입에 댔다가는 피자를 안 시킬 게 뻔하다. 어랏? 정신을 차려 보니 어느새 감자칩 끄트머리를 오물오물 씹고 있다. 이런 내 모습에 짜증이 난다.

미래의 보상뿐만 아니라 미래의 고통에도 지연 할인이 적용된다. 우리가 할 일을 미루는 이유가 바로 여기에 있다. 하기 싫은 일이 있을 때 우리 대부분은 기한이 코앞으로 닥쳐 올 때까지 또는 날짜가 지나도록 마치 그 일이 존재하지도 않는다는 듯이 외면한 채 살 수 있다. 지금 하나 나중에 하나 똑같은 일인데도 당장 하려고 생각하면 너무나도 끔찍한 것이 나중에 한다고 생각하면 어찌어찌 할 수 있을 것 같다. 그래서 일을 미루는 것이다. 내 학생들도 학기 말 과제를 할 때 미루고 미루다가 마감기한 전날이 되어서야 부랴부랴 과제를 시작한다. 어떻게 하면 이런 일을 막을 수 있을까 생각하다가 나는 학생들에게 과제를 미루는 일의 장단점을 적어 보라고 했다. 단점으로는 "막판에 무슨 일이 생길지 모른다" "과제 하는 데 걸리는 시간을 과소평가하여 결국 시간이 부족해진다"와 같은 '정답'이라고 할 만한 문제점이 쏟아져 나왔다. 그러나 나는 학생들이 과제 미루기를 뭐라고 옹호했을지가 더 궁금했다. 미루고 미루다 기한에 닥쳐서 과제를 하면 더 좋은 결과를 낼 수 있다고 주장하는 학생들은 다음과 같은 답변을 작성했다.

다이아몬드는 압력으로 만들어진다.

기한이 임박했을 때 나오는 스트레스와 아드레날린이 강력히 동기 부여를 해준다.

과제를 어떤 식으로 풀어나갈지 마지막까지 곰곰이 생각할 수 있다.

효율이 오른다고 주장한 학생들도 있었다.

파킨슨 법칙! 일이란 주어진 시간이 다 될 때까지 늘어지는 법이다.

디테일에 집착하거나 완벽주의 때문에 꼼짝 못할 일이 생기지 않는다.

더 이상 미룰 수 없다.

수업에서 다루었던 내용을 인용해서 과제 미루기를 합리화한 학생도 있었다. 내 눈길을 사로잡은 그 학생의 답변은 다음과 같았다.

"그 시점에는 계획 오류를 범하려야 범할 수도 없다."

우리가 기다리지 못하는 이유. 기다림을 배우는 방법

앞서 언급한 예시에서 보았든 사람들은 비합리적인 결정을 내릴 정도로 미래에 받을 보상을 과소평가한다. 이러한 상황을 피하려면 왜 이런 일이 생기는지에 대해 먼저 생각해 봐야 한다. 이유가 한 가지는 아니다. 우리가 기다리지 못하는 이유를 몇 가지 설명하면서 각 상황에 따라 대응할 수 있는 방법을 제시해 보겠다.

자제력 부족

충동을 제어하는 능력이 부족해서 미래의 보상을 기다리지 못하는 경우가 있다. '배고파서 화가 날' 지경인데 어디서 베이컨 냄새가 나면, 건강한 식단의 이점이고 나발이고 아무것도 생각나지 않는다. 기다리던 드라마의 새 시즌이 모두 올라와 드디어 정주행할 수 있게 되었는데 기한이 6개월이나 남은 프로젝트를 얼른 시작하자고 자신을 채근하려면 어마어마한 자제력이 필요할 것이다.

미래의 더 큰 보상을 위해 기다릴 줄 아는, 이른바 만족 지연 능력과 충동 조절 능력에 관한 초기 연구들 중에 1970년대에 어린이를 대상으로 수행한 마시멜로 실험이 있다.[2] 이 연구를 진행한 실험자들은 세 살에서 다섯 살 사이의 아이들에게 마시멜로를 하나씩 주면서 잠시 나갔다 오겠다고 얘기한다. 그러면서 마시멜로를 곧바로 먹어도 되지만, 실험자가 방에 돌아올 때까지 먹지 않고 기다리면 마시멜로를 하나 더 주겠다고 일러준다. 기다리지 못하고 먹어버리면 두 번째 마시멜로는 받지 못한다.

유튜브(YouTube)에서 마시멜로 실험 검색해 보는 것을 강력 추천한다. 더 적지만 즉각적인 보상, 즉 눈 앞에 놓인 마시멜로 한 덩어리를 꿀꺽 삼키고 싶은 유혹을 참으려고 애쓰는 아이들의 모습이 얼마나 귀여운지, 그 영상을 보면 그날 내내 웃음이

새어나올 것이다. 실험자가 나가자 마시멜로를 뚫어지게 바라보던 아이들의 두 눈동자가 가운데로 쏠려버린다. 아이들은 마시멜로에 코를 대고 킁킁거리기도 하고, 마시멜로를 집었던 손가락을 핥아 보기도 하고, 진짜 마시멜로가 맞나 확인하려는 듯 쑥 찔러보기도 한다.

자녀를 키우거나 아이들과 가까이에서 생활하는 사람이라면 알 텐데, 인내심은 아이들마다 제각각이다. 15분, 20분을 버티는 아이들이 있는가 하면, 그보다 훨씬 더 빠르게 포기하는 아이들도 있다. 그러나 마시멜로 실험이 유명해진 것은 그 때문이 아니다. 테스트를 진행하고 10여 년이 지난 뒤, 놀라운 사실이 알려졌다. 아이들이 마시멜로를 먹지 않고 기다린 시간과 SAT 구술 및 수리 영역 점수 사이에 상관관계가 발견된 것이다. 쪼그마한 꼬마였을 때 두 번째 마시멜로를 받기 위해 더 오래 기다렸던 아이일수록 고등학교를 마칠 무렵에 치른 SAT에서 더 높은 점수를 받았다(최근에 마시멜로 실험이 잘못되었다는 후속 연구가 발표되었다[3]는 보도를 접한 사람이 있을 수 있으나, 이는 사실과 다르다. 후속 연구에서도 아이들이 기다린 시간과 SAT 점수 사이의 상관관계는 그 폭이 약간 줄어들었으나 여전히 존재했다. 그리고 훗날 그 후속 연구는 방법론 및 개념적 측면에서 통렬히 비판 받았다[4]).

기다리는 자에게 더 큰 복이 온다면, 아이들이 눈앞의 만족이라는 유혹을 뿌리칠 수 있도록 우리가 도와줄 방법이 있을까?

초기의 마시멜로 연구도 이러한 질문에서 시작된 것이었다. 그리고 그 연구에서 밝혀진 가장 손쉬운 방법은 아이들이 기다리는 동안 하얗고 폭신하고 달콤한 마시멜로를 시야에서 숨기는 것이었다. 여기에 더해 아이들에게 가지고 놀 장난감을 주거나 즐거웠던 일을 떠올려 보라고 하면 마시멜로가 눈에 잘 띄는 곳에 있더라도 아이들은 훨씬 더 참을성 있게 실험자를 기다렸다.

인간 세계뿐 아니라 동물의 세계에도 이 방법이 통한다. 심지어 비둘기의 경우에도, 주의를 다른 데로 돌리게 하면 더 좋은 보상을 받기 위해 눈앞의 작은 이득을 무시하고 인내심 있게 기다릴 수 있다.[5] 연구자들이 이 사실을 어떻게 알아냈는지 궁금할 수 있으니, 어떤 내용의 연구인지 살짝 소개하겠다.

이 연구의 실험자들은 우선 비둘기의 체중을 평소보다 80퍼센트로 줄여서 먹이를 찾고자 하는 동기가 강해지도록 했다. 그런 다음 비둘기에게 다음과 같은 조건을 학습시켰다. 울타리 앞쪽 벽에 달린 버튼에 불이 들어올 때 그 버튼을 부리로 쪼면 그 즉시 '카샤(Kasha) 곡물'을 얻을 수 있지만, 15초에서 20초를 기다렸다가 쪼면 비둘기들이 훨씬 더 선호하는 '혼합 곡물'을 얻을 수 있다. 인내심이 없기로는 비둘기도 아이들과 별반 다르지 않았다. 더 좋아하는 혼합 곡물을 기다리기보다 카샤 곡물이 주는 즉각적인 만족을 택하는 경우가 압도적으로 많았다. 멍하니 손놓고 앉아서 더 좋은 보상의 기회를 기다리는 게 비둘기에게 엄청 어려운 일인 건 너무도 당연하다.

그러나 기다리는 동안 비둘기에게 할 일이 있으면 기다리는 게 가능해졌다. 두 번째 실험에서는 울타리 반대쪽 벽에 두 번째 버튼을 설치했다. 그리고 첫 번째 실험에서처럼 실험 시작과 동시에 불이 들어오게 했다. 비둘기들은 이 두 번째 버튼을 스무 번 쪼면 혼합 곡물 펠릿으로 보상을 받는 사실을 배웠다(카샤 곡물은 한 번만 쪼면 즉시 얻을 수 있었지만, 이 두 번째 버튼을 써서 혼합곡물을 얻어내려면 훨씬 더 많은 시간과 노력을 들여야 했다). 스무 번 쪼는 행위를 통해 기다리는 동안 할 일을 주어서 주의 분산을 시켜 주자 비둘기들은 더 좋아하는 혼합 곡물을 먹기 위해 15초, 20초를 놀랄 만큼 잘 기다렸다.

유혹을 이겨내긴 어렵다. 저녁 식사 때마다 소주나 와인을 반주로 즐기던 사람이 이를 끊으려면 엄청난 의지력이 필요하다. 그러나 주의를 분산시키는 방법으로 어린 아이들, 심지어 비둘기도 눈앞의 유혹을 이겨냈다면 어른들이 못할 이유가 없다. 식탁 위에 놓인 배우자의 술잔을 두 눈동자가 가운데로 쏠려버릴 정도로 뚫어져라 쳐다보느니 맛있는 무알코올 음료라도 홀짝이면 조금 더 수월하게 술 생각을 잊을 수 있을 것이다.

불확실성에 대한 두려움

우리가 미래의 보상 또는 고통을 과소평가하는 또 하나의 이유는 불확실한 상황에 대해 생각하기가 어려워서이기도 하다. 무슨 말인지 이해를 도울 만한 흥미로운 연구가 있다. 지금 말하고 있는 미래의 보상의 진가를 인식하는 것에 대한 연구는 아니지만, 그 내용을 들여다보면 불확실성이 우리의 판단을 얼마나 흐리게 하는지 잘 알 수 있다.[6]

연구자들이 학생들을 참가자로 모집한 후 세 집단으로 나누었다. 그러고는 다음과 같은 상황을 상상해 보라고 했다. 어려운 시험에서 합격했다는 소식을 방금 막 전해 들었다. 곧이어 하와이로 가는 여행 패키지를 구매할 기회가 생겼다. 말도 안 되게 저렴한 금액인데 오늘 딱 하루만 그 가격에 구매 가능한 상품이다. 이들은 세 가지 옵션 가운데 하나를 선택해야 한다. 여행 패키지를 구매한다, 구매하지 않는다, 수수료 5달러를 지불하고 특별 할인을 연장한다. 참가자 대부분은 여행 패키지를 당장 구매하기로 선택했다. 시험에도 합격했겠다 축하도 할 겸 충분히 패키지를 구매할 만했다.

두 번째 집단 학생들에게는 모든 상황과 옵션이 첫 번째 집단과 똑같았는데, 딱 하나 다른 것은 시험에 떨어져서 두어 달 뒤에 다시 쳐야 하는 상황이었다. 그 결과, 이 집단의 학생들도 대부분 당장 여행 패키지를 구매하겠다고 대답했다. 이 선택 또한 그럴 만했다. 시험까지 앞으로 두 달 정도 시간이 있으니 하와이라도 가서 재충전을 하고 오면 좋지 않겠는가?

이 두 집단에서 얻은 결과를 종합해 보면, 학생들은 대체적으로 시험 결과에 상관없이 하와이 여행 패키지를 할인 가격에 구매하려고 한다는 사실을 알 수 있다. 그러나 세 번째 집단에는 시험 결과를 알려주지 않은 채 동일한 옵션을 제시하며 선택하라고 했다. 그러자 이들 대부분은 시험 결과가 나올 때까지 기다렸다가 결정하고 싶다며 5달러를 지불하고 할인 기한을 연장하는 옵션을 선택했다. 그러니까 불확실성이 제거된 이후에 결정을 내릴 수만 있다면 사람들은 추가 비용 지불도 마다하지 않는다는 것이다. 시험에 붙었든 떨어졌든 간에 결국 똑같은 결정을 내릴 가능성이 농후한데도 말이다.

중요한 결과 발표를 앞두고 있으면 불확실성 때문에 사고가 얼어붙기도 한다. 면접 결과가 발표되기 전까지, 비즈니스 거래 성사 여부를 통보 받기 전까지는 아무것도 손에 잡히지 않는다. 이때는 평소에 좋아하던 일마저도 하기가 어렵다. 나도 이런 경험을 한 적이 있다. 2020년 11월 3일이었던 미국 대선 날짜가 가까워 올수록 도무지 아무것도 할 수가 없어서 아주 혼났다. 11월 말까지 완성하기로 약속한 원고가 있었는데도 손 하나 까딱할 수 없었다. 하와이 여행 패키지 연구의 정신으로, 나는 각 상황에 따른 결과에 대해 곰곰 생각해 보았다. 트럼프가 당선된다면 내가 이 글쓰기를 계속해야 하는가? 그렇다. 바이든이 당선된다면, 이 글쓰기를 계속해야 하는가? 그렇다. 덕분에 나는 선거일 당일에도 글을 쓸 수 있었다. 사실, 글을 쓰면서 주의를 분산시키니 꽤 기분전환이 되었다.

불확실한 상황에서도 침착하게 할 일을 해내기야 했지만, 선거 결과를 더 빨리 알 수 있는 방법이 있었더라면 나는 5달러가 아니라 훨씬 더 큰 돈이라도 마다않고 냈을 것이다. 우리 대부분은 불확실성을 최대한 줄이고 싶어 한다. 불확실성을 싫어하는 건 정상이다. 그러나 불확실한 것은 무조건 피하고자 확실한 것을 택하다 보면 미래의 보상에 대해 비합리적인 판단을 내리게 된다.

이를 설명하기 위해 지금 34만 원을 받는 것 vs. 6개월 후 39만 원을 받는 것 중에 무엇을 선택하겠냐는 문제로 돌아가 보자. 미래는 항상 불확실하므로 이 문제를 금액의 크고 작음이 아니라 확실성과 불확실성 사이의 선택으로 볼 수도 있다. 6개월 사이에 무슨 일이 일어날지 누가 알겠는가? 앞에서 본 것처럼 우리가 39만 원을 받지 못하게 될까 봐 걱정하는 이유 대부분은 비합리적인 것들이다. 그런 우려가 현실이 될 가능성은 지극히 적다. 그러나 문제는, 이를테면 6개월 안에 죽을 확률이 매우 낮다는 사실을 알고 있더라도 우리가 확실하게 아는 것과 비교해 보면 그 확률이 훨씬 더 커 보인다는 것이다. 이게 바로 확실성 효과다.

확실성 편향(certainty bias) 때문에 발생하는 현상으로 행동경제학에 유명한 알레의 역설(Allais paradox)이 있다. 1988년 노벨 경제학상을 수상한 모리스 알레(Maurice Allais)가 발견한 현상이라서 그렇게 불린다. 알레는 물리학자이자 경제학자라 이 현상을 이해하려면 당연히 숫자를 들여다봐야 하는데, 그래도 화폐 숫자라서 이해하기 어렵지는 않다.

첫 번째로 고려해야 할 상황은 다음과 같다. 말도 안 되게 좋은 조건의 로또 A와 B, 둘 중에 하나만 선택해야 한다.

A: 10억 원에 당첨될 확률 100퍼센트

B: 10억 원에 당첨될 확률 89퍼센트, 50억 원에 당첨될 확률 10퍼센트, 꽝이 나올 확률 1퍼센트

어떤 선택을 하겠는가? 천천히 생각해도 좋다(그러나 이 책의 앞부분에서 내가 소개했던 기댓값을 계산하려고 하지는 말고, 직관을 따라 판단해야 한다).

나라면 분명 A를 택할 것이다. 10억 원이면 충분하다. 기꺼이 그 돈을 받고 은퇴할 것이다. 공연히 B를 선택했다가 한 푼도 받지 못한다면 나는 남은 평생을 자책하며 살아갈 게 분명하다. 50억 원에 당첨될 확률이 10퍼센트라고 하더라도 군이 B를 선택해 위험을 감수한다는 건 의미가 없어 보인다. 다른 사람들도 대부분 A를 선택한다. B에 포함된, 한 푼도 못 받을 확률 1퍼센

트는 A의 한 푼도 못 받을 확률 0퍼센트에 비하면 엄청나게 큰 차이로 느껴진다.

다음은 두 번째 상황이다. 입이 떡 벌어질 만큼 훌륭하진 않지만 여전히 꽤 괜찮은 조건으로 X와 Y 중에 하나를 선택해야 한다.

> X: 10억 원에 당첨될 확률 11퍼센트, 꽝이 나올 확률 89퍼센트
>
> Y: 50억 원에 당첨될 확률 10퍼센트, 꽝이 나올 확률 90퍼센트

이러한 옵션이 주어지면 대다수는 Y를 선택한다. 나라도 그럴 것이다. 10억 원으로 만족한다고 말했지만, 50억 원에 당첨될 확률과 10억 원에 당첨될 확률의 차이가 1퍼센트에 불과하다면, 40억 원을 더 얻기 위해서 그 정도 작은 확률의 차이는 당연히 무시해도 될 것 같다.

하지만, 잠깐. 첫 번째 상황에서 A를 선택하고 두 번째 상황에서 Y를 선택했다면, 당신은 지금 일관성 없는 선택을 한 것이다.

다시 옵션 A와 B로 돌아가 보자. 둘 중에 무엇이 더 나은 선

택인지 결정할 때, 합리적인 사람이라면 두 옵션 간에 동일한 구성 요소를 삭제해야 한다. A와 B 간에 동일한 구성 요소가 무엇인지 더 쉽게 보이도록 두 옵션을 밑에 약간 다르게 표현했다.

A: 10억 원에 당첨될 확률 89퍼센트 더하기 10억 원에 당첨될 확률 11퍼센트

B: 10억 원에 당첨될 확률 89퍼센트, 50억 원에 당첨될 확률 10퍼센트, 꽝이 나올 확률 1퍼센트

A와 B 모두 10억 원에 당첨될 확률이 적어도 89퍼센트는 공통으로 있으니까 이를 삭제한다. 그러면 두 옵션에 남은 것(각각 A′, B′라고 부르자)은 다음과 같다:

A′: 10억 원에 당첨될 확률 11퍼센트

B′: 50억 원에 당첨될 확률 10퍼센트

자, 이제 A′와 B′ 중에 무엇을 선택하겠는가? 아마 B′를 택할 것이다.

그런데 이제 다시 보자. A′ vs. B′ 선택은 X vs. Y 선택과 동일하다. 알아보기 쉽도록 복사-붙여넣기를 해보겠다.

X: 10억 원에 당첨될 확률 11퍼센트, 꽝이 나올 확률 89퍼센트

Y: 50억 원에 당첨될 확률 10퍼센트, 꽝이 나올 확률 90퍼센트

X vs Y에서와 마찬가지로 사람들은 대부분 B′를 선택할 것이다. 그러나 A vs B일 때는 A를 선택하는, 비합리적이고 일관성 없는 모습을 보였다. 바로 이 점 때문에 이 현상을 '역설'이라고 하는 것이다.

이런 역설이 왜 일어날까? A와 B를 비교할 때는 0퍼센트와 1퍼센트의 차이가 있고, A′와 B′(혹은 X와 Y)를 비교할 때는 10퍼센트와 11퍼센트의 차이가 있다. 그런데 똑같은 1퍼센트라도 그 차이가 매우 다르게 보이기 때문이다. 수학적으로는 동일한 1퍼센트의 차이가 심리적으로는 완전히 달라진다. 첫 번째 1퍼센트는 아예 일어나지 않는 것과 일어날지도 모르는 약간의 가능성, 즉 확실성과 불확실성의 차이이기 때문이다. 이에 비해 10퍼센트와 11퍼센트의 1퍼센트 차이는 어느 편이든 별반 다르지 않은 불확실성으로 느껴진다.

알레의 역설은 정확하고 아름답지만(적어도 내게는 그렇다), 우리의 일상 생활과는 먼 얘기인 듯싶을지도 모른다. 행동 경제학자들은 내기 상황을 예로 들어 인간의 선택을 논할 때가 많은

데, 그러면 현실성이 떨어질 수밖에 없다. 세상에 어떤 사람이 100퍼센트의 확률로 10억 원을 주겠다고 제안하겠는가? 이건 로또도 아닐 뿐더러 현실에서는 결코 일어날 리 없는 상황이다. 그래서 우리 모두가 겪고 있는 팬데믹 상황에 일어났던 실제 사례를 몇 가지 들어보겠다.

CDC의 통계에 따르면, 2021년 6월 기준으로 입원 치료가 필요할 정도의 코로나19 중증화 예방에 화이자바이오엔텍 백신은 95퍼센트, 모더나 백신은 94퍼센트의 효과가 있었다. 코로나19 백신을 둘러싼 불만, 우려, 논쟁, 과잉 반응이 넘쳐나지만, 두 백신의 효능에 1퍼센트의 차이가 있다는 사실에 대해 불평하는 사람은 본 적이 없다. 나는 모더나 백신을 접종 받았다. 화이자 백신처럼 3주가 아니라 4주를 기다려야 2차 접종을 할 수 있다는 점이 짜증나긴 했지만(내가 얼마나 참을성이 없는 사람인지 기억하시려나?), 효능의 차이는 조금도 신경 쓰이지 않았다. 아주 만약에, 효능의 차이를 이유로 정부가 모더나 백신은 무료, 화이자 백신은 100달러로 금액을 책정했더라면, 그 1퍼센트의 차이 때문에 100달러를 지불하는 사람은 없었을 것이다.

그러나 화이자바이오엔텍의 백신은 100퍼센트의 효과가 있고 모더나는 99퍼센트의 효과가 있다고 한다면 이야기가 달라질 수 있다. 코로나에 감염되지 않는다는 100퍼센트의 보장 vs. 감염될 약간의 가능성이다. 이렇게 되면 사람들은 화이자바이오엔텍 백신을 맞기 위해 100달러를 훨씬 웃도는 돈이라도 지불할 것이다. 이게 바로 확실성 효과다.

기다리면 지금 당장보다 더 큰 보상을 받을 수 있는 상황에서 선택을 해야할 때 (나중에 얻을) 불확실성보다 (지금 얻는) 확실성을 선호한다는 점이 중요한 요인으로 작용할 가능성이 있다. 그런데 불확실성에 과잉반응하는 것을 극복하는 건 쉽지 않다. 나는 알레의 역설과 확실성 효과를 30년째 가르쳐 온 사람이지만, 혹시라도 이러한 내기를 제안 받는다면 분명히 확실성 효과가 내 의사 결정에 영향을 미칠 것이다. 대다수의 인간은 위험을 피하려고 하기 때문에 불확실한 상황에 처하면 불안해하고 두려워할 수밖에 없다. 하지만 불확실성 때문에 위험을 감수할 자신이 없거나 미래의 더 큰 이익을 기다릴 자신이 없을 때 우리가 할 수 있는 일이 하나 있다. 바로 상황을 통제할 수 있다는 자신감을 끌어올리는 것이다.[7]

어떻게 실천할 수 있을지 그 방법을 구체적으로 보여주는 연구가 있다. 이 연구에서 연구자들은 참가자를 두 집단으로 나누었다. 그런 다음, 한 집단에는 자신이 무력하다고 느꼈던 상황에 대해 얘기해 보라고 했다. 이를테면 주말인데 상사에게 업무 지시를 받았다거나 훈련 중에 발목을 삐끗하는 바람에 중요한 운동 경기에서 중도 하차해야 했던 경험을 들 수 있겠다. 반면, 두 번째 집단에는 남들에게 영향력을 줄 수 있는 지위에 있었던 상황을 묘사해 보라고 했다. 이 경우 참가자들은 대표팀의 주장이 되어 훈련 계획이나 팀원의 점심 메뉴를 모두 결정했던 경험이나, 매장 관리자로 일하면서 직원들에게 업무를 배정했던 시절을 떠올릴 수 있을 것이다. 연구 결과, 영향력을 줄 수 있었던 상황을 떠올린 참가자들이 무력했던 상황을 떠올린 참가자들보다 더 나은 미래의 보상을 위해 참고 기다릴 의향이 있는 것으로 나타났다.

팬데믹은 우리 모두에게 미래에 대한 불안과 불확실성을 남겼고, 우리는 여전히 상황을 통제할 힘이 없다고 느낀다. 그러나 지금처럼 엄청난 재앙을 겪을 때가 아니더라도 오도가도 못하는 상황에 갇힌 듯한 느낌이 들 때가 있다. 이럴 때 우리 자신 또는 다른 사람의 삶에 큰 도움을 주었던 지난날의 경험을 회상하면 자신감을 회복하는 데 도움이 될 수 있다. 그러면 두려움을 피하려는 마음에서가 아니라 팩트에 기반하여 조금이라도 더 나은 선택을 할 수 있을 것이다.

심리적 거리감

우리가 미래에 일어날 일의 가치를 낮잡는 또 다른 이유는 단지 미래가 멀게 느껴지기 때문이다. 너무너무 뻔하고 당연한 소리로 들리겠지만, 그에 대응하는 해결책은 전혀 뻔하지 않다.

시간적 거리를 공간적 거리에 비유해서 설명해 보자. 내가 살고 있는 동네에서 불이 났다고 하면, 우리 집까지 불이 번질 위험이 없더라도 아주 크게 놀랄 것이다. 그러나 다른 도시에서 불이 났다고 하면, 기사조차 읽지 않은 채 그러려니 넘어갈 수도 있다. 이번에는 조금 더 기분 좋은 예시를 들어 보자. 고등학교 동문이 오스카 상을 수상했다고 하면, 나와 전혀 관련 없는 일이지만 진심으로 축하하며 단 한 번 만나본 적도 없는 그 사람을 자랑스러워할 것이다. 그러나 똑같은 오스카 상인데도, 다른 나라의 다른 누군가가 받았다고 하면, 특정 배우의 팬이 아니고서야 딱히 신경 쓰지 않을 것이다. 거리상으로 멀리 떨어져 있는 일에 관심을 덜 두는 것처럼 우리는 시간적으로 멀리 떨어져 있는 일에 상대적으로 관심을 덜 두게 된다. 그 결과 미래의 보상이나 고통을 낮잡게 된다.

언젠가 영국 케임브리지에서 강연 요청을 받은 적이 있다. 소규모 학회였는데 일정이 여섯 달 뒤였다. 그 학회 한 달 전에 가벼운 수술을 받을 일정이 있긴 했으나, 의사에게 물어보니 이 수술을 받은 사람들 대다수가 한 달이면 문제 없이 비행기를 탈 수 있다고 했다. 나라고 뭐 다를까 싶었다. 또 그렇지 않더라도 아파 봐야 얼마나 아프겠냐 싶어서 기쁜 마음으로 초청에 응했다. 그때는 다섯 달 뒤에 어쩌면 겪게 될지도 모를 고통을 포함한 모든 게 물안개라도 낀 듯 그저 흐릿하고 뿌예 보였다. 그렇게 다섯 달이 지나고 예정대로 수술을 받았는데, 그제야 나는 강연 준비를 회복 기간에, 그러니까 여전히 고통스러운 상태에서 해야 한다는 사실을 깨달았다. 6개월 전 강연 요청을 수락할 때 모든 상황을 꼼꼼히 고려해야 했는데 그걸 게을리했던 것이다. 어떻게 이걸 몰랐을까. 게다가 입장을 바꾸어 내가 학회를 기획할 때면, 초청하기 힘든 강연자에게는 으레 몇 개월 전에 연락을 취한다. 일정이 멀면 멀수록 수락할 가능성이 크다는 걸 알기 때문이다. 그런데 이 똑같은 꾀에 나도 넘어간 것이다.

우리가 무리하게 일정을 계획하는 건 시간적 거리를 낮잡기 때문이다. 일정까지 시간이 한참 남아 있으면 우리는 잠재적 비용, 고통, 노력, 시간을 굉장히 과소평가한다. 코앞에 닥친 일이 아닐 때 낮잡아 보는 건 고통만이 아니다. 보상도 마찬가지다. 기후 변화의 예시를 한 번 더 돌이켜보자.

한 연구에 따르면, 사람들은 1년 뒤 35일 동안 공기 질이 개선되는 상황보다 올해 21일 동안 공기 질이 개선되는 상황을 더 선호한다.[8] 지금 당장 맑은 공기를 들이마시며 즐거워할 내 모습을 상상하기는 쉽지만, 미래의 나는 어떨지, 또 미래의 나에게 맑은 공기가 얼마나 가치 있을지 상상하기는 어려운 것이다.

그렇다면 심리적 거리라는 덫을 피하기 위해 우리가 할 수 있는 일이 있을까? 효과가 입증된 방법 한 가지는 미래의 일을 최대한 꼼꼼히, 구체적으로 생각하고 계획하여 현실처럼 만드는 것이다. 이를 실천하는 데 도움이 될 만한 멋진 방법을 몇 가지

소개해 보겠다.

한 연구에서 몰입형 가상 현실(VR)을 이용해 청년들의 노후 자금 대비를 돕는 실험을 진행했다.[9] 먼저, 실험 참가자인 학부 생들의 디지털 아바타를 생성했다. 그런 다음, 일부 아바타의 외모를 정년에 가까워 보이도록 변형시켰다. 나이 든 아바타를 본 학생들은 지금 나이의 아바타만 본 학생들보다 (가상의) 1,000달러를 노후 자금으로 배분할 확률이 약 두 배 높았다.

복잡한 가상 현실 장비를 사용할 수 있는 사람이 많지는 않지만, 단순히 긍정적인 미래를 상상하는 것만으로도 도움을 받을 수 있다. 한 연구에서 참가자들에게 당장의 더 적은 보상(이를테면 20유로 즉시 지급)과 훗날의 더 큰 보상(이를테면 45일 뒤 35유로 지급) 중에 무엇을 선택하겠느냐고 물었다. 이때 결정을 내리기에 앞서 지금부터 7개월 동안의 모든 스케줄을 나열해 보라고 했다. 예를 들어 오드리에게 45일 뒤에 로마로 휴가를 떠날 계획이 있다고 치자. 그러면 실험자는 오드리의 실험 중에 바로 이 휴가 계획과 미래에 받을 보상을 연결시켜 주었다. 그러니까 오드리는 지금 당장 20유로를 받거나 45일 뒤에 35유로를 받을 수 있다는 얘기를 들었는데, 두 번째 옵션 밑에 '로마 휴가'라는 글자가 같이 제시된 것이다. 이런 식으로 사람들에게 앞날의 스케줄을 생각해 보게 하는 것만으로도 미래의 보상을 낮잡아보는 비합리적 사고가 줄어들었고, 그 결과, 기다리더라도 더 큰 보상을 받는 옵션을 선택하게 할 수 있었다.

이 같은 기법은 금연, 금주, 칼로리 섭취 제한을 위한 방법을 개발하는 데에도 중추적인 역할을 하고 있다. 과체중 여성들을 대상으로 실험을 진행한 연구가 있다.[10] 연구자들은 먼저 점심 시간이 한참 지나 배고파질 무렵으로 실험 시간을 설정했다. 그런 다음, 충동적인 식사를 유발하기 위해 참가자들에게 미트볼, 감자튀김, 소시지, 쿠키, 딥 소스 등 사람들이 흔히 '소울푸드'라고 여기는 음식을 상상하도록 했다. 이후 15분 간 참가자들에게 이 음식들을 마음껏 먹을 수 있게 한 뒤 그 맛을 평가해 달라고 요청했다. 이 실험을 하는 동안 연구자들은 참가자 절반을 무작위로 선정하여 미리 자기 목소리로 녹음해 놓은 자신의 미래에 일어날 수 있는 좋은 일에 대해 설명하는 음성 파일을 들려주었다. 나머지 절반도 자기 목소리로 녹음한 음성 파일을 들었지만, 그건 한 여성 작가가 최근 작성한 여행 블로그에서 발췌한 내용으로, 참가자들의 미래와는 전혀 무관했다. 식사 시간으로 주어진 15분이 지난 뒤 참가자 개개인의 칼로리 섭취량을 측정해 보니, 자신의 미래를 떠올렸던 참가자들은 평균적으로 약 800칼로리를, 그러지 않았던 이들은 약 1,100칼로리를 섭취했다.

계속할까, 그만둘까?

미래의 보상을 낮잡는 것이 비합리적인 이유를 설명하면서 8장을 시작했고, 뒤이어 이를 극복하기 위한 노력을 하는 데 도움이 될 방법을 몇 가지 살펴봤다. 이 장을 마무리하기 전에 중요한 주의사항을 하나 더하고 싶다. 지금까지 다룬 내용을 보면, 즉각적인 보상을 참고 미래를 위해 희생하는 게 무조건 좋다고 생각할 수 있다. 누구나 더 나은 모습으로 자신을 갈고닦을 수 있다는 주장, 타고난 재능보다 노력과 끈기가 더 중요하다는 주장은 오늘날 대중 심리학의 핵심이기도 하다. 원래 재능이 별로 없었지만 강인한 마음으로 온갖 역경을 이겨내고 대단한 업적을 이루어낸 사람들의 이야기를 다룬 베스트셀러가 쉴 새 없이 쏟아져 나온다. (정부 지원을 받는 프로그램을 포함한) 수많은 프로그램에서는 약물 및 알코올 남용과 범죄를 줄이기 위한 방법으로 인격 수양과 자제력 향상을 제일 먼저 손꼽는다. 나는 이러한 노력에 박수를 보낸다.

그러나 한편으로는, 일방적으로 자제력만 강조하다 보면 극단의 경우 역효과를 낼 수 있다는 점이 두렵기도 하다. 온갖 고초를 겪으면서도 포기하지 않고 성공한 사람들의 일화는 항상 영감을 준다. 그러나 이러한 사례만 고집하는 것은 2장에서 설명했던 확인 편향의 완벽한 예시다. 현실에서는 고집을 부리다가 수년간 허송세월한 사람들도 수두룩하다. '하면 된다'의 교훈을 강조하는 문화를 다시 짚어보는 것도 좋을 듯싶다. 내가 이런 생각을 하게 된 데에는 두 가지 이유가 있다.

첫째, 젊은 세대에, 심지어 청소년 층에 불안증이 너무나 많다. 미국 국립 정신 건강 협회(National Institute of Mental Health)는 청소년의 거의 3분의 1이 일생에 한 번 이상 불안 장애를 겪는다고 보고했다. 불안은 그저 만연한 정도가 아니라 계속해서 증가하는 추세다.[11] 미국에서 18세에서 25세 사이의 젊은 층이 겪는 불안은 2008년 8퍼센트에서 2018년 15퍼센트로 증가했다(즉, 팬데믹 이전에도 증가한 것이다). 이들 사이에 불안이 증가했다는 것을 나는 개인적으로도 느낄 수 있었다. 주변을 보면 따돌림을 받을까 봐 두려워하는 학생들이 꽤 많다. 이들은 파티 같은 데에 초대 받지 못하는 것만 걱정하는 게 아니라 한도 끝도 없는 치열한 경쟁 사회에서도 따돌림을 받게 될까 두려워한다. 생각해 보면 이십 대의 나 역시 이들과 다르지 않았다. 내가 어떻게 스물다섯 살에 박사 학위를 취득할 수 있었는지 기억하는가?

내가 그 어렵게 박사 학위를 취득한 이후의 이야기가 있다. 학위를 받고 얼마 지나지 않았을 때 박사 후 연구원으로 일하며 한 푼 두 푼 모은 돈을 가지고 생전 처음 파리에 가 보았다. 벽장 만한 크기의 유스호스텔에서 묵어야 했지만, 눈에 담기는 모든 장면이 충격적일 만큼 아름다웠고 입에 들어가는 모든 음식이 황홀할 만큼 맛있었다. 그곳에서 나는 크레페와 양파 수프의 맛을 알게 되었고 '잠봉(jambon)'이라는 햄이 들어간 샌드위치를 먹을 때 바게트에다가 두툼한 치즈 조각만큼이나 큼직한 버터를 발라도 괜찮다는 걸 알게 되었다. 그러나 내가 가장 크게 문화 충격을 받았던 건, 평일 낮에 두 시간씩 와인을 홀짝이며 여유롭게 점심 시간을 즐기는 사람이 그렇게나 많다는 사실이었다. 그때까지만 해도 내게 점심시간은 일의 효율을 떨어뜨리는 걸림돌이었다. 점심시간이 되면 나는 컴퓨터 모니터나 논문에서 눈을 떼지 않은 채 십 분 만에 음식을 입에 마구 밀어 넣기 바빴다.

파리의 박물관을 돌아다니던 어느 날, 200년 또는 그보다 더 이전에 살았던 사람들의 기이한 풍습을 묘사한 그림 앞에 서 있는데 문득 이런 생각이 들었다. 내가 보고 있는 이 그림 속 사람들은 이혼을 불법으로 여겼고, 코르셋을 여성의 하이패션에 없어서는 안 될 아이템으로 여겼다. 그렇다면 지금 우리가 당연하게 여기고 있지만, 200년 후에 미래 세대들이 보면 그냥 잘못된 정도가 아니라 터무니없다고 생각할 만한 게 무엇이 있을까?

박사 학위를 받은 지 얼마 안 됐던 때라 그랬는지, 생각의 꼬리는 자연스럽게 학위를 받기 위해 들였던 모든 끈기, 희생, 기다림이 과연 가치가 있었는지에 대한 생각으로 이어졌다. 박물관 관람을 마칠 무렵, 일하기 위해 사는 지금 우리의 모습이 어쩌면 미래 세대들의 비웃음을 사게 될지도 모르겠다는 결론을 내렸다. 어쩌다 생존을 위한 노동을 강요하는 정도가 아니라 소수의 특권층조차도 항상 필사적으로 일해야 한다고 생각하게 만드는 사회가 되었을까? 우리 사회는 산꼭대기에 도달한 자만이 가치를 인정 받을 수 있다는 신화를 만들어냈다. 그러나 정상에 도달하면 언제나 다른 산이 보인다. 그리고 그 산 너머에는 또 다른 산이 있다. 그렇게 우리 대부분은 어떻게든 안정적으로 뿌리를 내리기 위해 아득바득하거나 끊임없이 산꼭대기를 향해 올라다니며 평생을 살아가고 있다.

사실 이 모든 것이 부질없다는 사실을 인식하는 데에 200년까지 걸리지도 않을 것 같다. 이미 많은 유럽 국가가 이를 알고 있으니 말이다. 덴마크, 노르웨이, 핀란드와 같은 북유럽 국가의 행복지수는 세계 최상위권이다. 무상 교육 및 의료 보험이 큰 요인인데, 이러한 요인 덕분에 직장 생활과 가정 생활 중에 양자택일 하지 않고도 두 가지 다를 당장 누릴 수 있다.

미래를 위해 자기 자신을 지나치게 몰아붙이는 행동은 우리의 정신 건강과 행복에 걸림돌이 될 뿐만 아니라 육체 건강에도 악영향을 미친다.[12] 특히 사회적이나 경제적으로 불행한 환경에 있는 사람들에게 더 큰 해를 끼친다. 한 연구에서 연구자들이 조지아 주 시골에서 사회 경제적으로 불리한 흑인 고등학생 집단을 수년간 추적했다.[13] 먼저 그 고등학생들의 자제력 수준을 측정했다(혹시 자제력 수준을 어떻게 측정했나 궁금하신 독자들을 위해 이 연구가 어떤 방식으로 진행되었는지 설명하는 게 좋을 것 같다. 피험자의 자제력 수준은 스스로 자신이 어느 정도인지 보고한 것뿐 아니라 이들의 보호자가 평가한 것도 합쳐서 정해졌다. 자기 보고서는 "나는 목표를 설정하고 진행 상황을 체크하는 편이다" "내가 어떤 변화를 만들고 싶다면 그렇게 할 수 있다고 확신한다"와 같은 문장에 얼마나 동의하는지 응답하는 방식이었다). 쉽게 상상할 수 있겠지만, 당연히 십대의 자제력 수준은 다양했다. 추적 연구 결과, 연구자들은 17세에서 19세 사이에 더 높은 수준의 자제력을 지닌 사람들이 22세가 되었을 때 약물 남용과 공격적 행동의 비율이 더 낮다는 것을 발견했다. 자제력의 전형적인 이점을 보여주는, 충분히 예측 가능한 결과였다. 그러나 이 연구는 깜짝 놀랄만한 결과를 하나 더 보고했는데, 내용인즉슨, 청소년기 중반에 자제력이 강할수록 젊은 성인기에 면역 세포의 노화 징후가 더 많이 발견됐다는 것이다. 또 다른 연구에서도 이와 비슷한 패턴을 발견했다. 사회 경제적 지위가 낮고 자제력이 강한 아이들은 범법 행위와 약물 사용이 더 적은데도 (비만, 혈압, 스트레스 호르몬 지수로 드러나는) 심장 대사 위험이 더 큰 것으로 나타났다.

도대체 무슨 일일까? 불우하지만 자제력이 강한 십대 아이들은 학교 생활이나 사회 생활의 출발이 좋으면 그 수준을 유지하거나 능가하고 싶어 한다. 그러나 열악한 환경에 있기 때문에 끊임없이 곤경과 어려움을 마주하게 된다. 그럼에도 자기 통제 수준이 높기 때문에 포기하지 않고 모든 어려움에 맞서 싸운다. 생각해 보면, 수년간 끝나지 않는 전쟁 속에 있는 것이나 다름 없다. 결국 스트레스 호르몬 시스템이 지속적으로 활성화된 나머지 이들의 신체적 건강에도 해를 끼치는 것이다.

지나친 자기 통제의 악영향이 불우한 아이들에게만 해당하는 건 아니다. 또 다른 연구에서는 재정 환경에 제한을 두지 않고 학부생을 모집하여 수업 과제 중의 하나로 심리학 실험에 참여하도록 했다.[14] 일단 이들의 자기 통제 욕구 수준을 측정하기 위해 참가자들에게 "내 감정에 지배받고 싶지 않다" "원하지 않는 습관을 고칠 수 있는 인내력이 더 있었으면 좋겠다"와 같은 문장에 얼마나 동의하는지 대답하게 했다.

그런 다음, 참가자 전원에게 타이핑 작업을 시켰다. 일부 참가자는 아주 간단한 작업을 요청 받았다. 모국어인 히브리어로 쓰인 문단 하나를 보고 키보드를 써서 똑같이 타이핑 하는 작업이었다. 이에 반해 다른 참가자들은 심하게 어려운 작업을 요청 받았다. 이들에게는 외국어인 영어로 쓰인 문단을 보고 주로 사용하는 손 대신 다른 손으로만 입력하는데, 알파벳 'e'를 건너뛰고, 스페이스바를 사용하지 못하게 했다. 그러니까 제시된 문단에 (알버트 아인슈타인의 명언인) "If a cluttered desk is a sign of

a cluttered mind, of what, then, is an empty desk a sign?"
이라고 쓰여 있는 경우라면, "Ifacluttrddskisasignofacluttrdmi
nd,ofwhat,thn,isanmptydskasign?" 이렇게 타이핑 해야 하는
것이다(와, 내가 매일 쓰는 언어이고 양손을 다 써서 타자를 쳤는데도 힘
들다).

당연히 자기 통제를 중시하는 사람들이 두 과제 다 더 잘했으
리라고 생각할 것이다. 그렇지 않은가? 그러나 틀렸다. 단순한
작업에서는 자기 통제 욕구가 강한 사람들이 약간 강세를 보였
지만, 어려운 작업에서는 반대의 결과가 나타났다. 자제 욕구가
높은 사람들이 그렇지 않은 사람보다 더 낮은 성과를 보였다.

왜 이런 현상이 일어났을까? 어려운 작업은 극도의 자제력
이 필요하기 때문이다. 자제력이 강한 사람들은 자신의 목표(즉,
완벽함!)와 실제 능력의 차이를 빠르게 깨달았을 것이다. 목표에
도달할 수 없을 것 같다는 생각이 들자 그냥 포기해 버리고, 그
결과 노력마저 안 들이는 바람에 자신의 능력에도 못 미치는 성
과를 내고 만다.

젊은이들 사이에서 증가하는 불안의 정도를 이러한 현상으
로 조금이나마 설명할 수 있을까? 불리한 환경에 놓인 사람들
은 시작했을 때보다 점점 더 잘해야 한다고 생각한다. 금수저나
은수저를 타고난 사람들은 주위에 있는 모든 사람이 다 잘난 것
같고, 남들이 자신의 재능과 성과를 광고하는 소셜미디어 게시

물에 지속적으로 노출되는 바람에 소위 '도달해야만 하는' 수준을 끊임없이 생각하게 된다. 자신의 실제 자아와 이상적인 자아 사이의 괴리 때문에, 무엇이라도 해야 한다는 강박관념에 싸인 학생들은 결국 스트레스, 불안, 패배감을 느끼고 만다.

지속해야 할 때와 그만둬야 할 때를 아는 것은 쉬운 일이 아니다. 그걸 알기 위해 나 스스로 실천하는 일은 결과만 보지 말고 과정을 즐기자고 매일같이 되새기는 것이다. 요가 동작 중에 낙타 자세라는 게 있다. 양쪽 허벅지가 바닥과 수직이 되도록 무릎을 꿇고 앉아서 가슴이 천장을 향하도록 척추를 뒤로 굽히며 손으로 발꿈치를 잡는 것이다. 나의 경우에는 여전히 멀리, 아주 멀리 떨어져 있는 발꿈치를 잡아보려고 양손을 뻗으며 아등바등 애쓰는 수준인데 그때 나는 요가 강사의 "숨쉬는 것을 잊지 마세요"라는 말을 귀담아듣는다. 그 순간에 내가 깊은 숨을 편히 쉴 수 없으면 그 동작을 계속해서는 안 된다. 이 충고는 정말 믿을 만하다. 이 조언 덕분에 나 자신이 수많은 부상을 예방했기 때문이다. 어쩌면 평생 낙타 자세를 못할 수도 있지만, 팔이 짧아서 그렇다고 치면 된다. 그 와중에도 꾸준히 깊은 숨을 내쉬고 들이쉬면서 척추가 깨어나고 피가 머리를 타고 흐르는 그 느낌을 즐길 수 있다.

추구할 가치가 있는 목표라면 연습하는 동안 겪어야 할 고통도 즐겁다. 운동할 때의 고통, 매운 훠궈나 차갑고 톡 쏘는 탄산

음료를 먹을 때의 고통처럼 말이다. 그러나 미래의 보상을 얻기 위해 나 자신을 갉아먹고 있다는 느낌이 든다면, 최종 목표만 바라볼 뿐 과정을 즐기지 못하고 있다면, 자신의 인생에 진짜 일순위 이순위가 무엇인지 다시 한 번 생각해 봐야 할 것이다.

　사람들은 무슨 이유로 생각을 더 잘하고 싶어 하는 걸까? 무척 솔직해서 기억에 남는 대답이 하나 있다.

　"남들보다 잘 나가고 싶어서."

　손실 회피를 이해하면, 타인의 두려움을 이용하여 비즈니스 전략이나 투자 전략을 고안하는 게 가능하다. 결과가 동일하더라도 정보를 접하는 순서에 따라 해석이 달라질 수 있다는 사실을 알면, 다른 사람의 의견을 조작하려고 할 때 유리할 수 있다. 물론 이 책을 이런 식으로 사용하지는 않기를 바란다.

　인지 심리학이 어떻게 세상을 더 나은 곳으로 만들 수 있을지에 대해 나는 오랫동안 궁금했다. 다른 사람보다 더 잘나지는 것은 세상을 더 좋은 곳으로 만드는 최선의 방법이 아니다. 그럼 도대체 사고의 오류에 대한 이해가 만들 수 있는 더 나은 세상은 무엇인가? 나는 더 나은 세상은 더 공정한 세상이어야 한다고 믿는다. 그리고 공정하려면 우리는 편견 없이 생각해야 한다.

무엇보다 우리는 우리 자신에게 공정해야 한다. 우리의 열등감을 지속시킬 이유만 구태여 찾아대거나(2장 참조) 불행한 일이 생겼을 때 그에 대해 최악의 해석을 생각해 내는 데 창조적 에너지를 모두 사용할 때(6장 참조) 우리는 자신한테 공정하지 못한 것이다. 또 자신의 한계를 무시한 채 처리할 수 없는 상황에 자신을 몰아넣는 식으로 과대평가하는 것도(1장 참조) 우리 자신에게 공정하지 않은 처사다. 결정을 내릴 때에는 최대한 편견 없이, 통계적 원리와 확률 이론을 기반으로 판단해야 한다. 이것이 가장 정확하게 예측하는 방법이기 때문이다(4장 참조). 어떤 경우에 우리가 일화, 프레이밍, 손실 회피의 희생양이 될 수 있는지 알고 이러한 기법을 활용하면, 우리를 속이려는 사람들의 머리 꼭대기에 올라갈 수 있다(5장 참조). 미래를 충분히 고려하지 않는다면 우리 자신에게 공정하다고 할 수 없으나, 미래를 위해 현재를 희생하는 것도 마찬가지로 공정하지 않다(8장 참조).

타인에게도 지금 우리 사회가 하는 것보다는 더욱 공정해야 한다. 더 나은 사고는 덜 편향된 사고이므로 더욱 공정하다고 할 수 있다. 만약 특정 집단에 속한 사람들이 어떤 일에 더 능하기 때문에 이들이 더욱 특별하다는 주장을 하고 싶다면, 그들이 그 일을 잘한다는 사실을 입증하는 것만으로는 한참 부족하다.

왜냐하면 다른 집단에 속한 사람들도 그들만큼, 심지어 그들보다 더 잘할 수도 있기 때문이다. 이러한 가설을 증명하는 적절한 방법은 모두에게 동등한 기회를 제공하는 것 하나뿐이다(2장 참조). 한 가지 사건에 가능한 원인이 언제나 여러 개라는 사실을 알게 되면, 잘잘못을 더욱 공정하게 평가할 수 있다(3장 참조). 더욱 공정하고 평등한 사회를 만들어 가고 싶다면, 이미 안다고 추측하거나 넘겨짚는 대신 상대방에게 무엇이 필요하고 무엇을 원하는지 직접 물어보는 것만한 지름길이 없다(7장 참조). 편재하는 계획 오류처럼 타인의 부족함을 예측하고(1장 참조), 플랜 B를 마련할 수 있다면 우리는 이들을(특히 이 책을 읽지 않은 사람들을) 더욱 인내심 있게 대할 수 있을 것이다!

청바지나 신발을 새로 사면 한동안 길들여야 하는 것처럼, 사고 방식을 새롭게 고치는 데에도 시간이 걸린다. 물론 모든 것을 고칠 수는 없고 그렇게 완벽해지려고 해서도 안 되지만, 각자 그리고 함께 자신을 돌아보고 서로의 생각을 나누는 데 조금 더 많은 시간을 할애하는 것도 나쁘지 않을 것이다.

먼저, 이 책의 기반이 된 업적을 이룬 모든 인지 심리학자, 특히 이 책에서 인용한 연구들을 수행한 심리학자에게 감사드립니다. 대니얼 카너먼과 고(故) 아모스 트버스키가 없었더라면 세상이 지금보다 훨씬 더 안 좋은 곳이 되었을 거라고 생각합니다. 이들의 획기적인 연구에 어떻게 감사를 드려야 할지 모르겠습니다.

또 '생각하기' 과정을 수강한 모든 학생에게 큰 빚을 지고 있습니다. 배움을 향한 학생들의 열의와 나의 실수를 기꺼이 웃어넘겨 주는 태도 덕분에 세 시간짜리 수업을 준비하는 데 일주일에 스무 시간 이상을 들이면서도 학습 내용을 조금이라도 더 오래 기억하게 해줄 만한 더 적합한 예시, 현대적인 예시, 재미있는 예시를 찾아 볼 힘이 납니다. 학생들의 열정이 없었더라면 이 책은 나올 수 없었을 것입니다. 특히 2021년 가을 학기에 내 수업을 수강한 알리샤 마주라(Alicia Mazzurra) 학생에게 이 책의 부제를 지어 주어 고맙다는 말을 전합니다.

플랫아이언(Flatiron)의 천재적인 스토리텔러이자 베테랑 편집자인 윌 슈왈비(Will Schwalbe), 진득하고 능숙하게 퇴고의 과정을 함께해주어 고맙습니다. 저자의 어려움뿐만 아니라 독자의 입장까지도 명확하게 이해하고 있는 슈왈비 씨만큼 '마음이론'이 잘 발달된 분을 보지 못했습니다. 이토록 훌륭한 편집자와 함께 작업한 시간이 얼마나 즐거웠는지 책이 거의 마무리되어 가는 게 아쉬울 정도입니다.

출판 에이전트인 짐 레빈(Jim Levine)은 특히 책의 개념을 잡는 초기 단계에 도움을 주었습니다. 우리 사고에 어떤 문제가 있는지에 대한 부정적인 개념을 다루기보다 어떻게 하면 사고 과정을 향상시킬 수 있을지에 집중해 긍정적인 방향으로 얼개를 짜라고 조언해 주셔서 고맙습니다. 아서 골드워그(Arthur Goldwag)가 모국어가 아닌 글쓴이의 문체를 유지하면서 문장을 편집해 준 덕분에 글의 수준이 전반적으로 크게 향상되었습니다. 젊은 세대의 눈으로 의견을 나누어준 편집실의 서맨사 주커굿(Samantha Zukergood)과 안드레아 모스키다(Andrea Mosqueda)에게 고맙습니다. 빈틈없이 꼼꼼히 작업해 준 플랫아이언의 교열 담당자, 빌 워홉(Bill Warhop)에게도 감사합니다.

책 전반에 걸쳐 소개한 제 연구는 미국 국립 정신건강연구소(National Institute of Mental Health)와 미국 국립 인간게놈연구소

(National Human Genome Research Institute)의 연구비와 리부트 재단(Reboot Foundation)의 후한 지원을 받았습니다.

마지막으로 남편 마빈 천(Marvin Chun)에게 감사합니다. 예일대학교의 조교수였던 1998년 무렵, 커리어와 가정이라는 두 마리 토끼를 잡는 방법에 관한 여성 교수들을 위한 패널 세션에 참석한 적이 있습니다. 그중 한 원로 여교수가 비결은 단 하나, 바로 제대로 된 남편을 찾는 것뿐이라고 말했습니다. 다행스럽게도 제게는 이미 제대로 된 남편이 있었습니다. 결혼생활 내내 우리는 집안일, 육아를 나누었습니다. 심지어 첫 아이에게는 아빠 성(姓)을, 둘째에게는 제 성(姓)을 물려주었습니다. 남편은 내가 지신감을 잃을 때마다 진심으로 안타까워했고, 한결같이 내 커리어를 지지해주고 있습니다. 수년간 큰 인기를 얻고 있는 '심리학 입문' 과정을 가르치고 있는 인지 심리학자이기도 한 남편은 각 장의 초고를 검토하며 건설적이고 비판적인 조언을 건네주었습니다. 게다가 팬데믹 때문에 한집에 갇혀 있던 바람에 글쓰며 오르락내리락 하는 제 기분을 모두 들어주고, 참아주고, 보듬어줘야 했습니다. 남편에게 여러 가지로 고맙습니다.

1장. 유창함이 일으키는 착각

1 새로운 기술을 습득할 때 발생하는 유창성 착각: Michael Kardas and Ed O'Brien, "Easier seen than done: Merely watching others perform can foster an illusion of skill acquisition," Psychological Science (2018).

2 단순한 상관관계이지만 그 기저에 깔린 메커니즘이 머릿속에 그려지면 사람들은 그 상관관계를 인과관계로 해석하려 한다: Woo-kyoung Ahn and Charles W. Kalish, "The role of mechanism beliefs in causal reasoning," Explanation and Cognition (2000): 199 – 225.

3 이름의 유창성도 우리의 판단에 영향을 미친다: Adam L. Alter and Daniel M. Oppenheimer, "Predicting shortterm stock fluctuations by using processing fluency," Proceedings of the National Academy of Sciences 103, no. 24 (2006): 9369 – 72.

4 실제로 아는 것보다 더 많이 안다고 생각한다: Matthew Fisher, Mariel K. Goddu, and Frank C. Keil, "Searching for explanations: How the internet inflates estimates of internal knowledge," Journal of Experimental Psychology: General 144, no. 3 (2015): 674.

5 머릿속에 있는 내용을 글로 적어 보면 별다른 피드백 없이도 과신의 위험을 줄일 수 있다: Leonid Rozenblit and Frank Keil, "The misunderstood limits of folk science: An illusion of explanatory depth," Cognitive Science 26, no. 5 (2002): 521 – 62.

6 개인의 과신이 줄면 정치적 극단주의가 완화한다: Philip M. Fernbach, Todd Rogers, Craig R. Fox, and Steven A. Sloman, "Political extremism is supported by an illusion of understanding," Psychological Science 24,

no. 6 (2013): 939 – 46.

7 계획 오류를 피하기 위해 결코 해서는 안 될 일이 무엇인지를 분명하게 알려주는 연구: Roger Buehler and Dale Griffin, "Planning, personality, and prediction: The role of future focus in optimistic time predictions," Organizational Behavior and Human Decision Processes 92, no. 1 – 2 (2003): 80 – 90.

8 새나 쥐를 대상으로 한 연구: Stephanie M. Matheson, Lucy Asher, and Melissa Bateson, "Larger, enriched cages are associated with 'optimistic' response biases in captive European starlings (Sturnus vulgaris)," Applied Animal Behaviour Science 109, no. 2 – 4 (2008): 374 – 83.

2장. 확인 편향

1 웨이슨이 처음 2-4-6 문제를 도입해 실험했을 때: Peter C. Wason, "On the failure to eliminate hypotheses in a conceptual task," Quarterly Journal of Experimental Psychology 12, no. 3 (1960): 129 – 40.

2 내가 연구에서 발췌한 문제: Keith E. Stanovich, Richard F. West, and Maggie E. Toplak, The rationality quotient: Toward a test of rational thinking (CITY: MIT Press, 2016).

3 미국에서만 2,600만 명 이상이: A. Regalado, "More than 26 million people have taken an at-home ancestry test," MIT Technology Review, February 11, 2019, www.technologyreview .com/2019/02/11/103446/more-than-26-million-peoplehave-taken-an-at-home-ancestry-test/.

4 유전자 검사 결과지를 뚫어져라 쳐다보며 자신을 이해하려고 하다가는: Matthew S. Lebowitz and Woo-kyoung Ahn, "Testing positive for a genetic predisposition to depression magnifies retrospective memory for depressive symptoms," Journal of Consulting and Clinical Psychology 85, no. 11 (2017): 1052.

5 2-4-6 문제에 두 가지의 규칙이 있다고 얘기했을 때: Ryan D. Tweney, Michael E. Doherty, Winifred J. Worner, Daniel B. Pliske, Clifford R. Mynatt, Kimberly A. Gross, and Daniel L. Arkkelin, "Strategies of rule discovery in an inference task," Quarterly Journal of Experimental Psychology 32, no. 1 (1980): 109-23.

6 행복하냐는 질문을 받은 참가자들보다 스스로 훨씬 더 불행하다고 평가했다: Ziva Kunda, Geoffrey T. Fong, Rasyid Sanitioso, and Emily Reber, "Directional questions direct selfconceptions," Journal of Experimental Social Psychology 29, no. 1 (1993): 63-86.

7 이 논문에 보고된 바에 의하면, 모차르트 K. 448(쾨헬 번호 448) 〈두 대의 피아노를 위한 소나타(Sonata for Two Pianos)〉를 감상한 대학생들이: Frances H. Rauscher, Gordon L. Shaw, and Katherine N. Ky. "Music and spatial task performance." Nature 365, no. 6447 (1993): 611-611.

8 한 연구에서는 12~18개월 유아를 대상으로 새로운 단어를 배우는데 이 베스트셀러 비디오가 도움이 되는지를 조사했다: Judyf S. DeLoache, Cynthia Chiong, Kathleen Sherman, Nadia Islam, Mieke Vanderborght, Georgene L. Troseth, Gabrielle A. Strouse, and Katherine O'Doherty. "Do babies learn from baby media?" Psychological Science 21, no. 11 (2010): 1570-1574.

3장. 원인 찾기의 어려움

1 윌슨이 독감에 걸리지만 않았더라도 홀로코스트가 일어나지 않았을 거라고: For detailed accounts, see for example John M. Barry, The great influenza: The story of the deadliest pandemic in history(New York: Viking Press, 2004).

2 한 연구 결과, 직원들에게 단기 보너스를 주었을 때: Liad Bareket-Bojmel, Guy Hochman, and Dan Ariely, "It's (not) all about the Jacksons: Testing different types of short-term bonuses in the field," Journal of

Management 43, no. 2 (2017): 534-54.

3 이와 같은 잘못된 논리 때문에 실생활 속 성별 격차가 더더욱 크게 벌어질
   수 있다: Ilan Dar-Nimrod and Steven J. Heine, "Exposure to scientific
   theories affects women's math performance," Science314, no. 5798
   (2006): 435.

4 아무것도 안 했을 때 문제가 생기는 경우보다 무언가를 해서 문제가 생기
   는 경우를 더 비난하는 것: Daniel Kahneman and Amos Tversky, "The
   psychology of preferences," Scientific American 246, no. 1 (1982): 160-
   73.

5 대다수의 사람들이 결과 직전에 일어난 사건을 중요하게 생각한다: Dale
   T. Miller and Saku Gunasegaram, "Temporal order and the perceived
   mutability of events: Implications for blame assignment," Journal of
   Personality and Social Psychology 59, no. 6 (1990): 1111.

6 통제 가능하다고 생각하는 요인을 탓하는 경향 때문에: Vittorio
   Girotto, Paolo Legrenzi, and Antonio Rizzo, "Event controllability in
   counterfactual thinking," Acta Psychologica 78, no. 1-3 (1991): 111-33.

7 반추하는 행동이 우울증을 유발한다: Sonja Lyubomirsky and Susan
   Nolen-Hoeksema, "Effects of self-focused rumination on negative
   thinking and interpersonal problem solving," Journal of Personality and
   Social Psychology 69, no. 1 (1995): 176-90.

8 반추는 문제를 효과적으로 해결하는 데 오히려 방해가 된다: Susan Nolen-
   Hoeksema, Susan, Blair E. Wisco, and Sonja Lyubomirsky, "Rethinking
   rumination," Perspectives on Psychological Science 3, no. 5 (2008):
   400-24.

9 거리 두기 방법이 대인 관계 갈등을 해결하는 데 도움이 된다: Ethan Kross,
   Ozlem Ayduk, and Walter Mischel, "When asking 'why' does not
   hurt distinguishing rumination from reflective processing of negative
   emotions," Psychological Science 16, no. 9 (2005): 709-15.

10 자기 거리 두기의 효과는 꽤 오래가는 것으로 나타났다: Ethan Kross and Ozlem Ayduk, "Facilitating adaptive emotional analysis: Distinguishing distanced-analysis of depressive experiences from immersed-analysis and distraction," Personality and Social Psychology Bulletin 34, no. 7 (2008): 924 – 38.

4장. 구체적인 예시의 유혹

1 이 캠페인을 시작한 이후 금연 시도가 12퍼센트 증가했다: Tim McAfee, Kevin C. Davis, Robert L. Alexander Jr, Terry F. Pechacek, and Rebecca Bunnell, "Effect of the first federally funded US antismoking national media campaign," The Lancet 382, no. 9909 (2013): 2003 – 11.

2 한 연구에서 대학교의 '강의평가'를 주제로 실험을 진행했다: Eugene Borgida and Richard E. Nisbett, "The differential impact of abstract vs. concrete information on decisions," Journal of Applied Social Psychology 7, no. 3 (1977): 258 – 71.

3 우리가 하나의 사례에 지나치게 휘둘릴 수 있다는 걸 깨닫고 나면: Deborah A. Small, George Loewenstein, and Paul Slovic, "Sympathy and callousness: The impact of deliberative thought on donations to identifiable and statistical victims," Organizational Behavior and Human Decision Processes 102, no. 2 (2007): 143 – 53.

4 더 많은 테이터를 찾아 보게 만드는 방법이 있기는 하다: Geoffrey T. Fong, David H. Krantz, and Richard E. Nisbett, "The effects of statistical training on thinking about everyday problems," Cognitive Psychology 18, no. 3 (1986): 253 – 92.

5 1980년대 초에 진행된 연구에서: David M. Eddy, "Probabilistic reasoning in clinical medicine: Problems and opportunities," Judgment under Uncertainty: Heuristics and Biases,edited by Daniel Kahneman, Paul Slovic, and Amos Tversky (Cambridge: Cambridge University Press, 1982),

249 – 67.

6 그때 베이즈가 자신의 방정식을 사용했더라면 다음과 같은 결론이 나왔을 거라고: Philip Dawid and Donald Gillies, "A Bayesian analysis of Hume's argument concerning miracles," Philosophical Quarterly (1950-)39, no. 154 (1989): 57 – 65.

7 미국 정부의 2017년 보고서를 사용해: United States Government Accountability Office Report to Congressional Requesters, "Countering violent extremism: Actions needed to define strategy and assess progress of federal efforts," (GAO-17-300I), April 2017, https://www.gao.gov/products/gao-17-300; I would like to thank my former undergraduate student Alexandra Otterstrom for pointing me to the sources that this analysis is based on.

8 한 연구에서 이 두 문제를 미시건대학교 학생들에게: Mary L. Gick and Keith J. Holyoak, "Schema induction and analogical transfer," Cognitive Psychology 15, no. 1 (1983): 1 – 38.

5장. 부정성 편향

1 전자제품 판매에 긍정적/부정적 상품평이 미치는 영향: Geng Cui, Hon-Kwong Lui, and Xiaoning Guo, "The effect of online consumer reviews on new product sales," International Journal of Electronic Commerce 17, no. 1 (2012): 39 – 58.

2 사람들은 긍정적인 정보보다 부정적인 정보에 더 크게 영향을 받는다: Susan T. Fiske, "Attention and weight in person perception: The impact of negative and extreme behavior," Journal of Personality and Social Psychology 38, no. 6 (1980): 889 – 906.

3 우리 삶 전반에도 좋은 일보다는 나쁜 일이 더 큰 영향을 미친다: Roy F. Baumeister, Ellen Bratslavsky, Catrin Finkenauer, and Kathleen D. Vohs, "Bad is stronger than good," Review of General Psychology 5, no. 4

(2001): 323 – 70.

4 다진 소고기로 요리해 시식을 진행한 연구가 있다: Irwin P. Levin and Gary J. Gaeth, "How consumers are affected by the framing of attribute information before and after consuming the product," Journal of Consumer Research 15, no. 3 (1988): 374 – 78.

5 대학 입학 과정에서도 이와 비슷한 부정성 편향이 일어나는지: Woo-kyoung Ahn, Sunnie S. Y. Kim, Kristen Kim, and Peter K. McNally, "Which grades are better, A's and C's, or all B's? Effects of variability in grades on mock college admissions decisions," Judgment & Decision Making 16, no. 6 (2019): 696 – 710.

6 행동 경제학에서 가장 중요한 논문으로 손꼽히는: Daniel Kahneman and Amos Tversky, "Prospect theory: An analysis of decision under risk," Econometrica 47, no. 2 (1979): 263 – 92. 149 participants were told to imagine one of the two situations: C. Whan Park, Sung Youl Jun, and Deborah J. MacInnis, "Choosing what I want versus rejecting what I do not want: An application of decision framing to product option choice decisions," Journal of Marketing Research 37, no. 2 (2000): 187 – 202.

7 '현장 실험'을 실시한 연구: Roland G. Fryer, Steven D. Levitt, John List, and Sally Sadoff, Enhancing the efficacy of teacher incentives through loss aversion: A field experiment, No. w18237, National Bureau of Economic Research, 2012.

8 학부생들에게 학교의 로고가 새겨진 머그컵과 스위스 초콜릿 바 중에 하나를 선택하라고 했다: Jack L. Knetsch, "The endowment effect and evidence of nonreversible indifference curves," American Economic Review 79, no. 5 (1989): 1277 – 84.

9 손실에 따르는 고통이 단지 심리적인 게 아니라 말 그대로 신체적인 통증을 의미한다: C. Nathan DeWall, David S. Chester, and Dylan S. White, "Can acetaminophen reduce the pain of decision-making?," Journal of

Experimental Social Psychology 56 (2015): 117 – 20.

10 정말로 생사를 가르는 문제가 되기도 한다: Barbara J. McNeil, Stephen G. Pauker, Harold C. Sox Jr., and Amos Tversky, "On the elicitation of preferences for alternative therapies," New England Journal of Medicine 306, no. 21 (1982): 1259 – 62.

11 서로 다른 두 가지 방식으로 질문을 하는 것: Eldar Shafir, "Choosing versus rejecting: Why some options are both better and worse than others," Memory & Cognition 21, no. 4 (1993): 546 – 56.

6장. 편향 해석

1 밤새 조명을 켜 두고 자는 아기들은: Graham E. Quinn, Chai H. Shin, Maureen G. Maguire, and Richard A. Stone, "Myopia and ambient lighting at night," Nature 399, no. 6732 (1999): 113 – 14.163 As CNN summarized it: "Night-light may lead to nearsightedness," CNN.com, May 13, 1999, http://www.cnn.com/HEALTH/9905/12/children.lights/.

2 이 연구 결과를 반박하는 논문이: Karla Zadnik, Lisa A. Jones, Brett C. Irvin, Robert N. Kleinstein, Ruth E. Manny, Julie A. Shin, and Donald O. Mutti, "Myopia and ambient night-time lighting," Nature 404, no. 6774 (2000): 143 – 44.

3 CNN은 발 빠르게 정정 보도를 내보냈다: Ulysses Torassa, "Leave it on: Study says night lighting won't harm children's eyesight," CNN.com, March 8, 2000, https://www.cnn.com/2000/HEALTH/children/03/08/light.myopia.wmd/index.html.166 that belief is imprinted and does not get revised: Eric G. Taylor and Woo-kyoung Ahn, "Causal imprinting in causal structure learning," Cognitive Psychology 65, no. 3 (2012): 381 – 413.

4 성별을 제외한 모든 면에서 동일한 자격을 갖춘 두 지원자가 연구직에 지원하는 경우에 어떤 일이 일어나는지: Corinne A. Moss-Racusin, John

F. Dovidio, Victoria L. Brescoll, Mark J. Graham, and Jo Handelsman, "Science faculty's subtle gender biases favor male students," Proceedings of the National Academy of Sciences 109, no. 41 (2012): 16474-79.

5 대부분 백인 남녀로 구성된 참가자 집단에게 비디오 게임을 하게 했다: Joshua Correll, Bernadette Park, Charles M. Judd, and Bernd Wittenbrink, "The police officer's dilemma: Using ethnicity to disambiguate potentially threatening individuals," Journal of Personality and Social Psychology 83, no. 6 (2002): 1314-29.

6 1979년에 발표된 중요한 연구: Charles G. Lord, Lee Ross, and Mark R. Lepper, "Biased assimilation and attitude polarization: The effects of prior theories on subsequently considered evidence," Journal of Personality and Social Psychology 37, no. 11 (1979): 2098-109.

7 수리 추론 능력에 따라 편향된 해석을 하는 정도도 다른지: Dan M. Kahan, Ellen Peters, Erica Cantrell Dawson, and Paul Slovic, "Motivated numeracy and enlightened self-government," Behavioural Public Policy 1, no. 1 (2017): 54-86.

8 동일한 길이의 사물을 바로 앞에 두고 한사람은 짧다고 보고 다른 사람은 길다고 볼 수도: Jessecae K. Marsh and Woo-kyoung Ahn, "Spontaneous assimilation of continuous values and temporal information in causal induction," Journal of Experimental Psychology: Learning, Memory, and Cognition 35, no. 2 (2009): 334-52.

7장. 조망 수용의 한계

1 상대방이 쓴 메시지의 의중을 얼마나 잘 파악하는지: Justin Kruger, Nicholas Epley, Jason Parker, and Zhi-Wen Ng, "Egocentrism over e-mail: Can we communicate as well as we think?," Journal of Personality and Social Psychology 89, no. 6 (2005): 925-36.

2 이 연구에서 사용한 문장들은 모호하지만 일상 대화에서 자주 사용할 법한:

Kenneth Savitsky, Boaz Keysar, Nicholas Epley, Travis Carter, and Ashley Swanson, "The closeness-communication bias: Increased egocentrism among friends versus strangers," Journal of Experimental Social Psychology47, no. 1 (2011): 269-73.

3 대학생이라고 해서 크게 다르지 않았다: Susan A. J. Birch and Paul Bloom, "The curse of knowledge in reasoning about false beliefs," Psychological Science 18, no. 5 (2007): 382-86.201 120 songs were tapped and only three were correctly guessed:L. Newton, "Overconfidence in the communication of intent: Heard and unheard melodies" (unpublished Ph.D. diss., Stanford University, 1990).

4 이러한 현상의 예시로: Stephen M. Garcia, Kimberlee Weaver, and Patricia Chen, "The status signals paradox," Social Psychological and Personality Science 10, no. 5 (2019): 690-96.

5 우리가 충분히 타인의 관점에서 생각할 수 있을 때조차: Shali Wu and Boaz Keysar, "The effect of culture on perspective taking," Psychological Science 18, no. 7 (2007): 600-606.

6 이 연령대의 아이들에게 관련 학습을 시킬 수 있다는 사실을: Xiao Pan Ding, Henry M. Wellman, Yu Wang, Genyue Fu, and Kang Lee, "Theory-of-mind training causes honest young children to lie," Psychological Science 26, no. 11 (2015): 1812-21.

7 관련 연구를 예로 들어 무슨 말인지 구체적으로 설명해 보겠다: Claire L. Adida, Adeline Lo, and Melina R. Platas, "Perspective taking can promote short-term inclusionary behavior toward Syrian refugees," Proceedings of the National Academy of Sciences 115, no. 38 (2018): 9521-26.

8 세 명으로 구성된 연구팀이: Tal Eyal, Mary Steffel, and Nicholas Epley, "Perspective mistaking: Accurately understanding the mind of another requires getting perspective, not taking perspective," Journal of Personality and Social Psychology 114, no. 4 (2018): 547-71.

9 다른 사람의 생각이나 감정을 더 잘 읽을 수 있게 되는지: David Comer Kidd and Emanuele Castano, "Reading literary fiction improves theory of mind," Science 342, no. 6156 (2013): 377‒80.219 evaluated the replicability of social science experiments: Colin F. Camerer, Anna Dreber, Felix Holzmeister, Teck‒Hua Ho, Jürgen Huber, Magnus Johannesson, Michael Kirchler et al., "Evaluating the replicability of social science experiments in Nature and Science between 2010 and 2015," Nature Human Behaviour 2, no. 9 (2018): 637‒44.

8장. 기다려야 받는 보상이 일으키는 혼선

1 정답은 아니오다: The discussion of irrationality of delay discounting is based on Jonathan Baron, Thinking and deciding (Cambridge: Cambridge University Press, 2000).

2 만족 지연 능력과 충동 조절에 관한 초기 연구들 중에: Walter Mischel, Ebbe B. Ebbesen, and Antonette Raskoff Zeiss, "Cognitive and attentional mechanisms in delay of gratification," Journal of Personality and Social Psychology 21, no. 2 (1972): 204‒18.

3 마시멜로 실험이 잘못 되었다는 후속 연구가 발표되었다: Tyler W. Watts, Greg J. Duncan, and Haonan Quan, "Revisiting the marshmallow test: A conceptual replication investigating links between early delay of gratification and later outcomes," Psychological Science 29, no. 7 (2018): 1159‒77.

4 그 후속 연구는 방법론 및 개념적 측면에서 통렬히 비판 받았다: See for example Armin Falk, Fabian Kosse, and Pia Pinger, "Re‒revisiting the marshmallow test: a direct comparison of studies by Shoda, Mischel, and Peake (1990) and Watts, Duncan, and Quan (2018)," Psychological Science 31, no. 1 (2020): 100‒104.

5 비둘기의 경우에도, 주의를 다른 데로 돌리게 하면 더 좋은 보상을 받기

위해 눈앞의 작은 이득을 무시하고 인내심 있게 기다릴 수 있다: James Grosch and Allen Neuringer, "Self-control in pigeons under the Mischel paradigm," Journal of the Experimental Analysis of Behavior 35, no. 1 (1981): 3-21.

6 불확실성이 우리의 판단을 얼마나 흐리게 하는지: Amos Tversky and Eldar Shafir, "The disjunction effect in choice under uncertainty," Psychological Science 3, no. 5 (1992): 305-10.

7 상황을 통제할 수 있다는 자신감을 끌어올리는 것: Priyanka D. Joshi and Nathanael J. Fast, "Power and reduced temporal discounting," Psychological Science 24, no. 4 (2013): 432-38.

8 올해 21일 동안 공기 질이 개선되는 상황을 더 선호한다: David J. Hardisty and Elke U. Weber, "Discounting future green: money versus the environment," Journal of Experimental Psychology: General 138, no. 3 (2009): 329-40.

9 한 연구에서 몰입형 가상 현실(VR)을 이용해: Hal E. Hershfield, Daniel G. Goldstein, William F. Sharpe, Jesse Fox, Leo Yeykelis, Laura L. Carstensen, and Jeremy N. Bailenson, "Increasing saving behavior through age-progressed renderings of the future self," Journal of Marketing Research 48, no. SPL (2011): S23-37.243 simply imagining positive future events can help: Jan Peters and Christian Büchel, "Episodic future thinking reduces reward delay discounting through an enhancement of prefrontalmediotemporal interactions," Neuron 66, no. 1 (2010): 138-48.

10 과체중 여성들을 대상으로 실험을 진행한 연구: T. O. Daniel, C. M. Stanton, and L. H. Epstein, "The future is now: Reducing impulsivity and energy intake using episodic future thinking," Psychological Science 24, no. 11 (2013): 2339-42.

11 불안은 그저 만연한 정도가 아니라 계속해서 증가하는 추세다: Renee D.

Goodwin, Andrea H. Weinberger, June H. Kim, Melody Wu, and Sandro Galea, "Trends in anxiety among adults in the United States, 2008–2018: Rapid increases among young adults," Journal of Psychiatric Research 130 (2020): 441–46.

12 육체 건강에도 악영향을 미친다: Gregory E. Miller, Tianyi Yu, Edith Chen, and Gene H. Brody, "Self-control forecasts better psychosocial outcomes but faster epigenetic aging in low-SES youth," Proceedings of the National Academy of Sciences 112, no. 33 (2015): 10325–30.

13 연구자들이 조지아 주 시골에서 사회 경제적으로 불리한 흑인 고등학생 집 단을: Gene H. Brody, Tianyi Yu, Edith Chen, Gregory E. Miller, Steven M. Kogan, and Steven R. H. Beach, "Is resilience only skin deep? Rural African Americans' socioeconomic status–related risk and competence in preadolescence and psychological adjustment and allostatic load at age 19," Psychological Science 24, no. 7 (2013): 1285–93.

14 재정 환경에 제한을 두지 않고 학부생을 모집하여: Liad Uziel and Roy F. Baumeister, "The self-control irony: Desire for self-control limits exertion of self-control in demanding settings," Personality and Social Psychology Bulletin 43, no. 5 (2017): 693–705.